鄧家宙 著

香港佛教史

覺光 題

中華書局

□ 責任編輯：黎耀強
□ 裝幀設計：甄玉瓊
□ 印　務：劉漢舉

香港佛教史

□
著者
鄧家宙

□
出版
中華書局（香港）有限公司
香港北角英皇道 499 號北角工業大廈一樓 B
電話：(852) 2137 2338　傳真：(852) 2713 8202
電子郵件：info@chunghwabook.com.hk
網址：http://www.chunghwabook.com.hk

□
發行
香港聯合書刊物流有限公司
香港新界大埔汀麗路 36 號
中華商務印刷大廈 3 字樓
電話：(852) 2150 2100　傳真：(852) 2407 3062
電子郵件：info@suplogistics.com.hk

□
印刷
陽光印刷製本廠有限公司
香港柴灣安業街 3 號 新藝工業大廈 6 樓 G, H 座

□
版次
2015 年 6 月初版
© 2015 中華書局（香港）有限公司

□
規格
16 開（230 mm × 170 mm）

□
ISBN：978-988-8340-62-0

蕭國健序

　　我國人士本崇尚道教，惟自東漢佛教之傳入，佛教遂漸發展成為我國之主要宗教。港人信仰自由，且有信奉本土神靈及傳統祖先崇拜觀念，但多尊崇佛教，故本區內除有眾多廟壇外，佛教道場亦甚多。

　　然早於唐、五代間，已有名僧杯渡自內陸經香港返西方之説，繼有帝王詔封今屯門青山為聖山、瑞應山，及刻鑿杯渡禪師像，並供奉於香港屯門，可見其時，香港佛教已漸啟蒙。至元明間，香港佛教進入萌芽期，其時，隨着北方移民之入遷，民間道教與漢化佛教交替發展。惜於清初遷海，區內居民全數北移，寺宇廢圮。復界後，中原屢次戰爭，至移民南遷，佛教隨而再傳入，寺院漸於新界及離島地區創立，山林佛教遂漸建立。二十世紀初，香港九龍之開埠，佛教移入城市，加上國內名僧相繼南下，遂有城市佛教之奠基。

　　鄧君服務佛教機構有年，工餘間習香港歷史研究，對港人之信仰佛教甚有興趣，對香港佛教寺院蓮社之發展，尤有深入研究，歷年來曾走訪香港之佛教道場，作廣泛考察、訪問及拍照記錄，並撰寫專文。2008年撰寫成書出版，題為《二十世紀之香港佛教》。今將原有內容加以增訂，增補相片及中英文索引資料（包括：人物、道場、地方、專用名詞），易名為《香港佛教史》，交中華書局出版，囑余為序。余以其書內容豐富，對香港佛教之啟蒙、萌芽、奠基及發展，解説甚為詳盡，對大德高僧之公開弘法、及佛教團體參與社會公益工作、興辦教育與出版刊物等事宜，均作詳細介紹，故特作推薦。

貳零壹伍年初夏

蕭國健序於顯朝書室

江燦騰序

　　鄧家宙博士的《香港佛教史》一書，將在今年7月間，由中華書局（香港）有限公司出版。這是鄧博士在2008年出版的《二十世紀之香港佛教》（香港：香港史學會）一書的新增訂版。由於改由中華書局出版，又有局部新增訂，所以更名為《香港佛教史》。

　　鄧家宙博士是因曾在2011年12月，先從香港寄來他的此書，到我任教的學校「北台灣科技學院」給我，之後又多次透過電子郵件聯絡，還親自二次從香港到台灣來到我的竹北市住家，交換有關他在新亞研究所史學組的香港佛教史研究的博士學位論文的相關構想問題。所以，他在此書的新版刊行之前，便邀我為他寫序。而我除了答應之外，又代他約了另一位台灣研究香港佛教史的專家侯坤宏博士，也一併為此書寫序。

　　從我知的相關研究史來看，此書若放置於當代香港佛教史學著作之林，則此書不論在全書體系或相關資料記載，乃至歷史發展的前後貫通，以及時代變革新局的佛教現象反映等，都堪稱是最完備的一本。相關理由如下。

　　因為，作者在書中，雖對於香港佛教思想的「轉型與發展」，以及香港佛教的「地域特殊性」，並沒有專章解說，甚至連有關佛教史以外的政治史、經濟史、文教史、國際交流史等，與「香港佛教史」之間的各種重要時代衝擊及其衍生性的相關反映狀況，都沒有比較具體的導論或深入解析，然而，包括各種香港佛教密宗發展、各種佛教刊物名稱、全港佛寺簡介、大量佛教活動項目資料、大量僧侶履歷資料，甚至有關二戰期間日本在港佛教、回歸之前大嶼山天壇大佛的興建經過、當代台灣各重要道場近期在港的分院設立及活動等狀況，雖都只扼要記載，卻近乎可作為一本簡明版「香港佛教歷史與現代辭典」

之用途般的周全呈現。

　　所以，它堪稱是香港第一位留英僧人釋永明博士，在1993年出版《香港佛教與佛寺》（香港；寶蓮禪寺）後，在此議題上的最新進化版。就此而言，此書作者也有資格被視為是當代香港佛教史料學的第一人。

　　除此之外，雖然在2005年，有來自大陸中國人民大學佛教學與宗教理論研究所的何建明教授，在港出版其兩巨冊的《人間佛教與現代港澳佛教：太虛大師、竺摩法師與港澳佛教》（香港：欣欣出版公司），但是，由於鄧家宙的書尚未出版，所以何建明教授雖曾參考釋永明博士在1993年出版《香港佛教與佛寺》一書，卻無法有足夠詳盡的香港佛教史著作可引用，兼且何建明教授主要是側重在大陸內地與香港邊陲的佛教思想文化交流史，所以其兩巨冊的《人間佛教與現代港澳佛教：太虛大師、竺摩法師與港澳佛教》的整體內容，其實是沿襲何教授1999年出版的《澳門佛教》（北京：宗教文化出版社）的相關論點而來。

　　或者，我們可以更精確地說，何教授其實是以近代中國佛教改革派大師釋太虛（1890－1947）的「人間佛教思想」，作為全書詮釋的主導性概念。因而，他在全書中的詮釋體系之展開，主要就是以太虛派為開展脈絡，並以釋竺摩法師（1913－2002）在港澳的佛教弘法事跡，當「中繼性」的開展。然後，他再想盡一切辦法，把當代海峽兩岸三地的「人間佛教思想」相關開展與「虛印佛教思想之別」的複雜爭辯問題，透過實際的訪談與追問，讓香港佛教的著名大老如釋永惺長老或釋覺光（1919－2014）長老們，也不得不對此有所回應。當然，釋星雲的「人間佛教思想」也因此得以在香港地區有所安頓與推廣。

　　可是，香港佛教史的標準版，顯然不是此一類型的撰述方法，甚至在釋永惺、釋覺光與高永霄這幾位在港佛教名人的相關批評言論中，也出現與何健明教授不同的有關釋印順導師（1906－2005）佛教思想傾向之是否政治正確的評論觀點。於是，鄧家宙博士轉而希望在我的台灣佛教史著作的範例中，能有所

借鏡。

　　問題在於，有關「香港佛教史」這一議題，在上述所提的幾本書之外，還有尚未被提及的，具有參考價值的相關簡明史或相關的論文，所以，我們也在此略為追溯。張曼濤（1933－1981）於1949年至1955年間，曾以湘僧逃難者的身份，滯留香港五年多，根據此一經驗，他日後曾於日本佛教權威學者中村元博士（1912－1999）所監修（1973－1976）的二十卷《亞洲佛教史》中，以日文負責撰寫《香港佛教》及《台灣佛教》。之後，同樣內容，張曼濤多次改以中文發表。換句話說，1976年以前的《香港佛教》簡明版，就是張曼濤撰寫的。

　　不過，在此時期，有兩種香港佛教的著述也值得一提。其一，是香港珠海書院中國歷史研究所碩士葉文意，曾在1974年撰寫〈早期香港之佛教發展〉的碩士論文（1992年11月發表於《法相學會集刊》第三輯）。鄧家宙的碩士論文，就是間隔三十五年之後，在同一研究所完成的。兩者形成前後時代的薪火相傳。其二，是指導鄧家宙的碩士論文及博士論文的蕭國健教授，也在1977年就出版《香港之三大古剎》（香港：顯朝書室），所以蕭教授認為當時已在香港佛教界人脈關係很足的鄧家宙，可以承繼此一香港佛教史探討的傳統，便鼓勵他朝近代以來的香港佛教發展繼續探索。其後，於2008年由香港史學會出版《二十世紀之香港佛教》，就是由碩士論文改寫出版的。2012年，鄧家宙在新亞研究所史學組的香港佛教史研究的博士論文，也是在此基礎上，又進一步的系統化與深刻化而成。

　　然而，我認為香港佛教學者高永霄（1924－2012）的先後幾篇論文：〈香港佛教各宗派弘傳概略〉（《香港佛教》，1980年6月）、〈香港佛教發展史〉（《法音》，1997年）、〈香港佛教源流〉（《法相學會集刊》第三輯，1992年11月與第六輯，2008年12月）、〈印順導師與香港佛教：祝榮譽會長印順導師百年嵩壽〉（香港《人間佛教》講座，2005年4月），綜合來看，堪稱是非常簡明扼要，又精確深刻的第一流香港佛教史導論。

在高永霄之外，趙敬邦博士的〈唯識學在香港的傳承〉（《中國文哲研究通訊》，第24卷2期，2014年6月）與台灣佛教學者侯坤宏博士的〈避風港：1949年前後的香港佛教〉（《香港學術研討會》論文，2015年4月），都是有開創性的新論文。因前者是有關二十世紀中國法相唯識學南傳至香港地區後的重要系統發展之介紹，而後者則是從「避風港」的角度，來看香港佛教的宗派與僧侶在「1949年前後的」巨大變化與相關適應問題。這也是鄧家宙博士的新書《香港佛教史》中沒有專章系統討論的課題。

至於我自己最後對此書的相關改進建議，我認為如能在未來繼續考慮以下的論述方向，將會更理想：

一、 港九地區，這一作為大陸南方邊陲的長期近代殖民地，往往是大陸巨變時，南方最重要的逃難出口、中途站和避難所。這是大背景，而中國境內的僧侶如何進出香港或定居？或相互持續交流？就可以有很大的論述空間。當然，在九七回歸後的當代，就是以密切交流為主。

二、 香港佛教的特殊性，必須透過對比，才能清晰呈現。而對比的方式，就是與大陸境內、台灣、東南亞的華人佛教發展與特色進行對比。這樣的話，就有很多的話可說，很多的事可談。

三、 香港佛教的社會性活動及其組織功能的變革與現況的說明。

四、 香港佛教的教育狀況與學術發展：相關機構、教學內容、代表性的僧尼或重要的佛教學者、期刊或專著。

五、 有關香港佛教的「當代性」與「現代性」的最新發展趨勢之探討，是很必要的。

江燦騰序
2015年5月18日

侯坤宏序

近日接到江燦騰教授來電，邀我為鄧家宙博士的大作《香港佛教史》撰寫一篇序，並轉寄該書電子文檔給我；其後又接到鄧博士的電子郵件，表達希望我能為他的這本新書寫序。江教授是筆者多年來常相論學的好友，我和鄧博士也有一面之緣，知道他對香港佛教史研究的成果。因近年來筆者對香港佛教史也有研究的興趣，所以就接受他們兩位的盛情邀請而草成本文；希望可以因此而先閱讀鄧家宙博士之大作，並藉此機會表達個人對香港佛教史的一些想法，達到以文會友，相互論學的目的。

幫人寫序的最大好處是，可以比一般讀者先閱讀到作者寫的書。自從接受要寫這篇序之後，便一面抽空閱讀電子文檔，一面構思「要怎樣來寫這篇序」；因為「序」和「書評」的本質不一樣，「書評」重視「評」，「論辯」是重點，而「序」，推薦意味可以多一些，但也不能過度吹捧，否則會對不起廣大的讀者，也不尊重作為公器之學術的嚴肅客觀性。當我慢慢地釐清了以上的觀念以後，就比較能夠掌握撰寫本序文希望可以達到的目的：既能讓一般讀者很容易地了解作者在書中所要表達的意思，也能就「如何書寫香港佛教史」這一重要議題，談談個人的一些想法，來和江教授、鄧博士以及有緣閱讀本書的各方人士（自然是包括專家、學者們）請益。

談到「如何書寫香港佛教史」，我們不禁想要進一步問：如何獲取有關撰寫香港佛教史的史料？為什麼要研究香港佛教史？香港佛教的重要性何在？研究香港佛教史應該要以什麼樣的立場來進行？香港佛教史應該要以什麼角度來作為觀察與探討的基準？怎樣才算是一部理想的香港佛教史？

先從史料問題談起。鄧博士過去曾撰寫《二十世紀之香港佛教》，並和

陳予聞合作編輯出版《香港佛教碑銘彙釋（一）》（聽鄧博士說第二冊也即將出版），從這兩本書及本書所引用之史料，可知他在香港佛教史料所下功夫之深，也為後續研究者奠定了很好的基礎。但若想進一步展開未來之研究，就必須更費心去搜尋流落各方未被留意的各種史料，當然也應包括與香港佛教發展相關的各方面人士從事口述訪問。有關口述歷史，若想在香港展開，過去幾年筆者與幾位國史館同仁及學界友人對當代台灣佛教人士所作的訪問記錄成果（可上網查詢），或許有些參考價值。

近十餘年來，筆者是以二十世紀以來的近代佛教史為主要研究範圍，對於1912年至1949年的民國佛教、1949年以後的中國大陸佛教，以及1945年以後的台灣佛教，都曾分別下過一些功夫，在研究過程中發現：香港地方雖小，但香港的佛教卻非常具有特色，很值得深入研究。我在涉入香港佛教這一學術領域時，先是讀到釋永明博士在1993年出版的《香港佛教與佛寺》，本書雖有開創之功，也提供讀者了解香港佛教的一些資訊，但在史料消化與解釋上，顯得極為不足；其後陸陸續續再讀其他史料與學術著作，對香港佛教史的輪廓也就愈來愈清晰；當讀到鄧博士的《二十世紀之香港佛教》與《香港佛教碑銘彙釋（一）》時，有了一種「驚喜」的感覺——我們所期盼的一部比較理想的「香港佛教史」似乎離我們愈來愈接近了。現在鄧博士又將過去寫的《二十世紀之香港佛教》加以修訂，以《香港佛教史》為書名出版，對於想在短時間內掌握香港佛教史的讀者，提供了極大的方便。

鄧博士這本書，依時間先後將香港佛教發展分為如下五章：「貝葉西來——早期的香港佛教」、「佛苗初開——二次大戰前的香港佛教（1920－1941）」、「暗黑與曙光——日治時期及戰後初的香港佛教教（1942－1960）」、「茁壯飛揚——一九六〇年以後的香港佛教（1960－1980）」、「新時代‧新機遇——1980年以來的香港佛教」，分段清楚，脈絡明晰，是本書一大特點，讀者可以透過本書，掌握香港佛教整體發展概況；加上作者本

身曾受過嚴謹的史學訓練，善用相關史料，且曾長期觀察當代發展中的香港佛教，所以呈現在我們面前的這本書，在香港佛教研究史上，具有一定的參考價值。

鄧博士是生於香港長於香港的香港本地人，寫出了這本《香港佛教史》，取得了一定的學術成果。但值得我們留意與深思的是：香港佛教史本身並沒有受到香港人（當然包括香港佛教界在內）或者是學術界足夠的重視。依筆者過去研究二十世紀以來中國佛教史以及戰後台灣佛教史的經驗來觀察香港佛教就覺得：香港佛教雖處「邊沿」、「邊陲」，且長期受英國殖民統治，但也就是因為這樣，反而凸顯了香港佛教的特殊性與重要性；香港佛教有許多是中國大陸佛教（或者是台灣佛教）所沒有的東西，若抽離了香港佛教談中國大陸佛教（或者是台灣佛教），就可以發現：其中有一部分雖不大，但卻又具有關鍵角色（或中介腳色）的圖像被遺漏、被忽略了；香港佛教史的重要性便由此而凸顯。這麼說來，香港佛教不能只被視為是中國大陸佛教的附屬，香港佛教史有其自身存在的意義與價值。

我們該以怎樣的角度（或者是態度）來看待香港佛教？近日翻閱《二十一世紀》（2015年2月號，147期），朱耀偉撰〈香港（研究）作為方法——關於「香港論述」的可能性〉，該文提到，香港在1997年回歸中國之前，常被以殖民的角度來論述有關香港的問題，1997年回歸中國之後，過去的論述方式還是沒有太大的改變。以往香港，處在中國與全球之間，可以左右逢源，如今中國擁抱全球，使得香港無所適從。上述問題如用來思考我們所談的香港佛教史之上，可以考慮的問題是，殖民地的角度是否適用於研究香港佛教？或者也需要運用他種不同的視角與方法來進行研究，比較能呈現出「真正的香港佛教史」？

當代學界有不少人喜歡利用「東亞」的視角來研究中國、日本或台灣的問題，這樣的視角用在香港佛教史研究上，並無不可，但它一定不會是唯一的視角。中國大陸中國人民大學何建明教授，過去曾出版《人間佛教與現代港澳佛

教：太虛大師、竺摩法師與港澳佛教》（兩冊），他是以「北京」的觀點，從中國近代佛教史發展的脈絡來談香港佛教，這也是研究視角的一種，當然也不是唯一可以採行的視角。

筆者出生在台灣，成長在台灣，研究台灣佛教史是以一個台灣學術研究者的立場來看台灣佛教；當我把關注的地理位置轉到香港（或者是中國大陸），研究香港佛教史（或者是中國大陸的佛教史）的時候，作為研究者的我，還是會以台灣學術研究者的立場來處理香港佛教史（或者是中國大陸的佛教史）。當然，視角的選擇也不一定和研究者的出生地（或立足地）完全緊密掛勾，亦可視不同的情況來決定；歷史研究，不會（也不能）停頓，研究視角的選擇與研究者的態度息息相關，稱職的歷史學者應該以嚴謹的方式，配合公正的心態，嘗試去進行各種不同題材的歷史寫作，當然也包括香港佛教史的撰寫。

一個地方要有其特色，就必須考慮其本土性、在地性，在台灣是這樣，在香港亦然。鄧博士是一位研究香港佛教史的新銳，作為一個香港在地者研究香港佛教史，其所關注的重點業已在本書中有所呈現。就本土性而言，在台灣談本土性，似乎較為明確；在香港，許多人會以為，香港的本土是混雜的。這麼說來，如果香港要發展其本土性研究，其前提是必須先消融這些混雜的成分。以「本土」（或「在地」）這一概念而言，有些人會把他理解為孤僻的、狹窄的。不過，地域可以是狹窄的，但如把焦點落實在該地，相較於「外地」，該地即是「主」，其餘的外地，反而都是「賓」，「主」與「賓」的地位，取決於研究者的心態與視角。以整個中國大陸來看，香港處於邊地，是一邊城；但以香港自身而論，香港是有其客觀主體性存在的；較妥適的方式是，當一位研究者對香港佛教史進行研究時，這兩個因素都應該考慮在內，如此才能避免偏於一方，這樣或許可以將香港佛教史更立體、更多元、更精準地呈現出來。

總之，鄧博士的這本《香港佛教史》已經取得了一定的成果，對任何一位想對香港佛教有所了解的讀者或研究者而言，都不能忽略（跳過）他的這本大

作。但本書亦有諸多不足之處（如江燦騰教授在本書的序中所言及之各點），這些不足之處，恰又是未來研究者（也包括本書作者鄧博士）可以努力的方向之一；我們竭誠地盼望，在不久的未來，能有一部更為「理想的香港佛教史」出現。

侯坤宏

謹述於台灣新北市新店自宅

2015年6月1日

自 序

佛教乃世界性宗教，對人類社會影響深遠。除概論性的佛教史書，世界各地均會獨立編撰一區一地之佛教史。此不單有助整體性的佛教研究，同時亦反映佛教與當地文化互動發展的獨特性。然而，研究本港佛教之專書獨付缺如，相關者亦只涉個別的專題，鮮有系統而全面之論著。

十餘年前蒙佛哲書舍高慶輝先生指教，談及至今仍無《香港佛教史》，很是遺憾，由是引發研究興趣。此後四出蒐集相關資料，莫論書刊報章、相片海報……但凡沾得上邊者均不放過。每逢假日，又親至道場、佛社訪問抄寫，期間攀山涉水，撥草尋秘，辛酸自知。及至余在中國歷史研究所修讀碩士時，從學於香港史學專家蕭國健教授，特意請示研究方向，蕭師以余對佛教之認識及人事脈絡，鼓勵以此為研究題目。又云本港佛教之葉文意校長曾在母校以《香港早期之佛教發展》撰論，事過三十年正好接續其後，以圓滿本地佛教史之研究。往後蒙蕭師擔任指導教授，引導治史方法，獲益良多。經過多年努力，總算能理出香港佛教發展脈絡，並撰成碩士論文，於2007年通過。

余自知識見淺陋，本無意將畢業論文付梓。經業師蕭國健教授及佛哲書舍高慶輝先生等諸上善人多番鼓勵，始作修補訂正，勉強成書。首稿成於2007年7月，當時主要是贈送本港各大學圖書館存案，旨在與學界同道分享交流，故印量極少。不意，該書出版後，常有學者善友查詢購買事宜，復有書舍願意代理，故重新修訂校釋，於2008年12月脫稿，由香港史學會再版。幸得各方厚愛支持，頗有銷售紀錄。2010年夏，點算存貨竟不足十本，又逢公共圖書館有意收藏，供市民借閱，遂再作修訂，補入新得之資料和相片，又加入「詞彙對照」，方便讀者研讀。

多年以來，常有學者來鴻，指拙作甚有意義，但流通量少，殊感可惜。前年，中華書局興議再版，並補充前代及現今發展情況，直接以《香港佛教史》名義出版，名正言順，亦藉此引起大眾對香港佛教歷史研究之關注。茲值本書之出版，正宜藉此介紹本書之特色和意義。

先言特色。蓋治史之途，百計千方，但綜要言之無外是在史料、史法、史論三方面下工夫。於史料上，因資料永無充足之可能，惟有不斷搜集、補充修訂。本書史料之蒐集，諸如碑銘文物及文獻（經書、自傳、手札……）等，均經其他報章文獻等資料相互引證，考訂真偽，始為使用。而經採用者，均註明出處，方便翻查。至於口述資料，因可能涉及錯記或講者主觀成分，加上部分難以考證，因此本書極少引用，偶有之亦必經其他文獻考證；於史法上，即就所得史料，規劃整理，條分縷析，佈置鋪陳，或製圖表、或作編年，手法繁多。而本書即按年代流程，分諸門類，以信實史料為基楚，「有一分資料，就講一分話」。對於部分繁複資料，或有重要意義者，多附以圖表、相片作為輔證，方便參考研讀；於史論上，本書將香港佛教之發展，就其特色歸納為五個時期，各獨立一章，旁徵博引，綜合剖析，末後則附以小結。

再論意義。近來，本港佛教之發展一日千里，加上資訊科技之便，吸引東亞各地之學者對香港佛教史之研究興趣。然因資料所限，至今尚無正式的「香港佛教史」面世，而本書忝為同類書籍之首，縱使識見拙陋，但內容以信實史料勾勒出本港佛教的原貌，是一確然可信的「香港佛教史」，總算補充了歷史的空白；而所論述的範圍，已盡量羅列史料（當然仍待努力修訂），讓有意研究者即可依附註之資料，蒐集原稿，方便讀者另再深究。

回想本書之緣起，除了個人志趣外，各方的支持與鼓勵着實不少。首先要感謝高慶輝先生的指引，為本書之研究開啟首要的第一步；而已故的永明法師、葉文意校長、高永霄老師，既為本港著名的佛學專家，亦是研究「香港佛教」的前輩學者。年來隨諸師學習佛學，亦不時請益香港佛教史之種種。他們相繼往生，示現世法無常，在在顯映生命與時光之易逝，尤激發余盡速保存歷

史文化之志向，亦聊表往昔教誨之恩德。諸師於淨土之中得見薪火有傳，應能有所安慰；另外，黃大榮兄、謝兆霖兄、陳覺聰兄等學友，年來相伴考察，涉水攀山，輔行研究，並合組會社。大家對保存文化的功勞，是功不唐捐的；尚有其他大德學者、友好團體等等，多年來惠予各種便利和支持，在此一併致意。

本書即將付梓，固感謝中華書局約稿，以及各部員工協助編輯出版，有勞之至。東蓮覺苑、金剛乘學會、大光中學等及個別法友惠予相片，授權刊登，增添本書閱讀價值。還要特別感謝已故香港佛教聯合會會長覺光法師，親為本書封面題字，至為鼓舞。覺光會長領導本港教務七十年，是當代香港佛教的推動者和見證者，本書喜獲會長的肯定，破例惠予墨寶，意義深遠。余原擬在本書出版之時，呈奉會長覽閱，詎料書刊延誤，未及出版而會長竟安詳捨報，誠感遺憾，而題字頓成遺墨，更見珍貴。

其次，亦得感謝台灣的江燦騰教授、侯坤宏教授及業師蕭國健教授惠予序文，指引後續研究方向。江教授與侯教授均為「台灣佛教史」的權威專家，年前余冒昧拜訪江教授，請益治史經驗，實在大啟茅塞；侯教授則是前國史館修纂處處長，專研戰後兩岸佛教史及佛教人物訪談等，余仰慕其學風有年，月前得以拜會請教，對研史的眼界也增長不少；至於蕭師，更是吾人史識學養之根本。余自入讀本科至博士研究以來，從蕭師研習，多蒙指導和鼓勵，始有現今之根基。今獲三位歷史學家厚愛惠賜序文，啟導方向，與有榮焉，特此致以最崇高的謝意。

余自研究香港佛教史以來，深覺其發展之獨特，斷非三言兩語之間可以論定。但當前從事史料蒐集研究者，少之又少。可知，「香港佛教史」之研究，其實仍在起始階段。余認為，正確的史論必建基於信實的史料，由於前人對於史籍檔案多未維護保存，原始史料實在極為缺乏。加上，不少寺院道場進行擴建維修之時，每每丟棄重要的文物文獻，極為可惜。因此，遂於2005年與學友組成「香港佛教歷史與文化學會」，旨在推動與香港佛教有關的研究和文物保

育，並長遠籌辦「香港佛教文物館」，聚集各方專家賢士，透過歷史文化的方法，於現代社會中重新發掘佛教之深層意蘊。

自學會成立已來，曾出版《二十世紀之香港佛教》、《香港佛教碑銘彙釋一：港島、九龍及大嶼山》等專書。又獲佛寺團體之信任，經常捐贈書刊文物，包括高僧遺物、信札墨寶、法器用具等等，無形中對「文物館」之建立給予重大的支持。有見及此，香港佛教歷史與文化學會現正申請正名為「香港佛教文物館」，轉以專門營運，以提升號召力及推廣績效。適逢本書之出版，想必有相當的助益。祈求佛慈多護，早日成就，是所望焉。

二零一五年立夏

鄧家宙　序於恆泰樓

目　錄

第一章

貝葉西來 —— 早期的香港佛教

第四章

茁壯飛揚 —— 一九六〇年以後的香港佛教（1960-1980）

第一章

貝葉西來

—— 早期的香港佛教

古代之香港佛教

甲　香港的地理交通

　　香港位於中國南方瀕海地區，六千年前已有先民聚居。及至秦漢時代香港被歸入「南海郡」，由於地處濱海，遠離中原政治中心，凡朝廷更迭，戰爭禍亂，均未受波及，本港偏安一方，自成一角。香港雖非通都大邑，卻因緊扼珠江出口，自南北朝以來，凡進出廣州之船舶，必經屯門。[1]據宋代周去非著《嶺外代答》卷三〈航海外夷〉載：「三佛齊（筆者按：此即蘇門答臘 Srivijaza）者，諸國海道往來之要衝也。三佛齊之來也，正北行歷上、下竺，與交洋，乃至中國之境。其欲至廣州者，入自屯門；欲至泉州者，入自甲子門。」而近人羅香林教授對此曾下定論云：「自廣州出海，既必自屯門揚帆，而自外國至廣，又必入自屯門，則屯門昔時為廣州海上交通之外港，不言而喻唉。」[2]加上本港氣候溫和，港闊水深，港口兩岸有高山屏護，適宜旅海船隻停泊、避風、取水辦糧，故有不少中外商客僧侶留駐過路。

　　屯門海灣位珠江出口東岸，屬鹹淡水交匯處，自昔有漁撈之利，岸邊又有連綿高山屏護，可避風雨，尤適合居住。據考古發現，屯門之青山灣與掃管笏等地曾出土大量史前時代之石斧、陶片、飾品等生活器物，推知

1　《新唐書》，卷四十三下〈地理志〉，引賈耽「古今郡縣四夷道廣州通海夷道」一條。

2　羅香林：《一八四二年以前之香港及其對外交通——香港前代史》（香港：中國學社，1959），頁8。

必為聚落之所在。[3] 到唐代，朝廷有感中外商舶眾多，屯門海防更為重要，特設屯門鎮，駐二千兵，由守捉使指揮。[4] 昔時屯門海灣之繁盛可想而知。

既然在魏晉年間，廣州已建立對外交通航道，航程遠達天竺。此後，梵僧沿海路來華弘法，蔚成風氣。當中，尤以東晉隆安年間，梵僧曇摩耶舍（Dharmayasas）到廣州創建王園寺（即今之光孝寺），譯經傳法，奠定嶺南地區佛教發展的基根。自此，中外僧侶前赴廣州研經，或取道廣州轉往他處弘法者更是多不勝數。考自魏晉至李唐時期，來華梵僧或出國華僧凡二百餘人，半數取道南海通道，而航道起點（或終點）則以廣州為首，亦有在交州、合浦兩處。其時，諸師往來廣州弘法者甚多，其有明確記錄者，不下三十位（見下表1），至於名不見史傳者，自是不可數計。

表 1 經廣州進出弘法之中外佛教人士簡表[5]

年 代	僧 侶	原 籍	行 歷
晉太康二年（281）	迦摩羅 Kamala	西竺	抵廣州，建護國仁王寺
晉太康二年（281）	彊梁婁至 Kalaruci	天竺	抵廣州，並翻譯佛典
晉隆安年間（397－401）	曇摩耶舍 Dharmayasas	罽賓國（印度旁遮普）	到廣州創立王園寺，譯出《差摩經》一卷
宋永初元年（420）	曇無竭 Dharmodgata	中國幽州	與同志廿五人赴天竺學法，後從海路返廣州
劉宋朝（420－479）	僧伽波羅 Snmghapaln（僧養）	扶南（柬埔寨）	於廣州研習佛典。齊朝時轉至建業，從學求那跋陀羅
宋元嘉四年（427）	法長	中國	受慧觀派遣至訶陵國（爪哇）迎請求那跋摩來華弘法

3　同上註，頁33。

4　《新唐書》，卷四十三上〈地理志〉，「嶺南道南海郡」條；卷五十〈兵志〉。

5　本表從《高僧傳》、《續高僧傳》、《梁高僧傳》、《唐高僧傳》、《南海寄歸法內傳》、《歷史求法翻譯錄》等整理。

（續上表）

年　代	僧　侶	原　籍	行　歷
宋元嘉四年（427）	道沖	中國	受慧觀派遣至訶陵國（爪哇）迎請求那跋摩來華弘法
宋元嘉四年（423）	道儁	中國	受慧觀派遣至訶陵國（爪哇）迎請求那跋摩來華弘法
宋元嘉年間（424－453）	求那跋摩Gunavarman	罽賓國	隨商船至廣州弘法
宋元嘉年間（424－453）	杯渡	天竺	由陸路抵華，在華北、華東弘法。後到屯門候船回國
宋元嘉十二年（435）	求那跋陀羅Gunabhadra	中天竺	抵光孝寺，設戒壇。又譯出《五百弟子自說佛本起經》及《伽毗利律》。後轉往建業弘法
魏晉年間	法度	天竺	在華出生，後於廣州事師曇摩耶舍
魏晉年間	支法防	月氏（新疆）	停居廣州
劉宋末年（470－479）	菩提達摩Bodidharma	南天竺	抵廣州，建華林寺。復至光孝寺留駐多年，始轉往建業及嵩山
梁天監元年（502）	智藥三藏	西域	持天竺菩提樹來華抵達廣州，植於光孝寺
梁武帝朝（502－549）	曼陀羅Mandra	扶南	梁初、大齎梵本，遠來貢獻
陳永定元年（557）	波羅末陀Paramartha（真諦）	天竺優禪尼國	抵光孝寺，帶來梵文貝葉經二百餘夾，並於光孝寺譯出《攝大乘論》等十六種經典。晚年歿於廣州
陳朝（557－589）	須菩提Subhuti	扶南	為君主翻譯《大乘寶雲經》八卷
陳宣帝朝（569－582）	毗尼多流支Vinitaruci	烏仗國（巴基斯坦）或一說南竺	從長安至廣州，譯出《業報差別經》。580年至越南法雲寺弘法，大弘禪宗
唐顯慶元年（656）	布如烏伐邪Punyopaya	中天竺	龍樹門人，後至長安翻譯佛典。顯慶元年奉派至南海諸國採尋藥品
唐咸亨二年（671）	義淨	中國范陽	自揚州抵廣州光孝寺候船至天竺。永昌元年（689）由室利佛逝國（印尼蘇門答臘）回廣州，僱覓法眷貞固、孟懷業、道弘、法朗出國，助譯梵經。證聖元年（695）偕貞固、道弘回廣州

（續上表）

年　代	僧　侶	原　籍	行　歷
唐咸亨二年 （671）	善行	中國晉州	從淨義三藏出國弘法
唐儀鳳元年 （676）	耆多羅律師	天竺	居廣州，為惠能祝髮作證
唐永昌元年 （689）	貞固律師	中國	住清遠峽山寺，依般刺密帝習梵文，又於光孝寺開講律學。後得義淨法師邀至室利佛逝國翻譯佛典。證聖元年（695）回廣州
唐永昌元年 （689）	道弘	中國汴州	隨義淨三藏出國弘法，證聖元年（695）回廣州
唐永昌元年 （689）	法朗	中國襄陽	隨義淨三藏出國，留居室利佛逝國，後病歿於訶陵國
唐永昌元年 （689）	孟懷業	華北人士	貞固在家弟子。後隨義淨三藏出國，留居室利佛逝國
唐神龍元年前 （705前）	般刺密帝 Paramatra	中天竺	抵廣州，住光孝寺。譯出《首楞嚴經》十卷
唐神龍年間後 （705後）	彌伽釋迦 Meghasekha	烏仗國	般刺密帝門人，於廣州協理譯經
唐神龍年間後 （705後）	懷迪	循州（惠州）	住羅浮山，從般刺密帝習梵文，於廣州協理譯經
唐開元七年 （719）	金剛智 Vajrabodhi	南竺摩賴耶	自天竺抵廣州，後轉至長安，傳授真言密法
唐天寶初年 （742後）	不空金剛 Amoghavajra	北竺西良	十歲來華，後出家，依金剛智習密法，得阿闍黎位。天寶年間抵廣州，於光孝寺開壇灌頂。後轉往師子國
約750	鑑真	江蘇揚州	第五度東渡，迷路於振州（三亞），輾轉至廣州
唐建中元年 （780）	般刺若 Pragna	北竺迦畢試國	攜經論從天竺抵廣州，留居六年再轉往長安弘法
唐興元元年 （784）	蓮華	中天竺	興元元年來華晉見國君。後於廣州，攜德宗所賜神鐘回國
唐元和十五年 （820）	無言通禪師	中國	由廣州至越南北寧傳法，大弘禪宗

香港地區既為珠江口海防要衝,中外商旅進出廣州亦必經屯門,由此可知,華梵僧侶偶於香港地區停駐活動亦是自然不過之事。例如劉宋年間,杯渡禪師由中原蒞止屯門,候船回國,就是最有力的證明。而禪師停駐期間,在灣邊高山僻庵暫居,隨緣弘法,接引鄉民,成為本地最早之佛教史踪,可知香港早期之佛教發展,實與地理優勢與交通航道有密切之關係。

乙　本港早期之佛教情況

現今所知,佛教最早傳入香港者,與杯渡禪師有關。關於杯渡禪師之來歷,眾説紛紜。據《高僧傳》記載:「杯渡者,不知姓名,常乘大木杯渡水,因以為目。初見在冀州,不修細行,神力卓越,世莫測其由來⋯⋯至於孟津河,浮木杯於水,憑之渡河,不假風棹,輕疾如飛。俄而及岸,達於京師,見時可年四十許,帶索襤縷,殆不蔽身,言語出沒,喜怒不均,或冰叩凍洗浴,或着屐上山,或徒行入市,唯荷一蘆圌子,更無餘物⋯⋯。」[6]

禪師於劉宋年間 (420－479),曾南來香港,駐足屯門。《新安縣志》有云:「元嘉五年 (428) 三月,(禪師) 憩邑屯門山,後人因名曰杯渡山。」故知禪師曾登臨青山,結廬駐錫,是將佛教傳入香港之第一人。

近人張曼濤教授對於杯渡禪師之蒞止,亦有一番見解,可資參考:「《高僧傳》裏記述他一直都在京師 (建康)、松江、天台山等江南一帶,何以又會在廣東的屯門山出現了呢?這唯一的可能,就是《高僧傳》記説他後來離開京師,去了交廣,交廣以後便無記述了。根據這個記載就可推

6　見梁朝釋慧皎:《高僧傳・卷十・神異》〈杯渡〉一條,載《大正新修大藏經》,第五十冊,第2059號,頁390－392。

想到杯渡那時到了廣東，很快就到了這個與外交通的海口——屯門這個地方了。現在的青山，也就是當時的屯門山……他來到此地，也許是為了候船出海，去交阯了還是赴印度，乃至其他地方，雖不得而知，但此是交通海口要道，以他在江南一帶的飄忽不定，愛好行腳來說，來此的目的乃在於出海，當大可能。但抵達之後，一覩海灣山色佳景，便作小住停留，亦是極自然之事理。在此一情境下，他乃成為了今日香港佛教的最早的開山，他遺下的足跡，也就成為了香港範圍以內的最古的古蹟。」[7]

新安十景之杯度禪踪

　　時至今日，屯門青山禪院背後仍有杯渡岩遺蹟[8]及杯渡禪師石像[9]。禪師當日登臨之高山，古稱杯渡山，據《新安縣志》記載：「杯渡山在縣南

7　見張曼濤：〈香港佛教〉，《佛光學報》，第二期（1977年6月），頁144。

8　杯渡岩相傳為禪師當日結廬之處。

9　據清代嘉慶版，王崇熙撰《新安縣志・藝文志》，該禪師像乃：「漢乾和十二年（954）歲次甲寅，關翊衛副指揮，同知屯門鎮檢點乃遏右靖海都巡陳巡，命工鑴杯渡禪師之像，充杯渡山供養。」惟據考證，原有禪師像已毀，今所見者乃近仿造，古風雖失，但意義猶存。

四十里，高峻插天，原名羊坑山，一名聖山，南漢時封為瑞應山。」至近代，因遠觀該山青蔥秀拔，因而命為青山。又其山頂狀如堡壘，故英人又稱為堡壘山（Castle Peak）。早於唐宋時期，鄉人為追念禪師在青山半山建杯渡庵，後來又荒廢。明初屯門陶氏族人於遺址旁建青雲觀，至清道光九年（1829）重修，屬於道家先天道一派。

青山之外，元朗靈渡寺亦與杯渡禪師有關。靈渡寺位處元朗廈村靈渡山山谷，據《新安縣志》所載：「靈渡山在縣南三十里，與杯度山對峙，舊有杯度井，亦禪師卓錫處。」[10] 可知，杯渡禪師先駐足杯渡山，後又遷駐靈渡山。

相傳杯渡禪師曾於此，以密咒替人治病，皆有靈效，故稱曰「靈渡」。而歷代善信到此祈福禮佛，頗見感應，其中以清光緒年間（1875—

相傳建於南漢時期的杯渡禪師石像

10　同註9，卷四〈山水略〉之靈渡山一條。

1908），廈村鄉民鄧寵榮增福延壽之事蹟，最為著名。當年，鄧氏族人更於寺內豎立〈先父寵榮公軼事碑記〉以為事證。

寺側有靈渡井，傳井水冬溫夏涼，味道甘冽，為禪師經常洗濯之處，至今仍有少許井水湧出。該寺相傳於唐代興修，宋明清各代亦有復修，最近一次重修開光在 2003 年。

及至明代，又有凌雲寺之興建。其創建與錦田鄉人鄧洪儀之孝悌事蹟有關：「（鄧）洪儀公因其弟洪贄與何迪有姻親之誼，何迪犯罪[11]，株連洪贄公，罪得問流。我洪儀公見洪贄公賦性樸訥，情願捨身代之問流於中國北方之黑龍江。越數年，流期已滿，返至江南，適有陳富翁愛我洪儀祖之才，留掌教席，將其育女黃氏送與我洪儀祖為副室。歷二年而生一子，即銅祖是也。再越三年，痛我洪儀公身亡於江南陳翁之館舍，將骸火化，得陳翁贈費與黃氏祖姒，携洪儀祖之火骨及銅祖南旋，歷盡艱辛，方返至岑田。當時欽、鎮、銳兄弟三人見此事出離奇，不敢造次公認，既而得黃氏檢出我洪儀公生時墨蹟及歷述錦田家事，始知事確情真，子母痛哭不已，而感激黃氏貞節賢勞，志切三從，身經萬苦，得父骨之還鄉，實荷週旋之力，挈季弟以旋里籍，全骨肉之親，感佩因無既也。不料越年餘，銅祖忽然身病而亡，黃氏祖姒正痛不欲生也！幸欽祖斯時有三子廣令、廣海、廣瑜，見黃氏母痛切，乃將己之次子廣海公為銅祖之嗣子，以慰母心，並建凌雲寺（靜室）於觀音山而為黃氏養靜之室。復設立洪儀公之神主於是，俾黃氏母供奉，此乃明朝宣德年間[12]之事。」[13] 至清道光元年（1820），有滌塵法師化緣重修，闢靜室為佛寺。光緒元年（1875）及光緒五

11　見《明史・何真傳》。

12　關於凌雲寺創建年份，《鄧氏師儉堂家譜》及釋鎮庵撰之〈觀音山凌雲寺重興記〉均稱建於明宣德年間。據近人羅香林教授之考證，鄧洪儀於明洪武二十六年（1393）代弟戍邊，六年期滿放歸，流落江南題詩求乞。及至病死客館亦只約十年，由是推算鄧氏族人建凌雲靜室當在明成祖永樂初葉，與宣宗之宣德年代相差二十餘年。羅香林認為，凌雲靜室為供母安養之所，故不稱寺，至宣德年間，黃氏已卒，乃改建為寺，而寺中相傳則誤以為創於宣德年。

13　香港錦田鄉鄧惠翹續修之《鄧氏師儉堂家譜》，1966年。

2009年重修後的凌雲寺

年（1880），先後交圓空師、圓淨師住持。此後，寺宇無人管理二十餘年，終由鄉人鄧伯裘收回作為私人別墅，今由佛門人士主理。[14]

　　約清代中葉，在沙頭角坪輋古道，有長山古寺。該寺由打鼓嶺區的萊洞、萬屋邊和坪洋、瓦窰下、禾徑山及坪輋，六條村落共同興建，約於乾隆五十四年（1789）落成，主奉娑婆三聖（釋迦佛、觀音菩薩及地藏王）。至今寺內存有不少文物，其中最早者乃清乾隆五十四年的銅鐘一口，鐘上刻名「長生庵」，可以推知寺院之來歷。長山古寺門聯云：「長亭惜別，古道瞻歧，雨笠塵襟塵日日；山鳴吟春，寺花送晚，煙鐘風磬我年年。」據考究，該寺為古時的驛館舊址，與廣州五羊驛館、大庾嶺紅梅驛館、價館

14　釋鎮庵編：《凌雲佛學研究社五週年紀念刊》，凌雲佛學研究社出版，1938年。

及海外四夷驛館相銜接，隸屬南夷郵亭，由僧俗人士共管。[15] 長山古寺接待商旅行人，大開方便之門。住持向旅宿者談經論道，曉以佛法，藉着商旅行止，將因果、念佛等佛理傳揚開去。後來，古道盛況不再，寺務遂歸平靜。

1949年，有佛教人士谷山潔居士駐足古寺，然以自修為主，寺務未見復興。時至1997年，香港賽馬會慈善信託基金撥款資助重修，翌年更獲特區政府列為香港法定古蹟。

杯渡寺、靈渡寺與凌雲寺，為香港早期梵宇，近人合稱「香港三大古剎」。另外，尚有傳香港境內古有梵剎多達三十多所 [16]，如：青山慧善庵 [17]、粉嶺龍溪庵等 [18]。然而，早期的佛寺，多屬個人清修靜養之地，或被鄉眾視作祈福禳災之所，與一般民間信仰無異。但觀音、彌陀之信仰，善惡報應、因果輪廻等觀念，卻逐漸傳入民間。

長山古寺供奉娑婆三聖

15　漢代，官立設寺為衙廡，後因有梵僧來華，以寺為安僧別館，才將寺改為僧人所專有。但寺院為維持生計，設有道田。郵遞事，由僧俗共理，並照顧郵務人員之飲食起居及輜車駢車之安置等。詳大光法師：〈香港之三大古剎序〉，載蕭國健：《香港之三大古剎》（香港：顯朝書室，1977），頁3。

16　大光法師撰〈香港之三大古剎序〉云：「香港地區之古寺，根據有關文獻記錄，實不止此，應有三十餘所……。」惟部分寺庵，至今仍無法考證。詳蕭國健：《香港之三大古剎》，頁8。

17　同註9，〈勝蹟略〉記：「慧善庵在杯渡山瑞應巖上，今圮。」

18　龍溪庵，清乾隆年間創建，1993年重修擴建，改稱龍山寺，外牆上仍存清乾隆間之重修碑記。

山林佛教的興起

甲　佛教人士來港之原因

　　佛教自魏晉年間傳入香港，一千五百年來，香港（新安縣）境內之佛教僧侶只是零星出現。據清代嘉慶版王崇熙撰《新安縣志》所載，境內之宮觀亦只有三十餘所。時至清末民初期間，內地僧侶紛紛來港定居結廬，必與當時國內社會動盪情勢以及傳統宗教所面對的衝擊有着緊密關係。

　　自1841年英人登陸香港島，未幾宣佈為自由港。隨着清廷割讓港島，中外商人紛紛來港經營業務，加上清廷開放五口通商後，中外貿易頻繁，海陸交通暢通無阻。其後，中英雙方再簽訂《北京條約》及《拓展香港界址專條》，將港島對岸之半島及深圳河以南地區與海島劃歸英國，基於行政區域的擴大，香港得以長久發展。另一方面，鴉片戰爭後，北方政局混亂，太平天國、甲午戰爭、列強入侵等禍亂接踵而來。由於香港是英屬地區，在政治、商務、生活等各方面都相對穩定，自然吸引內地民眾避居來遷，形成一個接一個的移民潮，當中包括官紳文士、技工商家，也有行腳僧侶。而探究該等僧侶移居香港的原因，自是了解本港佛教及寺院發展的重要方向。

一、國內社會動盪影響

（一）政局影響

自鴉片戰爭爆發，清廷戰敗，一向自奉為天朝大國，實行閉關自守的滿清政府，不敵船堅炮利的威脅，被迫打開國門，朝廷的腐敗無能暴露無遺。列強藉機侵略，圖取利益，導致中國國衰民弱；另外，開放通商港口後，洋貨在國內傾銷，嚴重打擊民間手工業。清廷不但無力應付列強侵凌，更將軍費開銷和鉅額賠款等重擔轉嫁民眾，百姓生活更為艱難，對朝廷和洋人的不滿情緒日趨高漲，反過來成為社會動盪的因素。其中以道光年間，洪秀全以「太平天國」名義，號召民眾武力反清，勢力席捲十六省，聲勢相當浩大。儘管太平天國亂事最後得以平定，但各地反清活動更是有增無減。

十九世紀末，孫中山先生以清廷腐敗至無可救藥，鼓吹武裝革命，推翻帝制。自1895年起策動十一次起義，最終成功推翻帝制，建立中華民國。可惜，共和體制未能平息社會動盪，國內政爭不斷，軍閥割據，烽火四起；國外列強環伺，虎視眈眈，每每覓機入侵。遭逢社會長期動盪，戰火連連，民眾逃難避走，實在是自然不過的事。

觀乎香港歸屬英國後，在政治、商務、生活等方面都相對穩定，加上交通便利，華人生活模式相同，確是短期避居的理想地方。在此等國勢之下，逃難避走香港的移民風潮，自清末列強入侵，以至二次大戰後的國共內戰時期，也從未停止。一批又一批的旅港民眾，攀山涉水，千里投奔，包括了士農工商各界民眾，當然也包括了佛教僧侶。

（二）廣東地區土豪猖獗

清末時期，國勢日下，朝廷應付列強各種苛索已經疲於奔命，而地方官府囿於人手和資源，採取各自為政的態度，對於郊野地區之治安多不聞

不問，或豎立碑文官諭，作象徵性管理。於是造就土匪惡霸，糾結成黨，四出擄劫搶掠。當中尤以市郊的寺院宮觀，最受影響。例如：香港元朗凌寺的妙參法師，原在廣東羅浮山重興延祥寺，因「時地方土匪猖獗，難以安居，乃聯同師友等往港求暫息之地」。[19] 另外，大嶼山鹿湖純陽仙院的觀清法師，亦有同樣的遭遇：「觀清法師者，久在鎮江金山寺與揚州高旻寺參禪多年，回粵後結茅庵於羅浮山安居。爾時該處土匪猖厥，不堪騷擾。法師於民國初年，芒鞋竹杖到港，至大嶼山大澳口虎山之地藏廟駐錫……。」[20]

羅浮山位廣東省博羅縣，於東晉年間已建有道觀，梁朝始建延祥寺，弘揚佛教，千多年來均為粵東地區之佛教名山。至晚清時期，因土豪賊匪聚集，騷擾民安，僧侶信徒紛紛避走他處。除博羅外，其他縣市的情形亦相類同，各地方誌及寺院誌書亦有豐富的記載，反映土匪為禍的情況相當嚴重。

二、佛教內部的問題

（一）寺產興學的衝擊

佛教於東漢傳入，與中國文化融合發展，歷來高僧輩出，宗派林立。唐末時期，禪宗法脈更是一枝獨秀。宋明以後，時興理學玄談，文人學者，以佛釋儒蔚為風氣。善信有樣學樣，談禪論道，將直指人心的妙理，流為似懂非懂的「口頭禪」，自後佛

寶蓮寺仍存
僧道諭示

19　明慧法師：《大嶼山志》（香港：大嶼山寶蓮禪寺，1958），〈釋妙參〉條。

20　同上註，〈釋觀清〉條。

學義理已難有創發。加上佛教經歷過長期漢化，脫離了印度僧團「三衣一鉢，遊行乞食」的規制，倣效中國宗族，建立以師徒傳承的承繼制度，引伸大量子孫廟的出現。

元明時期，因政治動盪，祈福薦亡成為百姓的心靈寄託，佛門迎合信眾心理，專力提倡經懺佛事，念佛、超幽、拜懺等成為主流。從這種「寄望來生」的渡生取向，無疑有利對普羅大眾傳揚佛教，卻使佛學義理趨於衰落。由於佛學發展停滯不前，僧眾學識修養貧乏，寺院制度僵化，只求利益回報，墮性強大，兩者將佛教引入衰亡的惡性循環。清中葉時，乾隆帝就曾嚴厲批評：「（僧道）參求正覺，克紹宗風者寥寥，即嚴持戒律、習學小乘之人亦不多見，蔑視清規、徒增塵沾，流弊不可勝言……於其師所說，亦毫不能守，是不獨在國家為遊民，即繩之佛老之說亦為敗類，而可聽其耗民財、淆民俗乎？」[21] 又云：「僧道徒眾太繁，賢愚淆雜……藏污納垢，無所不至……後為僧為道，亦不過營生之一術爾。」[22] 當乾隆帝批評當僧侶者僅為「營生之一術」，佛教衰落的情況也可以想像。其後，乾隆帝更諭令將寺院所需糧食以外的資財一概歸公，作為賑濟地方貧民之用，是清廷沒收廟寺之始。

鴉片戰爭後，不少有識之士探求富國強兵之道，其中軍機大臣張之洞更提出「廟產興學」作為振興中國的方法之一。他認為：「今天下寺觀何止數萬……方今西教日熾，（佛道）二氏日微，其勢不能久存，佛教已際末法中半之運……大率每一縣之寺觀十取之七以改學堂，留十之三以處僧道，其改學堂之田產，學堂用其七，僧道仍食其三。」[23] 而康有為在《請飭各省改書院淫祠為學堂摺》亦提出類似主張。[24] 該建議因變法失敗而未及施

21　劉錦藻：《清朝續文獻通考》（杭州：浙江古籍出版社，1988），頁848。

22　《大清高宗純皇帝實錄・一》，乾隆二年二月上條。

23　光緒二十四年（1898），張之洞撰《勸學篇》外篇〈設學第三〉。

24　該摺：「於民間祠廟並有不在祀典者，即着地方官曉諭民間一律改為學堂，以節靡費，以隆教育。」詳黃彰健編：《康有為奏摺》（台北：中央研究院史語所，1974），光緒二十四年五月條。

行，卻反映知識份子對當時佛教的看法。

庚子拳變後，慈禧太后為收拾人心，指令張之洞、張百熙、榮慶等人草擬興辦學堂的章程。到光緒二十九年（1905）清廷頒下《奏定學堂章程》[25]，其中列明將廟產歸公作為興學經費。隨着「廟產興學」以國策形式實行後，不單是教育，就連地方官府開支，以至老百姓的生活困境，也理直氣壯地要求從帶有「慈善性質」的寺產中提撥。佛教寺院面對來自官府和社會的巨大壓力，產業被強令充公沒收，經濟收入大受影響，加上官民所謂的「提撥」無日無之，苛索無度，許多傳統叢林大寺，唯有遣散僧眾，以減省開支。至於那些以自修為主，人數只有兩、三人的靜室，雖無固定產業，亦受波及。當此艱難環境，部分僧侶選擇四出參訪，而環顧華人地區，唯有港澳地區不受「廟產興學」政策影響，自是吸引若干信徒，千里行腳，來港尋覓安身之處。

（二）寺院內部競爭

古時之佛教叢林，皆為佛教傳播中心，十方僧眾行腳掛單，魚貫出入，常住者每每逾千人。因規模龐大，職事分類繁多，由弘法、修持、接眾、禮儀、飲食、起居、香燈等等，各有專職。按照叢林規制，寺院於住持之下設立東序、西序兩班，輔理寺務。東序設都監、維那、典座等主管職，專掌經濟及管理事務；西序設首座、書記、知藏、知客等主管職，專門培養僧伽。日常時分，由兩序主管督導各級職事，處理寺務。遇有重大事項，則由住持會同兩序主管大德，共同商討負責。換言之，基於叢林制度的限制，寺院主管職位甚少，令僧人向上流動的空間相當有限，若有志繼承住持職事者，得面對激烈的競爭。況且，寺院管理者的晉升標準，除

---

25 中國第一歷史檔案館編：《光緒宣統兩朝上諭檔案》（桂林：廣西師範大學出版社，1996），光緒二十九卷。

了輩份先後和領導能力等須達至相當水平外，也要考量弟子的品德和修持
證量等，這種內在因素往往講求慧根悟性，即使有數十年的禪修功夫，亦
不一定有所成就。因此，對於一般的僧眾來講，要晉升至寺院管理層級實
在是遙不可及的事。

另一方面，漢傳佛教自唐代以後，由於江南和華北地區為政治中心，
文化水平較高，風氣所及，高僧輩出，佛寺發展也較為興盛；至於華南一
帶，仍被視為落後地區。如唐代的六祖惠能大師到黃梅寺求法，最初亦被
視為「獦獠」[26]（中原人士對華南人之總稱，意指以獵殺為生的蠻夷），更帶
出「為堪作佛」的疑問，言詞間已反映北僧對南方僧的輕視態度。再者，
儘管惠能大師悟性深厚，終獲五祖付法，並在嶺南一帶弘揚「祖師禪」
法，卻因強調「不立文字，直指人心」的禪修，對於經教義理的研習較為
忽視。南方的普羅信徒因缺乏經教修養，修持欠缺教理支持，難有證悟。

此外，寺院的課誦禮儀卻沿襲北方寺院的儀規誦本，整體來說，南方
佛教文化的傳承實無太大的進益，是以長期以來，北方佛教人士多自感優
越，視南方佛教較為落後，這種情況至今仍然存在，對本港佛教發展仍有
相當影響。

在清末民初時期，部分寄身於叢林內而有一定知識水平的僧侶，自感
晉升無望，或受籍貫和黨派排擠，[27] 於是離開原有寺院，四出雲遊參學，覓
地自修，等待合適因緣，再圖發展。這也是民初以後，南方青年僧眾蜂擁
至江南地區參學的原因。

26　《六祖壇經・自序品》記：「祖問曰：『汝何來人。欲求何物？』惠能對曰：『弟子是嶺南新州百
　　姓，遠來禮師，惟求作佛，不求餘物。』祖言：『汝是嶺南人，又是獦獠，若為堪作佛？』惠能曰：
　　『人雖有南北，佛性本無南北；獦獠身與和尚不同，佛性有何差別？』」

27　肇慶鼎湖山慶雲寺為粵西名寺，1938年，寺眾公推香港寶蓮禪寺筏可和尚繼任住持。筏公為報祖庭
　　深恩，應允任。晉院翌日，即被誣陷為日軍間諜，被軍警拘查七天。經虛雲老和尚出面擔保，始得
　　獲釋。後查知事件由寺眾告密，筏可和尚藉口回港，再致函退院。可見，寺院內部之競爭等矛盾，相
　　當激烈。詳明慧：《大嶼山志》，〈釋筏可〉條。

三、香港社會環境的誘因

（一）殖民地政府社會安定

1841年1月26日，英軍在香港島的水坑口登陸，其後舉行升旗禮，正式佔領港島。時任英國全權代表的義律（Captain Elliot）對島上居民發佈《義律公告》（Captain Elliot's Proclamation），明示香港已歸屬英國，居民受英國保護，但中國人舊有生活模式和傳統習俗，得予尊重和保存。其後，義律再宣佈香港為貿易自由港，准許商船自由停泊，又推出一系列優惠英國商家的商貿政策，吸引怡和、太古等英商洋行來港投資。[28]

翌年，中英簽訂《南京條約》，英國正式取得港島，並派遣砵甸乍（Henry Pottinger）出任香港總督，依《英皇制誥》（Hong Kong Letters Patent）及《皇室訓令》（Hong Kong Royal Instructions）組建殖民地政府。由於英人遠渡來華，以開發貿易利益為根本目的，因此港英政府以維持本地社會安寧和穩定的營商環境為主要治港政策。

當時，港府組織行政、立法和司法機構外，也着力建設維多利亞城，除了成立警隊，維護社會治安外，也加強市政規劃和管理，將港島發展為遠東著名的商埠。

1860年以後，九龍半島和新界等地，相繼歸入英治，香港政區擴大後，以穩定為宗旨的政策得以伸延。香港作為英國的殖民地，因政治地位特殊，得以避開清末時期中國境內的連串動盪，成為華人地區中最為安寧的地區。

（二）地理與社會環境的優勝

由於香港位於中國南方瀕海地區，向來偏安一方，自成一角。因緊扼

28　詳《香港歷史探究》（香港：香港史學會，2011），頁40。

民和傳統宗教場所多採容忍妥協的政策。所謂「山高皇帝遠」，僧道人士遠道而來，在新界、大嶼山之山野地區，自行闢地建屋，開墾農地，由生活起居設施，到宗教活動場所，皆可自由開發擴充，未受管束。加上港府對寺院經濟和宗教活動，既無徵稅，亦無規管。比之於國內叢林靜室，香港宗教環境簡單自由，無論是隱居靜修，或是力圖建基立業，振興佛門，皆具發展潛力。

　　總之，清末民初時期，因為國內局勢變化，造就了香港這個特殊的環境，並受惠於港府的新界政策，無形中為宗教人士提供了自由發展的空間，自然能吸引雲遊四方的佛道人士，相相來居，尋找安身或發展的機會。

乙　精舍靜室之建立

　　佛教僧侶信徒受着政局等原因離開本籍，穿州過省，菈止香港尋覓安居靜修之處。截至1920年為止，來自北方的僧侶，他們或自建精舍、或復興舊寺，亦有接收道觀闢為道場，開啟了本地之山林佛教。

一、港九各區精舍

（一）道榮園

　　清光緒二十四年（1898），有聞修法師來港創立道榮園，實為紀念道榮禪師而建。

　　道榮禪師，俗名張隨聯，是廣東中山小欖人，生於道光十一年（1831）。禪師中年出家，專修禪法，道行功深，圓寂前指示門人「吾三日即將入滅，滅後不可入土，此身留後世見證。」事後，門人見禪師遺體不腐，特意鋪金供奉。後因當地土豪奪劫禪師遺像，於是攜同肉身像逃亡香

港，1894年先在九龍城外大街十九號購置石屋，草創「道榮園」，稍作安頓。後來香火興盛，另於中環士丹頓街十四號開設延祥分院，承接功德佛事。

1918年，聞修法師得道榮禪師「指示」，遷至沙田排頭坑紫霞園，1926年再上遷現址。聞修法師在荒山野嶺，開山劈石，刈草伐樹，建立道場，並得鄉紳護持，時來聽經禮拜，始有今日之規模。1932年，道榮園在政府註冊立案，同時向香港華人廟宇委員會登記為合法寺廟，可供信眾禮佛參觀。[31]

（二）樨香園/清涼法苑

1912年，元朗觀音山凌雲寺妙參和尚之弟子見修尼，於屯門虎地新村創建清涼法苑。因附近種滿香樨（桂花），故初名樨香園。後來，見修尼邀請偉修、敏修、明修、穎修四位尼師共同打理寺務。[32]

（三）靜觀林

1913年，有了修法師在青龍頭創建靜觀林，作為弘法道場，自創立以來，經常舉辦法會活動，隨喜參加者頗眾。該寺經歷多番變遷，1938年遷址荔枝角九華徑村，二戰時避至中環士丹頓街。至1973年再遷荃灣老圍現址。[33]

二、大嶼山之佛寺

大嶼山位於香港西南方，是本港境內最大的海島，最遲在宋代已有居

31　見懸掛於該園之簡介。

32　《香江梵宇》（香港：香江梵宇編輯委員會，1999），頁214，清涼法苑一條。

33　同註32，頁160，靜觀林一條。

道榮禪師肉身像

清涼法苑牌坊

民居住。[34] 南宋間一度是李府食邑。[35] 而東涌、分流等地,亦曾設炮台,派軍守衛海防。自古以來,島內除了部分海邊地區有人聚居外,其餘地區人煙稀少。至清末,因山高地廣,遠離凡俗,吸引不少僧道來到大嶼山結廬潛修。其中以大嶼山西南煎魚灣的普濟禪院,為史料所知島內最早之佛寺。

普濟禪院在二次大戰時破毀,荒廢至今,舊日仍有牆垣遺址,現只餘棄置地上的破碎石門聯,聯云「普雞翼之慈雲民康物阜;濟魚灣之法雨人傑地靈」,側刻「光緒二十九年」(1903)字樣,故知普濟禪院必在此年或以前建成,但該寺的沿革興衰,則無法考證。[36]

(一) 大茅蓬

早在清光緒年間,已有「無名僧」在昂平蓋搭茅蓬隱修。至光緒二十年(1894)有大悅師和頓修師登臨彌勒山峰至昂平,見該地平坦,面積遼闊,且四邊有群山屏護,自成盆地,可避免颱風正面吹襲,尤其適合耕作。況且昂平位於本山高處,蓬蒿無人,當無治安之問題。其時,又見昂平有破爛茅蓬一座,遂取其便,闢為靜室。[37] 於是,以山竹重蓋,「刪蔓草,除荊蓁,先築建小石屋」[38],號之曰「大茅蓬」。時至光緒三十二年(1906),有悅明師加入,稍事擴充。[39]

大悅、頓修、悅明三位禪者,均為廣東人士,同為中年出家。三人先

---

34 黃惠琼:《靈山澳水》(香港:大澳文化工作室,2004),頁120。

35 該地為南宋探花李昴英食邑,近年發現界石兩枝,一放置於大嶼山梅窩碼頭小公園內;另一存放於香港歷史博物館內。

36 坊間有指該寺建於唐代,又云於清代曾被官府借用接待外國使節云云,皆屬無稽。想必與澳門之普濟禪院(觀音堂)混淆。

37 《大嶼山昂平寶蓮禪寺各項法事記略暨同住規約登記》(年份不詳)(二戰前之手稿)。

38 釋明慧編:《大嶼山志》,寶蓮寺條。

39 今寶蓮禪寺即以悅明師加入大茅蓬之年分為創寺起點。詳《大嶼山志》,〈釋悅明〉條。

大茅蓬扁額

後來港定居，初在大嶼山鹿湖一帶閒居靜修。[40] 因志同道合，遂一同在昂平關室靜修。其時，三位禪和在昂平築建石屋數座，用以安居，而大茅蓬則為共修參禪之殿閣。除日常生活起居外，三人堅坐禪關，深閟修持。其餘時間，則墾土耕作，總算能自給自足。

　　大茅蓬草創之初，殿閣僅數百尺空間，規模細少，但形式粗備。在制度上，大茅蓬屬私人靜室，無嚴格規章，亦無力開單接眾。當紀修和尚 [41] 接掌靜室，改為十方叢林，特意追奉大悅師、頓修師為「開山功行大德」。無論如何，三位禪和遵奉「六和敬法」[42]，本着「一粒同餐，同住同修」的精神，開演本地佛教的農禪模式，意義重大。

　　時至1924年，鎮江金山寺的紀修和尚應請來港住持東涌楞嚴壇，因不熟路途誤於大澳下船，隨路上山至鹿湖紫竹林靜室偶遇悅明長老等。因緣際會，紀修和尚被請住持大茅蓬，並將三位長老之靜室，歸併大茅蓬，改

40　陳湛詮撰《大嶼山寶蓮禪寺碑記》，1969年立，仍存寺中。

41　紀修和尚（1861－1938），廣東台山人。自幼家貧，作街販為生。光緒中葉（約1890）出家，法名森願，號紀修。自羅浮山華首寺圓戒，即在丹霞山隱修十餘年。光緒末年，往江南參訪。1914年，入鎮江江天禪寺掛單，擔任巡堂達十年。1924年，粵籍定佛尼師參訪金山，偶遇紀公，特意推薦來港住持楞嚴壇靜室，因緣際會，接住大茅蓬，改為寶蓮禪寺，是為開山第一代方丈。任內奠定宗風。1930年退居，在寺前「四老蓬」隱修，1938年圓寂。

42　六和敬，乃佛家語。謂出家修行者，六種互相友愛敬重之法，即：身和同住、語和無諍、意和同悅、見和同解、戒和同遵、利和同均。

寶蓮禪寺開山祖師紀修老和尚

稱「寶蓮禪寺」。紀公「登高一呼，群山響應」，是為開山第一代祖師，
依照鎮江金山寺軌範，修建禪堂，奠豎宗風。1925年首度傳戒，又陸續修
建大殿、五觀堂等。經數年悉心經營，禪寺基本設施齊備，仰慕道風而登
山求學者日眾。

　　1930年，紀公以年高體弱，辭任住持。大眾推舉屯門清涼法苑「如是
住」之筏可法師繼任，是為第二代住持。[43] 法務方面，筏公重訂寺堂規約，
又明定每年法會行事及定期傳戒等。寶蓮寺雖為禪宗法脈，[44] 但禪、淨、
律、教、密五宗義理，共宣共弘。[45]

　　建設方面，又陸續興修殿閣：大圓滿覺（殿）、牌坊、禪堂、指月堂、
地藏閣等，使寺院漸具規模。六十年代，法務昌隆，來山受戒修學者眾，
舊有殿閣不敷應用，於是決定新建大雄寶殿。大殿於1970年落成，繼於寺

43　紀修和尚原籍廣東，出家後到鎮江金山寺禪堂當巡堂，後遇廣東籍的筏可師來山參學，他鄉遇故知，
　　兩人甚為友善。後來筏可師在閉關期間患病，頗見嚴重，但以禪寺規矩，進關者不得出關，紀修和尚
　　以生死攸關，遂私下開門筏可師離開，並贈以診金。後來，兩人先後來港，至1930年，紀修和尚退
　　席，乃邀筏可法師接掌主持。筏可乃應允接任，此後悉力經營，以報紀修和尚救命之恩。

44　據寶蓮寺祖堂所奉祖師蓮位所知，該寺為禪宗曹洞宗及臨濟宗派。

45　同註38。

前木魚峰興建天壇大佛一尊，至1993年落成開光，業已為國際著名梵刹。

（二）普明禪院

清宣統元年（1909）有果修尼師偶遊昂平，認為風景幽邃，雅麗怡人，乃結茅廬自修，額曰「普明禪院」。至1915年改建石屋，當時擬開闢為女眾叢林，後因寶蓮寺建立十方叢林，因此留作靜修之用。[46]

（三）華嚴閣

華嚴閣位於東涌後山地塘仔。民初時，有遠參法師於此結廬棲息。至二次大戰時，戰事延及華南，遠參法師轉往南洋弘法，將靜室轉讓顏姓居士，更名「竹林」。[47]

（四）蓮池精舍

1917年，式如法師與圓超女居士於昂平築建一連三幢之大靜室，名蓮池精舍。二戰前曾開壇渡眾，皈信者逾百人。後因香港淪陷而荒廢。戰後由圓行法師復興，曾設立耆英院，提供長者安老服務。[48]

（五）島內其他精舍之概況

1920年以前，大嶼山島內之靜室精舍尚有不少，整理如下[49]：

46　同註38，頁38，普明禪院一條。

47　同註38，頁30，竹林一條。

48　見該寺之《重修大嶼山昂平蓮池寺引言》碑記。

49　同註38，〈梵刹〉一篇。

日　期	精舍名稱	地　點	概　況
宣統二年 （1910）	竺覺蓬	昂平	由月卿尼修建之茅蓬，後改作石屋
民初	寶華禪	鹿湖	清雲尼開創，作為個人清修淨業之用
民初	天平精舍	昂平	靈峰和尚在此隱修
1913年	悟徹	鹿湖	德芳尼與陳德樂居士合建
1914年	栴檀林	昂平	儀真尼創建，門額由舉人楊鐵夫所題
1916年	寶蓮室	薑山	由德水女居士創建，1925年交鏡德尼管理。至1935年大肆重修
1917年	溪雲	昂平	定常尼開山，後改稱「沙泉」
1918年	合德堂	昂平	福修尼創建
1918年	紫竹林	薑山	一連三幢，由法雲、法常、發心三位尼師合建

三、接收道觀為佛堂

民國創立前後，除了新建的茅廬精舍外，亦有不少道觀廟宇由僧侶接手，然後改為佛教道場。當中最早者有大嶼山之鹿湖精舍及屯門的青山寺。

（一）純陽仙院（鹿湖精舍）

光緒九年（1883），粵東羅浮山系道士陳炳南（道號羅元一）[50] 在大嶼山鹿湖與源顯芝、源作舟、呂景輝等道友合創「純陽仙院」，作為清修場所。至晚清時，有觀清法師因避土匪騷擾，從羅浮山來到大澳，偶遊鹿湖與陳道長一見如故，寄住於道院。觀清法師隨緣曉以佛理，與一眾道友亦甚友善。後來，陳道長往生，由兒子陳景生繼任司理。1909年，陳景生意欲轉業，聯同五名道友向撫華道（華民政務司）呈函備案，「託觀清禪師代

50　據鹿糊精舍世代所傳，陳炳南為大嶼山石壁人。皈信道教後，取道號「羅元一」，以示師承羅浮山。

觀清法師

理仙院各事及田租納糧等件，以免有累國課之敝」。[51]

　　此後，觀清法師將道院改宗佛教，所有院內制度儀式，皆遵禪門軌範，但保留呂祖殿以示尊重。

　　後來，僧侶信眾景仰道風，皈依薙髮者不計其數。直至觀清法師圓寂，精舍改為女眾清修道場。至1955年，禪堂改稱念佛堂，純陽仙院則易名「鹿湖精舍」。

（二）蓬瀛古洞（觀音寺）

　　大嶼山薑山中部，舊有蓬瀛古洞，為供奉玄天上帝及觀音菩薩之廟宇，附近居民通稱「觀音廟」。宣統二年（1910），有葉善開（東姑）居士築建淨室五幢，仍稱「蓬瀛古洞」，專供女修士修持。葉東姑是先天道信徒，洞內一切禮儀法事皆依道教制度，但教理俗儀，亦溝雜不少佛家思想儀軌，加上鄰近精舍林立，耳濡目染，東姑本人固有慕佛之心，而古洞其實亦佛道兼弘。1940年，葉東姑往生，翌年，該洞的張二姑及淨觀女士正式皈依寶蓮寺筏可和尚，作三寶弟子，決意將道堂改為佛寺，後歸蓉姑管

51　見鹿湖精舍所藏1909年稟呈撫華道之「託產信函」。

理。至1951年交予海山法師住持，翌年重修後正名為「觀音殿」，今通稱
「觀音寺」。[52]

（三）青雲觀（青山禪院）

原日屯門青山之杯渡庵，早已傾頹廢置，至明初洪武年間（1368－
1398），屯門陶氏在遺址附近捐建青雲觀作家族廟堂，至清末重修。約1909
年，先天道道長陳春亭登臨青山，[53]「夜宿斗姆古廟中，夢山頂白雲，有佛
冉冉降，摩其頂，曰：吾子欲學仙耶？醒遂悟而出家」，因而決心棲止青
山。[54] 後得陶氏委託為司理，經營數年，頗為興盛。

後來陳春亭經凌雲寺的妙參法師勸導，捨道入佛，未幾即皈依三寶。
至1922年，遠赴寧波觀宗寺出家為僧，法名顯奇。回港後逐步擴充佛寺。

1926年，顯奇法師再赴寧波受戒。同年，新建各殿亦告建成，寺名稱
曰「青山禪院」，略稱「青山寺」。凡規制、儀式皆依佛教模式。是年，
禮請妙參法師於寺內開壇傳戒。[55] 一時信眾雲集，盛況空前。

此後，顯奇法師銳意發展，雖然地遠山高，交通不便，但講席頻開，
經常禮請高僧大德陞座演說，在當時頗具影響。[56]

（四）普靈洞（般若精舍）

該寺位於沙田排頭村，鄰近火車站。1915年，宏賢尼師接收道觀「普
靈洞」，改為佛教道場，初時只供自修之用，後來經常禮請高僧大德陞

52　同註38，頁306，觀音寺一條。

53　根據政府賣地記錄，陳春亭在1909年8月以個人名義申請勾地（青雲觀旁邊地方），兩個月後取消申
　　請，故知陳春亭必於1909年或之前登臨青山，始有當年之勾地舉措。

54　詳達圓法師等撰之〈了幻大師傳〉碑記，現存青山禪院門前墓地旁。

55　關於顯奇法師在青山寺傳戒之舉措，諦閑法師頗有意見。詳拙文〈陳春亭與青山寺史事新研〉，《香
　　港史地》，第一卷（香港：香港史學會，2010），頁21－47。

56　林大魁：《青山禪院大觀》（香港：天星印務局，1927）。

青雲觀所藏1920年的「道院重光」匾額

座，弘演經教，如：虛雲和尚[57]、觀本法師等亦曾駐足於此。1948年，經虛雲和尚指示，正名「般若精舍」。戰後，辦有安老院等社會服務。[58]

（五）羅漢巖（羅漢寺）

東涌石門甲村山麓，有天然岩洞，原有道士在此潛修，名羅漢巖。1927年，來自粵西的暢緣法師到此，道士自覺年時已高，將巖洞全權交予法師打理。暢公改道觀為佛寺，在巖頂上加築上蓋，棲止靜修，遂稱「羅漢洞」。暢公隱修四十餘年，至1965年得李耀庭居士發心興建佛寺，經六年落成，正名「羅漢寺」，請覺光法師任第一代住持。[59]

在這段時期，全港各區漸有道場之創興，而大嶼山因地理優越，最能吸引僧侶留駐定居，綜觀島內靜室之多已佔全港三分之二。從地理考察，大嶼山雄據珠江口東南岸，北接屯門，西望澳門，因幅員廣大，既為海外

57　虛雲老和尚（1839－1959），乃中國近代著名高僧兼佛教領袖，身繫禪宗五家法脈，終身致力復興禪宗及中國佛教，對教界貢獻極大，時人稱為「虛老」。老和尚曾六次到港弘法，詳見岑學呂編《虛雲老和尚年譜》。

58　同註32，頁280，般若精舍一條。

59　見覺光法師撰之《創建羅漢寺碑記》，現存羅漢寺大殿。

商旅來華，進入內陸的必經之地，亦為防衛香港之前哨。另一方面，北方移民從省城（廣州）和粵西一帶沿海路南來香港，船隻直通大嶼山的大澳及東涌，客旅在此登岸，或轉船出海，或留居停駐，不一而足。其時島內除沿岸海灣開闢為零星村落外，其餘地區均為高山野嶺。由於人地生疏，僧侶多選擇在渡口附近而人跡少至之山野隱修。雖說是隱居，亦非全然的與世隔絕，該等叢林位置多為山谷中較為平坦又能開闢小量農田自耕的地方，而與岸邊村落距離約在半小時至兩小時間之步程，以便隨時補給日用或就醫應急。是以島內東涌後山之地塘仔及大澳後山之鹿湖，乃清末民初最多僧尼聚居的地方。

表2 清末民初時期內地僧侶來港創建精舍簡表

年　份	精舍名稱	地　點	概　況
光緒二十年以前（1894前）	茅蓬	大嶼山昂平	在此以前有僧人在此結茅自修，人不知其名，僅稱「苦行僧」
光緒二十年（1894）	大茅蓬	大嶼山昂平	大悅師、頓修師登臨昂平，見爛茅蓬而重修自居，故號「大茅蓬」
	道榮園	九龍城	聞修法師從東莞來港，初在九龍城大街19號草創精舍。1918年遷址沙頭排頭坑
光緒廿九年（1903）	普濟禪院	大嶼山汾流	位大嶼山西南之煎漁灣，資料未詳。今據遺址石門聯，得知該寺建於1903年以前
光緒卅二年（1906）	大茅蓬	大嶼山昂平	悅明師至昂平，加入大茅蓬，實行農禪模式
宣統元年（1909）	青山禪院	屯門青山	1909年，有陳春亭、張純白兩道長登臨青山，改信佛教，購地營建寺院。至1920年，殿宇次第落成，總稱青山禪院
	普明禪院	大嶼山昂平	果修尼創建，初為茅蘆，後改為石室
宣統二年（1910）	觀音廟	大嶼山薑山	位於蓬瀛古廟原址，1910年由葉善開居士築建，一連五幢。初時屬先天道廟壇，兼弘佛道。今已改稱觀音廟
	竺覺蓬	大嶼山昂平	月卿尼修建茅蓬，後改為石屋

（續上表）

年　份	精舍名稱	地　點	概　況
清末	延祥分院	港島士丹頓街	初由聞修法師創設，承辦功德佛事。後由妙參法師等接辦結營
	地藏殿	大嶼山大澳	位大澳虎山，今已毀
1912	檞香園	屯門虎地	由見修尼創建
1913	凌雲寺	元朗觀音山	前身為明代之凌雲靜室，後荒廢。清末時期，鄉人鄧伯裘闢作私人別墅。1913年，妙參法師來港，勸服鄧氏捐出靜室，並募款重修，大作佛事
	靜觀林	荃灣青龍頭	了修法師創建，矢志弘法，隨喜者眾
	悟徹	大嶼山鹿湖	德芳尼與陳德樂居士合建
1914	栴檀林	大嶼山昂平	由楊姓女居士建，初以自修為宗旨
	慈航淨苑	沙田瀝源	宏願尼師購地自建。後得胡文虎捐資擴建
1915	普靈洞	沙田銅鑼灣	原為道教宮觀，1915年由宏賢尼師接收，改為寺院，以靜修為宗旨
1916	寶蓮室	大嶼山薑山	由德水女居士創建，1925年交鏡德尼管理。至1935年大肆重修
1917	溪雲	大嶼山昂平	定常尼開山，後改稱「沙泉」
	蓮池精舍	大嶼山昂平	式如尼與圓超居士合建
	圓通寺	元朗觀音山	由凌雲寺妙參法師創建，交堅修師管理
1918	合德堂	大嶼山昂平	福修尼創建
	紫竹林	大嶼山薑山	一連三幢，由法雲、法常、發心三尼師合建
民初時期	純陽仙院	大嶼山鹿湖	始建於1883年，原屬道院。民初時期，由觀清師接收，改為佛教道場
	楞嚴壇	大嶼山東涌	位東涌地塘仔，由定佛尼創建，約毀於二十年代中期
	華嚴閣	大嶼山地塘仔	由遠參師創建，後受二戰影響，轉售顏居士，易名「竹林」
	寶華禪	大嶼山鹿湖	清雲尼開創，作為個人清修淨業之用
	天平精舍	大嶼山昂平	靈峰和尚在此隱修

小 結

香港佛教，由來已久，自南北朝之杯渡禪師短駐屯門，即為本地佛教
之濫觴。然而，因地處海濱，遠離中原，華梵僧侶魚貫進出，佛教文化只
是零星流傳，並未普及。直到清末民初，僧侶南來避居，始為本地佛教發
展帶來契機。反觀，傳統的道教與民間信仰在本港已普遍流行。

民間信仰方面，與民眾的生活息息相關，一般的祈福膜拜雖可安撫民
眾的心靈，卻缺乏完整的宗教理論系統，亦不能培養專門的人材作推廣，
甚或廣受供奉的「天后」、「關帝」等神祇，亦難以提升至「宗教」的層
面。其次，不同區域的族群及行業，亦有各自信奉的對象，如潮汕人士供
奉的「三山國王」[60]、惠東人奉祀的「譚公」[61]、鶴佬及姚氏宗親所奉的
「姚大聖母」[62]，以至建築業之「魯班先師」[63]、陶瓷業祖師「樊仙公」
等[64]，更受地區及行業性質的局限，始終難有更廣大的發展；至於道教方
面，但凡風水命理、驅邪治病、符籙開乩、煉丹養生均被收納為道教體
系，博雜的教理令信眾難於掌握和弘播。加上南北派系（如：正一派、全真
派、先天道、一貫道等）之別，無論供奉的神祇、禮儀、風俗皆有不同，令
道教的弘播力難以集中。

反觀佛教，雖然宗派林立，但只是教理詮釋之別，對於「緣起、空

---

60 詳林天蔚、蕭國健：《香港前代史論集》（台灣：商務印書館，1985），頁295。

61 譚公原名譚峭，元朝惠東歸善人。相傳譚公十二歲得道，煉成長生不老之術，經常幫助漁民預測天氣
及治療疾病，因此鄉人設廟供奉。其後不少漁民由惠州來港，聚居港島筲箕灣、石排灣等地，並建廟
供奉。

62 「姚大聖母」為鶴佬所奉之女神，相傳該姚姓少女因拒姦而自殺，朝廷感其貞烈敕封「烈女」，其族
人遂建廟祭祀。後有靈媒鄧紅嬌於荃灣芙蓉山設「烈女宮」，每年誕期，荃灣各鄉村及姚氏宗親會皆
組織花炮會等活動慶祝。

63 魯班廟位於港島西環青蓮臺，創於光緒十年（1884）。善信主要是建築工人，以祈求魯班先師賜福，
保佑工作順利平安。

64 據傳樊仙公乃我國陶瓷業祖師，清乾隆年間，有鄉人馬彩淵從廣東長樂（五華）奉請至大埔碗窰村建
「樊仙宮」供奉。該廟原為本港境內唯一燒製青花瓷器的場地，所生產的瓷器直接由大埔海以水路運
銷鄰近地區，至二十世紀三十年代沒落。

性」的根本教義卻沒有矛盾。而早晚課誦、經懺佛事等禮儀，亦早已整合劃一，信眾易於依循學習，有利傳播。此外，清末「廟產興學」政策的衝擊，促使「佛教復興運動」的快速形成，重興道場、開辦佛學院成為風潮，影響所及，部分從國內避居香港的僧侶，亦有志於「復興佛教」，只待合適因緣而已。由此觀之，本港佛教比對於道教及民間信仰，有較為優越的發展根基。

綜合來説，清末民初時期，僧侶都是為了逃難而來，並非專志弘法，與外國教士有規劃地來華傳教實在不能同日而語。僧侶身無分文，只好在山野之間，關室隱修，奉行農禪，自給自足，遇有因緣始隨喜弘法。該等佛教人士，初莅報到，人生路不熟，為免與原有鄉民產生矛盾，多選擇在當時的郊區位置隱居。久而久之，亦吸引其他較後來港的佛教人士來居，慢慢形成佛教群體。其中大嶼山以昂平、地塘仔、鹿湖和薑山等地，成為佛教人士聚集之社區，已具佛教叢林之雛形。但必須指出的是，僧侶來港避居，自然以解決生活為首務。他們建立的道場，亦僅為三數人的靜室，當中的佛門儀規、戒律、教義等等，多無嚴格準則，純取決於創辦者的意志。由此可見，香港地區並無悠久而具規模之寺院或叢林，換言之本地佛教於寺院管理、經濟模式及人材培訓之制度並未建立，這對日後的佛教發展有着極為深遠的影響。

至於都市的佛教活動，亦只零星出現。一般在家信眾亦多屬神佛兼信、祈福禳災之流，鮮有真正了解佛法，正信佛教仍未普及。無論如何，隨着僧侶信徒來港，佛教的課誦禮懺、修持規制、經論教義等已漸漸在本地傳播。該等靜室道場的建立，始是近代本港佛教發展的開端。

附：香港前代時期之佛教大德群像

*杯渡（劉宋年間）	• 天竺人，從陸路來華弘法。後由江南來港，候船回國 • 將佛教傳入香港之第一人 • 相傳建立杯渡庵及靈渡寺，是本港最早之佛教勝蹟
鄧欽（明永樂年間）	• 資辦凌雲靜室，應為本地最早之私家佛堂（家廟）
妙參（1873－1930）	• 廣東陽江人。在羅浮山出家，再到鎮江江天寺隱修 • 1913年，來港重修元朗凌雲寺 • 1918年，舉行本地第一次傳戒法會
陳春亭（1859－1933）	• 福建莆田人。香港商人，先天道長 • 1909年購地興建青山寺，以居士身份經營佛寺之第一人

*並未在港長駐弘法

第 二 章

佛苗初開

——二次大戰前的香港佛教 (1920—1941)

國內佛教復興運動的氛圍

甲　佛教復興運動的背景

　　佛教自東漢傳入以來，不論教義思想、社會政治、詩詞語言、禮儀風俗、藝術建築等各方面，都與中國本土文化互相融合影響。魏晉至唐中葉，因思想自由，歷來高僧輩出，佛教宗派如雨後春筍般湧現，天台華嚴、禪淨密律、法相中觀，百家爭鳴。直到宋代，時興理學玄談，文人學者，以佛釋儒成為風氣。加上禪宗在唐宋時期高速發展，不少善信有樣學樣地談禪論道，將直指人心的妙理，流為似懂非懂的「口頭禪」，自後佛教在義理方面，沒有多大發展。加上佛教長期與本土文化融合漢化，大幅度脫離印度僧團的規制，無論是宗派教義、禮節儀軌都已完全漢化，形成完全中國化的「漢傳佛教」。

　　元明時期，高壓統治導致民生困苦，官宦黨爭禍延學界，言論空間萎縮使文化發展停滯不前。在這種背景下，百姓惟有寄望宗教，藉着祈福薦亡的佛事尋覓心靈慰藉。佛寺迎合大眾，舉辦經懺法會成為主流，加上功德果金也為寺院帶來豐厚的資金田產。結果，佛學發展一蹶不振，導致僧眾學養不足，與此同時，寺院應對龐大的資產，使寺院制度趨向僵化，產生強大墮性，使漢傳佛教引向衰亡的惡性循環。清朝乾隆皇帝就曾批評：「……後為僧為道，亦不過營生之一術爾。」[1] 雖知道，清廷入關至康雍兩

1　《大清高宗純皇帝實錄・一》，二年二月上條。

朝，已是元代以來較為安寧太平，允稱盛世，然而初登帝位的乾隆卻對僧道有如此印象，足見佛教內部的衰落情況已相當嚴重。

另一方面，明代後期，西方基督宗教傳到中國。直至清中葉，傳教士的活動只集中於宮廷及官宦階層，並未普遍民間。鴉片戰爭後，隨着國力衰退，基督宗教的傳教工作則快速發展，其傳播速度與效率，對本土宗教帶來巨大衝擊。由於在中國各種形式的宗教裏，以佛教的影響力最深廣，自然成為基督宗教在中國傳播的最大競爭對象。

西方以外，東洋宗教也帶來衝擊。日本在明治元年（1868）頒佈《神佛判然令》（神佛分離令），日本佛教面臨與神道教分離和基督教傳入的衝擊，在1873年派遣僧侶來華考察，[2] 準備對外擴張。後來，得到日本外務省支持，並共同制定海外開教計劃。甲午戰爭後，日本佛教挾戰爭勝利之餘勢，從九十年代後半期，各宗派一起開設佈教所，模仿基督教佈教方法舉辦宗教活動。當時，日僧企圖染指浙江三十五所寺院，後因佛教人士上書朝廷，要求清政府與日交涉，事件始告平息，但已反映外來宗教的巨大衝擊。[3]

正當佛教面臨內外衝擊的時候，朝廷施行「廟產興學」政策，對佛教造成近乎致命的打擊。這政策一直延續到民國初年，無論中央以至地方政府均可直接侵奪寺產，大叢林首當其衝，被迫遣散僧眾。而以隱修為宗旨的靜室佛徒，亦受波及，不少佛徒因而還俗，這類情況在各地方志的記錄屢見不鮮。由於「廟產興學」導致佛寺及僧徒人數大幅萎縮，直接影響佛教的存續發展，可以説，漢傳佛教已到達生死存亡的邊緣。

2　1873年7月，日本淨土真宗東本願寺派遣小笠栖香來華考察，準備在華開教。詳高西賢正所著《東本願寺上海開教六十年史》，東本願寺上海別院出版，昭和十二年（1937），頁6。

3　小島勝、木場明志：《アツアの開教と教育》（出版年月不詳），頁33。

乙 佛教復興運動的助緣

面對佛教長期以來的積弊及外部情態的衝擊，清末的佛教寺院已「瀕於滅絕」的地步。[4] 一些熱心佛教存亡的僧侶居士產生了強烈挽救佛教、革新僧團的願望和訴求。其中，以楊文會的佛法事業，對近現代中國佛教重生及影響起了重要的推動作用。

楊文會（1837－1911），字仁山，安徽石埭人。廿四歲時感情受挫，在萬念俱灰下接觸佛學。三年多後，因料理父喪而感染大病，在養病期間閱讀《大乘起信論》，引起研讀佛經的濃厚興趣。從此，「一心學佛，悉廢棄其向所為學。」[5]

同治五年（1866），楊文會因參與江寧工程，移居金陵，卻找不到佛書可讀。[6] 他在當地結識了幾位好友，共同切磋佛學，深感佛典的散佚是佛教衰亡的關鍵，遂創辦金陵刻經處，傾盡家財在國內外搜購失傳經藏，然後以單行本方式刊刻流通。他主持金陵刻經處近五十年，刊印佛經達三千多卷，當中不少是失佚已久的唯識學文獻，引起當時學術界的濃厚興趣，從而促進了近代唯識學的復興。

另一方面，楊文會的興教事業與他在光緒四年（1878）隨曾紀澤出使英法等國之見聞有關。他遊歷歐洲後，總結了列強發展的背後，宗教因素的重要性。他又深刻觀察到當時「釋氏之徒，不學無術，安於固陋」的衰敗情況，故認為佛教「欲求振興，惟有開設釋氏學堂，始有轉機」。[7] 所以在刊刻經書外，於光緒二十一年（1895）開始籌劃佛教學校的工作，又親自訂

---

4 何建明：〈民初佛教革新革命新運動述論〉，《近代史研究》（中國社會科學院近代史研究所主編），1992年第四期。

5 歐陽漸：〈楊仁山居士事略〉，載《楊仁山全集》（合肥：黃山書社，2000），頁582。

6 太平天國舉事後奠都金陵，管轄範圍不分男女老幼，一律強迫信奉上帝，凡有佛道經像，盡皆銷毀。故楊文會指「無佛書可讀」，確然有據。

7 楊文會：《等不等觀集錄卷一》之〈般若波羅密多會演說一〉，載《楊仁山全集》，頁340。

佛教復興之父楊文會

立《釋氏學堂內訓班課程》計劃，仿照小學、中學、大學之例，能令天下僧尼人人講求如來教法。他先後開辦「祇洹精舍」和「佛學研究會」，與四方學者研究佛學，培養佛教人材。晚清學者譚嗣同、梁啟超、章太炎、歐陽漸及後來主持佛教改革的太虛大師，均是祇洹精舍的學生，影響力不容忽視。值得注意的是，楊文會以居士身份率先推動佛教復興，除了重振佛教事業外，佛教內部對「居士弘法」亦漸漸認同和重視，無論是佛教教育和研究方面，這些居士都處於領先位置。因此，楊文會在教內有「佛教復興之父」的尊稱。自創辦金陵刻經處後，居士弘法漸漸形成氣候，這樣，佛教弘法的模式，由傳統的僧團系統主導之外，新興一種以個別居士推動的弘法方式，這些在俗信徒組織居士林和佛學會，以生活的便利（如：政商人脈、財富聲望等）推行各式各樣的佛事，方法多樣，成效也較鮮明。該等居士的弘法經驗，成為二十世紀初期香港佛教發展的重要參考。

　　自楊文會帶頭推動復興佛教，逐漸喚起佛教人士的注意。在光緒

三十四年（1908），敬安法師為抵制清廷的「廟產興學」政策，[8] 提出「保教扶宗，興辦學校」的口號，創辦「寧波僧教育會」，開設僧民教育。1912年又組織中華佛教總會，擔任會長，是僧侶直接參與復興佛教的第一人，可惜在翌年往生。其後的太虛大師，致力推行佛教改革。他在敬安法師的追悼會公開提出「教理革命、教制革命、教產革命」的理念，在全國佛教界引起巨大震動。他認為「佛教的僧寺，應革除以前在帝制環境下所養成流傳下來的染習，建設原本釋迦佛遺教，且適合現時中國環境的新佛教」。[9] 綜觀敬安法師與太虛大師的改革思想，都是楊文會興教思想的延續與再發展。

　　受到廟產興學的衝擊和楊文會建立祇洹精舍推動佛教復興的影響，在二十世紀初，部分佛教寺院亦仿傚祇洹精舍的做法，紛紛開辦佛學院，培養僧材。當中較具規模的有南京僧師範學堂、月霞法師創辦之哈同大學（又稱華嚴大學）、寧波觀宗學社，及後尚有歐陽竟無的支那內學院、太虛大師的漢藏教理院等等。部分新辦的佛學院，不論在學術研究、弘播方式等頗合社會發展潮流，令佛教耳目一新，對以後之中國佛教弘播影響重大。

　　總括而言，清末中國佛教因面對內外危機而發起的復興事業，無論是教理研究、僧俗弘法形式以至社會環境的適應和參與，都間接地影響香港佛教的發展。

8　敬安法師（1851－1913），字寄禪，湖南湘潭人，自號「八指頭陀」。十八歲出家，後任寧波天童寺住持。民國元年（1912），因「廟產興學」之呼聲高漲，乃聯合十七省僧侶代表成立「中華佛教總會」，被選為會長。同年底，湖南發生侵奪寺產銷燬佛像之事，敬安法師親赴北洋政府內務部與民政司長洽談，被受恫嚇，為此心感氣憤，胸中作痛，是夜於睡夢中圓寂，世壽六十二歲。

9　太虛大師：〈我的佛教改進運動略史〉，載《太虛大師全書》，第十九卷，〈史傳〉。

位於重慶的漢藏教理院

表3　民初時期國內寺院興辦之佛學院

創辦年份	佛學院名稱	佛學院概況
光緒三十四年（1908）	祇洹精舍	中國近代佛教史上首間新式佛學院，設於金陵刻經處，招收僧侶學生。課程內容、資金、生員均由楊文會籌措，而蘇曼殊、諦閑法師、楊文會等分擔教席。後因經濟問題而結束，課節改以私人教授
1914	上海哈同大學（華嚴大學）	又稱華嚴大學，由月霞法師主辦及任教，專弘華嚴學說，辦學三年而結束
1914	寧波觀宗學社	由諦閑法師創辦，以講授天台宗教理為宗旨，此後重振宗風，影響巨大
1917	常熟法界學院	由月霞、應慈諸師創辦，主力弘揚華嚴教義，辦學凡二十多年
1919	高郵天台學院	仁山法師創立，1921年改為四弘學院，專弘天台宗教義
1920	漢口華嚴大學	了塵、戒塵諸師依月霞法師遺教而創辦，至1923年結束
1921	萬壽寺佛學院	位於奉天，由省緣和尚倡辦，後請倓虛法師擔任主講，至1923年停辦
1921	武漢武昌佛學院	太虛大師創辦。梁啟超任董事、太虛大師任院長。該院呈湖北軍政府及內務教育部備案，依日本佛教大學規章設計課程

(續上表)

創辦年份	佛學院名稱	佛學院概況
1922	支那內學院	歐陽竟無接手金陵刻經處後創辦，呈報教育部備案。該院以講授法相學為主，又邀請學者任教，影響極大。三年後擴充為「法相大學」，得政府批准以國稅津貼辦學。1927年受政局影響而結束。而支那內學院則於1937年遷往四川續辦，至1952年停辦
1922	安徽僧學校	常惺法師創於安慶迎江寺
1924	藏文學院	大勇法師創於北京慈恩寺，課程專習藏文，以便從事佛典翻譯。翌年改為「留藏學法團」
1924	極樂寺佛學院	位於哈爾濱極樂寺內，由倓虛法師、定西法師創辦。至1943年停辦
1924	弘慈佛學院	北京廣濟寺住持現明法師創辦，是北京最早之佛學院
1925	般若寺佛學院	位於長春，由倓虛法師、澍培法師創辦。1948年東北地區受內戰影響而停辦
1925	閩南佛學院	由常惺法師主辦，蕙庭法師任主講，兩年後改組，由太虛大師任院長。課程以佛學為主，兼授英、日文等。後來太虛大師另設「世界佛學苑」，遂列該院為「世界佛學苑華日文系」。該院又出版《世界僧伽》雜誌
1925	清涼學院	由業州清涼寺住持清波法師創辦，專弘華嚴學。兩年後遷至上海清涼下院，1930年結束
1925	玉山佛學院	守培法師創辦於鎮江超岸寺，以佛學及儒學為主，旁及其他知識。後由蕙庭繼任住持，力弘唯識學，至二戰時終止
1925	彌勒院佛學院	位於北平，由倓虛法師創辦，至1930年停辦
1928	南山佛化小學	原設於閩南佛學院小學部，1928年改組後遷至漳州南山寺，由笑溪法師負責。太虛大師創辦的「錫蘭留學團」即設於此
1928	僧師範學校	由常惺法師創辦於杭州昭慶寺，意在短期內訓練師資人才。至常惺法師轉任北平柏林寺佛學研究社遂停辦
1928	竹林佛學院	靄亭法師於鎮江金山寺開辦，專弘華嚴、戒律及孔孟思想，至1937年中日開戰而停辦
1928	龍池佛學院	恆海法師創辦於宜興龍池山，未幾因經費不足而停辦
1929	般若寺佛學院	位於瀋陽，由倓虛法師創辦，至1931年「九一八事變」後停辦
1929	江南九華佛學院	由安徽九華山佛教會興辦，設於化城寺內，以香油為基金。三年後因經費及乏人經營而結束
1930	法華寺佛學院	位於綏化，由定西法師倡辦，經靜空師、明悟師創建。至1945年受時局影響而停辦

（續上表）

創辦年份	佛學院名稱	佛學院概況
1930	柏林教理院	北平柏林寺住持台源法師創辦，請常惺法師為院長。翌年，太虛大師將「錫蘭留學團」及「世界佛學苑籌設處」移至該寺，又創辦《佛教評論》雜誌，與閩南佛學院同為改革佛教的基地。至1931年「九一八事變」後結束
1931	光孝佛學研究社	常惺法師創辦於江蘇泰縣，自任社長。兩年後因經費不足而縮小規模，至1937年全部停辦
1931	南海佛學院	設於普陀山，原為「法雨小學」（專收沙彌眾），後改組為佛學院，由寬道師等主持，兩年後便停辦
1931	鼓山佛學院	由虛雲和尚創辦，請大醒法師為院長，印順法師等任教，未幾亦停辦
1931	大興善寺佛學院	位於西安大興善寺，由戴傳賢、朱子橋等政要發起，請俠虛法師創辦，翌年停辦
1931	嶺東佛學院	潮州開元寺澄弘法師請太虛大師籌辦佛學院，後請寄塵法師為院長，通一法師等任教
1932	漢藏教理院	太虛大師倡辦，以期融合漢藏佛教，至1934年法尊法師由西藏回來，即擔當教務
1933	法界學院	由虛雲和尚倡辦，1933年開課，由慈舟法師任院長。1937年遷至北京淨蓮寺，兩年後結束
1934	焦山佛學院	焦山寺住持智光法師創辦焦山佛學院，請東初法師等任教，至1937年停辦。兩年後復課，請芝峰法師等任教，是淪陷區內重要之佛學院
1934	開封佛學院	位開封鐵塔寺，由武昌佛學院首屆畢業生淨嚴法師創辦
1935	覺津佛學院	大醒法師於淮陰覺津寺創立，因交通不便，從學者不多
1935	湛山寺佛學院	位於青島市，由俠虛法師創辦，至1949年中共「解放」後停辦
約1935	天寧佛學院	常州天寧寺將原有戒堂改為佛學院，由敏智法師、默如法師等負責教務。該院學僧七十多人，唯限於舊制，發展緩慢
1936	棲霞佛學院	南京棲霞寺附設佛學院，由智開法師等人負責
約1937	靜安佛學院	中日戰爭爆發，上海靜安寺住持德悟法師等發起開辦佛學院，以搶救淪陷區之青年僧
1940	玉佛寺佛學院	震華法師接任住持，旋即創辦佛學院，又發行《妙法輪》雜誌
1941	觀音寺佛學院	位於松浦鎮，由專修法師、圓照法師等創辦，至1945年受時局影響而停辦
1941	大覺佛學院	印順法師創辦於貴州，經數月而停辦

（續上表）

創辦年份	佛學院名稱	佛學院概況
1942	南華佛學院	由虛雲老和尚創辦於韶關南華寺內，未幾停辦
1943	觀音古剎佛學院	由定西法師、如蓮法師所辦，位於吉林。至1945年受內戰影響而停辦
1943	楞嚴寺佛學院	位於營口，由智眼法師創立，至1946年，因當地被中共「解放」而停辦
1944	瑜伽佛學院	位於濟南淨居寺，由保賢法師創辦
1947	大悲院佛學院	由倓虛法師創於天津，翌年因內戰影響而結束
日期未詳	毘盧佛學院	位於南京毘盧寺
日期未詳	古林佛學院	位於南京
日期未詳	金陵佛學院	位於南京
日期未詳	白湖講舍	位於浙江
日期未詳	白湖佛學院	位於浙江
日期未詳	祝聖佛學院	位於湖南
日期未詳	慈恩佛學院	位於陝西
日期未詳	巴利三藏學院	位於陝西
日期未詳	四川佛學院	由廣文法師、圓昌法師創辦，位於四川
日期未詳	文殊佛學院	由廣文法師、圓昌法師創辦
日期未詳	貴州佛學院	永昌法師創辦，位於貴州
日期未詳	拈花佛學院	位於北平

第二節

中國佛教改革影響下的香港佛教發展

　　清末以來，國內僧侶因香港環境自由安穩，漸漸南遷。他們首先選定棲止之所，有的購置屋宇，也有開山劈石，自建茅室，亦有復興寺宇，改觀為寺。與此同時，他們也帶來內地佛教規制模式來港，豐富了本地佛教的規模，亦將當時國內佛教復興運動的風氣和形式傳入。

甲　郊區寺宇與佛教叢林的建立

一、精舍靜室之復興

（一）凌雲靜室之復興

　　元朗錦田之凌雲寺始建於明代宣德年間，乃鄉人鄧欽供庶母黃氏靜養之地，[10] 初名凌雲靜室。清道光元年（1820）有滌塵法師化緣重修，[11] 闢靜室為佛寺。光緒元年（1875）及光緒五年（1880），先後交圓空師、圓淨師住持。此後又荒廢二十餘年，最終由鄉人鄧伯裘收回作為私人別墅。

　　1911年，先有黃慧清女居士發心捐資重興凌雲寺，四出尋訪大德，偶遇羅浮山妙參法師，禮請來港住持，振興寺宇。1913年妙參法師到港，說服鄧伯裘捐出靜室，作為棲止靜修場所。1917年，妙參法師與徒弟募捐修葺，所築禪堂能容納百餘人。另外，位於中環士丹頓街之延祥分院，經常

10　鄧惠翹續修之《鄧氏師儉堂家譜》，1966年。

11　鎮庵法師：《凌雲佛學研究社五周年紀念刊》（香港：凌雲佛學研究社出版，1938）。

妙參法師德像

滿座，於是決心開創女眾叢林，化靜室為十方道場。法師致力經營，各方善信也樂於布施，共襄其事。於是先在大帽山麓築建圓通寺以安頓男眾僧人，又在凌雲寺側增建地藏殿、藏經樓、鐘樓等。1918年春，凌雲寺重修落成，殿閣規制一應俱全，於是籌劃開壇傳戒。翌年，妙參法師自任戒師，依寶華山規制傳戒，是本地首次傳戒活動，意義重大。

　　凌雲寺復修以來，朝暮課誦，跑香坐禪，福慧同修。又時開講席，演說佛法。於1933年，更做效國內佛學院形式，興辦凌雲佛學研究社，培養佛教人才。[12]

（二）青山寺之創建

　　青山寺之復興，陳春亭確實扮演重要的角色。1909年以前，陳春亭以先天道道長的身份，得到屯門陶氏族人委託為青雲觀司理，經營數年，頗為興盛。後來，陳春亭與觀音山凌雲寺之妙參法師時有交往，妙參法師為他開示佛法，勸導其捨道入佛，陳春亭夙具慧根，未幾即皈依三寶，他一

12　見該寺所存之〈重建觀音山凌雲寺碑〉，民國十三年立。

方面以司理身份主持道觀，另一方面又向政府購置青雲觀旁邊之土地，[13]逐步營建佛寺。[14]至1922年初，陳春亭經黎乙真、高鶴年之引薦，遠赴寧波觀宗寺，依天台宗泰斗諦閑老和尚出家為僧，法名顯奇。[15]1926年，顯奇法師再赴寧波，受具足戒。同年，新建各殿亦告建成，總稱曰「青山禪院」。

　　顯奇法師自出家後，銳意經營，先後興建觀音閣、地藏殿、菩提薩埵、藏經閣、魚骨墳、海月亭、祖堂、方丈室等，寺宇頗具規模，吸引不少遊人登山參禮，港督金文泰（Sir Cecil Clementi）亦兩度率領士紳登山遊覽，及後眾人捐資在登山小路興建山門牌坊，正面有金文泰所題「香海名山」四字，至今仍存。[16]法務方面，顯奇法師經常舉辦講經法會，禮請國內外高僧陞座主持，如：寶靜法師講《梵網經·心地品》、筏可法師講《楞嚴經》、遠參法師講《妙法蓮華經》等等，在當時頗能引起風氣。

　　傳戒方面，顯奇法師在1926年首度開壇傳戒，禮請妙參法師任得戒和尚。1929年舉行第二期傳戒，當時妙參法師經已圓寂，顯奇法師聯同紀修和尚、筏可法師、增秀法師、朝林法師等擔任戒師，[17]為三十六名戒子傳授具足戒。[18]

13　從政府賣地記錄顯示，由1911年至1919年間，陳春亭共五次以個人名義向政府購買青雲觀附近之土地，用作興建佛殿。

14　拙文〈陳春亭與青山寺史事新研〉，《香港史地》，第一卷（香港：香港史學會，2010），頁21–42。

15　陳春亭出家之日期，有兩種說法。因寺內牌額所記，青山寺於1918落成，故一般推論陳春亭應在該寺落成前出家；惟《黎乙真大阿闍黎訃告》所載：「（黎乙真）大阿闍黎更函乞天台宗諦閑大和上（尚）為顯奇上人（陳春亭）受戒，並請高鶴年居士送上人同往，既歸遂舉為是寺住持」（佛教真言宗居士林編印，民國二十六年）；又高鶴年著《名山遊訪記·卷六》〈屯門杯渡山遊訪記〉亦云：「民十春余自滇歸，掃墓，邀師赴寧波，勸諦老收徒。此徒係香港青山陳春亭……余三渡重洋，化他歸正，效依諦閑法師出家，取名顯奇。」（台灣：佛教出版社，1977年新版）；而諦閑法師的〈示新發意人須發菩提心以為根本〉一文亦有明確記載。可知陳春亭確於1922年方始出家為僧。

16　港督金文泰於1927年6月及1928年3月，兩度遊覽青山，同行者有李右泉、鄧肇堅、伍華、周壽臣等人，皆當時之名流賢達。

17　諦閑法師對顯奇舉行傳戒法會，頗有意見，並在〈覆寶法師函〉中大加指斥（《諦閑大師語錄》，頁153）。而寶靜法師的〈覆香港顯奇和尚書〉亦述及對其舉行傳戒之不滿（《寶靜法師叢書·書函》卷下，頁30）。

18　《香港屯門青山寺同戒錄弁言》，青山禪院印行，己巳年九月（1929）。

　　顯奇法師對中興青山寺貢獻甚多，至今所見殿宇，十居八九皆其親手
創建。而住持寺院以來，與社會名流、文人雅士接觸繁多。1927年，出版
之《青山禪院大觀》，內容除記述寺院沿革，殿宇風光，亦有不少文人之
詩詞畫像，頗具風流。此外，顯奇法師亦於三十年代初，於楊小坑開設青
山佛教學校，收容學生四五十人，至戰時而停辦。[19] 顯奇法師於1932年圓
寂，[20] 同年由寶蓮寺筏可和尚接任住持，與觀音山凌雲寺及大嶼山寶蓮寺三
山議定每年輪流傳戒。1936年，筏可和尚退席，先後交了幻法師、達安法
師管理寺務。至1942年，筏可和尚復任七年，再交夢生法師接任住持。[21]

顯奇和尚蓮座

19　《香港佛教》雜誌，第五十四期，1964年9月。

20　關於顯奇法師圓寂之年份亦眾說紛紜。有說是1932年、亦有說1933年。當時民間仍然流行使用農
　　曆紀年，因此顯奇法師在1933年初，即農曆之十一、十二月圓寂而有記錄上之出入亦不為奇。但青
　　山寺前顯奇和尚舍利塔之立碑日期，則刻載「中華民國十七年戊辰春」，即1928年。從客觀事實所
　　知，顯奇在1929年主持傳戒法會，故該墓銘頗引起疑問。

21　夢生法師於1990年圓寂，青山寺交予其親侄覺華師（裴文有）管理，惟未獲政府承認。及後更與陶氏
　　族人，就青雲觀與青山寺之產業引發訴訟，官司於2004年結束，法院裁定青山寺屬公眾寺院，頒令
　　成立信託基金會管理。

二、郊區佛寺之創立與活動

民國以後，北方僧侶來港定居者漸多，並在境內創建靜室，開展弘法之事業。其中以大嶼山、荃灣、沙田等地，聚集了不少精舍寺院。

（一）大嶼山之道場

大嶼山之昂平、萬丈瀑、薑山、地塘仔、鹿湖，因有佛教僧侶信善聚居，梵剎林立，故有五大禪林之稱。

1. 昂平

昂平早於光緒末年已有僧侶築結茅廬自修，自大茅蓬開創十方叢林道場以來，環繞其四周之靜室，日趨愈甚，至二戰淪陷前，區內佛教靜室不下二十五所，連同原有梵剎，數量冠於全島。佛教人士在昂平聚集修持，又於附近增設法華塔、羅漢塔、塔林等佛教勝蹟，叢林規模粗具，故有「南天佛國」之稱。

位於昂平半山之般若殿

表4 二十年代至戰前昂平地區之精舍[22]

創建年份	精舍名稱	精舍概況
1919	靜悟林	由幸道尼修建
1921	香林	由德妙尼、照燃尼創建，後改名「靜安居」
	阿彌陀佛	位昂平後山。由性蓮法師購建，原請海仁法師住持，後因海老無暇來港，交回性蓮法師管理
1922	覺道林	德道尼建立，位普明禪院側
1924	悟覺	淡然尼創建
	極樂蓬	位於半山，由成福尼創建，1933年重建後改名「仰德」
1925	致志蓬	靜通尼為供奉師父而建，位寶蓮寺右邊山坡
1926	般若殿	德能師創建，內有巨鐘一口，當地人稱作「鐘樓」
1928	法華禪院	精參師創建，後改名「娑羅精舍」，1952年轉售
	菩提閣	筏可和尚弟子淨曉師、淨潔師合建
	小金山	曾容女士所建
1929	聯善堂	普修尼修建
1931	了塵樂	慧海居士創建，一連兩幢。1955年重修
	蘭若林	銘生尼修建
	圓溪	福修尼依妙參法師指示所建，1952年重修
1934	義和蓬	覺禪尼修建
	窮苦樂	淨通尼所建，1954年重修
1936	澹如西	位於半山，由王佛莊女士所建
	蓮苑	淨悟尼修建，位寶蓮寺右邊山坡
	淨念佛	了寬尼創建
	新築園	李如女士所建，1952年重修
1937	阿彌陀佛林	位寶蓮寺後山，由觀心尼建
	如光	超道尼與淨開女士合建
	覺蓮苑	淨悟尼修建。戰後轉售英人貝納祺律師作別墅
	淨覺	浩山尼修建

---

22 本表由各類賣地檔案、報刊等資料整理而成，另參見明慧法師：《大嶼山誌》（香港：寶蓮禪寺，1958），梵剎一章。

2. 鹿湖

從昂平西邊山道下山至山腰分岔路口，即達鹿湖。原有道教「純陽仙院」，民初改作佛教道場。附近新建精舍，亦有不少。

民國以來，最先有普明老師太在鹿湖開創「覺廬」，時維1927年。翌年，有淨純尼建「簷蔔林」；葉慧超居士建「慧蓮」；尚有證明尼於鹿湖村下坑修建靜室，其時因抽中馬票，以所得獎金而建，故題名「勝林」。

1929年，紹真尼建「隱徹」；1931年，又有大覺尼、德覺尼、近覺尼合建「寶樹林」、朗明尼建「淨如」、圓覺尼建「華嚴」。1932年，梁硯田居士於鹿湖精舍旁修建「佛泉寺」。同年，森荃尼亦建「智積林」。1933年，德利尼與定道女士合建「妙華禪」；慧信尼建「寂光」。1934年，有聖修女士開創「慧修院」。聖修女士在院內為小學生授課三年，又不時延請法師啟建法事，開講佛理。1935年，息通尼建「蓮花蓬」、覺雲尼建「普賢禪」；翌年有韓淨嚴女士建「妙法」。

以上者，為二次大戰前在鹿湖所建之精舍。

3. 地塘仔

地塘仔亦是大嶼山內著名之佛教叢林，位處昂平至東涌山路之間，只可步行出入，交通頗為不便。由於人跡難至，遠離囂塵，吸引不少僧侶居士到來結廬。

1926年，有了見尼首建「鶴林」，後改名「葩嚴閣」。戰後轉售遠參法師。1928年，智明老尼師建「蓮華臺」，其後又在旁邊另建「東林」。該寺大殿於戰時毀於火，至1957年，由港島東蓮覺苑的林楞真苑長出資重修。1929年，德山尼建「佛光園」。翌年，圓成尼等購建「廻瀾小築」；至1932年，又有德清尼開創「法林」，戰後贈與韶關南華寺退居方丈復仁老和尚，1952年重修。據《大嶼山誌》所述，該寺專弘禪法，經常舉辦坐禪活動，「為港九新界打禪七最多之道場」。1933年，高浩文居士在地塘

地塘仔華嚴閣

仔築建「菩提苑」，後來隨虛雲老和出家，法號寬文。1936年，德高尼、德本尼合建「南華苑」，位置在地塘仔至東涌最下處；同年，楊鐵夫亦建「桐廬」，後改名「雙樹居」。[23] 至1939年，另有信恩尼、信妙尼合建「靜隱」，位南華苑側。

4. 薑山

薑山位於大澳後半山地區，古有「蓬瀛古洞」，供奉玄天上帝及觀音菩薩，人稱「觀音廟」。宣統二年（1910）有葉善開女士就地築建房舍與信眾共修。當時屬先天道廟堂，然而葉善開亦景仰寶蓮寺的筏可和尚，聞教修持，故廟內亦夾雜佛道儀規。1940年，葉善開去世，由張二姑等人住持。翌年，張二姑、蕭六姑、淨觀女士皈依筏可和尚，廟宇亦改宗佛制。

---

23 楊鐵夫（1866－1942），清末舉人。其胞妹為昂平栴檀林之儀真比丘尼。生平淡泊名利，喜遊名山佛剎，七十歲來大嶼山，並於地塘仔自建桐廬作安養之地。1942年往生，後人將其文稿結集成《楊鐵夫遺集》。

1951年，由海山法師接管，翌年改稱「觀音殿」，坊間通稱觀音寺，乃薑山地區最著名之佛刹。

此外，靈隱寺在該區亦為重要道場。該寺建於1928，由津微法師創建。寺院將近落成，法師忽患急病去世，於是交由靈溪法師管理。同年舉行傳戒法會，是大嶼山區內，繼寶蓮寺外另一戒壇。[24]

同年，在靈隱寺對面有淨徹尼修建「悟真」，因精舍圍牆皆為紅色，通稱「紅屋」。1949年由張德能女士出資重修。1938年，尚有梁敦普居士在靈隱寺側開創「如筏」，為戰前該區最後所建之精舍。

5. 萬丈瀑

萬丈瀑位處大嶼山西南靈會山，附近之水嘮嘈為區內著名郊遊地點。由於萬丈瀑位於高峰，出入只靠山間小路，步行往往需時兩三小時，因交通極為不便，前來營建精舍者不多。該區臨海處之煎魚灣舊有普濟禪院，創建於清末但毀於二戰時期。除此之外，尚有慈興寺。

萬丈瀑之慈興寺

慈興寺位於靈會山主峰，高達四百九十米。於1930年，由法傳法師開創，時稱「國清禪寺」。[25] 二戰後，有善信董果耆居士將寺旁之別墅捐予度輪法師，又徵得寺內僧眾同意，「乃籌合別墅，闢為叢林，易名『慈興寺』，始有今日之規模。」

附近另有一所「西來意苑」，由本覺大師與弟子合建，於1952落成。

(二) 沙田、大埔區之佛寺

民初時期，香港政府修築九廣鐵路英段，以尖沙咀總站起，途經沙田、大埔、粉嶺等地，伸延至羅湖邊界。因鐵路之便，佛道人士多選在沙田、大埔等地營建精舍道場。其時，不少僧侶在沙田火車站側之排頭村築建精舍。1914年，宏願尼於大圍曾大屋附近購建「慈航道場」。最初只為數間村屋，後得胡文虎伉儷捐資擴充，改名「慈航淨院」，並於院內設立義學，教育失學兒童。同時，又經常延請高僧登座說法，至今仍講座頻開。

1915年，又有宏賢尼師，接收「普靈洞」，該洞原屬先天道宮觀，供奉儒釋道三教祖師，宏賢尼接手後，廣作佛事，迎請諸方高僧，弘經演

宏賢尼師接收普靈洞

---

25 關於該寺之名，有說「國興寺」。戰後，該寺曾由度輪法師主持，今依《度輪禪師事蹟》所記，以「國清寺」為準。參見慈興弘法部編：《度輪禪師事蹟》(香港：佛教出版社，1958)，頁48。

56

教。1948年，始易名「般若精舍」。

戰前，在沙田較為著名的道場，即有西林寺，該寺位於火車站旁邊，其創建與普靈洞同時，主持浣清法師，頗具魄力。先後修建觀音塔殿、龍華堂等，又創建檞香園，為信眾遊人提供素菜膳食，其中尤以「山水豆腐花」最為馳名，前來沙田旅遊之人士，多亦慕名品嘗。寺內圖書豐富，並藏有多套經板，不時印行小本佛經，送贈善信。浣清法師又在九龍城長安街十五號開設「西鄉園素食館」，附設圖書館及佛經流通處，開創素食及贈經之風氣。[26] 至七十年代，浣清法師去世，門人因寺產的繼承問題而導致荒廢，殊多可惜。[27] 近年改作私營骨灰龕場。

1918年，有聞修法師在排頭村擴建道榮園。聞修法師早於1899年來港，在九龍城外大街購建石屋，九年後遷址沙田排頭村。其後，他的弟子又在附近不遠處建道合園，專供女眾修行。[28]

該村尚有：1938年由品修尼創建的「普明苑」。同期，又有鏡修法師建「證覺精舍」。

大埔方面，較著名之道場有定慧寺、大光園及半春園。

1921年，李寶椿三太、劉四姑、關五姑等合資購入大埔馬窩山土地，準備修建道場，請增秀法師住持，名「蘭若園」。1934年增建大雄寶殿。1963年向政府註冊為非牟利團體，改稱「定慧寺」。[29]

半春園位於大埔石古壟半山，原為殷商黃筱煒之私人別墅，購建於1936年。黃氏早年喜好扶乩之術，後得乩示而轉信佛法，專修淨土。他與同道三人，閒時相約在園內修持半天，取「三人半日」之意乃起名「半

26　二戰時，九龍城西鄉園，因日軍擴建機場而被拆除。該址即現今之富豪酒店。

27　浣清法師於六十年代末去世後，寺務由三姑、四姑及「梁先生」打理。至1979年6月，他們以四百五十萬元轉讓他人。其後，新業主不願履行合約條款，未妥善處理先人靈位，引發孝子們發起「護祖風波」。資料散見於1980年6月15日之各大報章。

28　見拙文〈香港的兩尊高僧真身像〉，《文史天地》，第九期（珠海書院中國文學及歷史學會，2004）。

29　吳大立編校：《增秀和尚傳略》（香港：大埔定慧寺護法委員會，1968）。

大埔蘭若園遺蹟

春」。黃筱煒在別墅內營建佛殿一所，供奉三寶，作半開放式道場。1967
年5月，黃筱煒去世，遺願將半春園捐予香海蓮社作為道場，改稱「香海蓮
社半春園」。[30]

1937年，又有慈祥尼師，以二千二百元向《大光報》負責人林雨潮購
入大埔石鼓壟地段，建「大光園」，原擬集合同道研究佛學。[31] 1945年戰
事結束，有鑒新界兒童失學嚴重，慈祥尼師撥出祖堂自資改作義學，又逐
漸增建教室，當時所有書簿學費、教學開支皆由大光園支付。因對鄉村
教育作出長期貢獻，1978年元旦，慈祥尼師獲英女皇頒贈帝國員佐勳章
（M.B.E），為本港首位獲勳之僧人。

1939年尚有寶靜法師於粉嶺築建「靜廬」，作為「將來息影清修之
所」。戰後由覺光法師接收，改為「寶靜法師紀念堂」，即今之觀宗寺。[32]

---

30 詳見該園之簡介及〈源流不息〉碑記。

31 傅廷照：〈佛教大光園略史〉，載《大光老和尚圓寂二週年紀念集——二十年來的佛教》（香港：千
　　華蓮社，1999），頁32。

32 《寶靜法師四十年中之幻痕塵影》（香港：香海蓮社，1938），頁17。

（三）荃灣之叢林

荃灣位於大帽山南邊山腳，與沙田、元朗、九龍皆有公路連接，交通四通八達。該區之芙蓉山及千石山，有不少僧侶建立道場。二十年代中，有閒雲尼在老圍村建「普光園」。

1928年底，潘達微、朱大同、張蓮覺等人邀請茂峰法師來港弘法，初在上環摩囉街法源堂及利園講經，盛況空前。茂公以因緣成熟，決心留港，在老圍購地建寺。1933年，寺院落成，定名「東普陀寺」，以別於廈門的南普陀寺。同時又將老圍之千石山改稱「千佛山」，大水坑改名為「三疊潭」。戰時與戰後，社會動亂不安，東普陀寺廣開方便之門，接濟佛門子弟及廣大居民，功德無量。[33]

1928年，融秋法師來港，因緣際會覓得芙蓉山土地，階同弟子茂清師、茂常師，開山劈石，歷盡艱辛，經四年建成「竹林禪院」，禮請師祖勝林和尚來港住持。同年，舉行傳戒法會，參加者眾，不少更由南洋越洋而來。

1930年，又有南京棲霞寺的若舜法師來港，在荃灣石圍角創建「鹿野

早期之竹林禪院

33　了一法師撰〈本寺開山祖茂峰老法師窣堵波銘〉，民國五十四年。該碑仍存寺後基地。

苑」，因土地用途關係，門額卻以「棲霞別墅」為名。1942年，若舜法師
圓寂，交由明常法師接掌。[34] 1978年，受政府收地發展荃灣的影響，鹿野苑
遷至九龍塘金巴利道。

1935年，芙蓉山竹林禪院附近又有「南天竺」，由融衍法師任第一代
住持。同年，茂蕊法師得政府批出七萬餘呎土地，擴充南天竺。四年後，
茂蕊接任住持，悉力營建，又廣作佛事，貢獻甚多。戰後，先後捐出土地
予定西法師創建「東林念佛堂」及「太虛大師紀念會」作建塔之用。

1939年，有黃杰雲、王璧娥夫婦及李素發等人創建「弘法精舍」，兼
辦佛學院，禮請寧波觀宗寺的寶靜法師來港住持。未幾，法師在上海圓
寂，精舍與佛學院因而停頓。戰時，精舍被日軍佔用。戰後，黃杰雲伉儷
託請王學仁、林楞真、葉恭綽、樓望纘諸居士組成保管委員會，曾辦華南
學佛院，專力培育僧才。停辦後歸東蓮覺苑管理，亦經歷多番變遷。

（四）其他地區的精舍

除了沙田、荃灣等地之叢林外，尚有不少精舍散佈於港九各處。三十
年代初期，有「佛潤園」（即妙宗寺之前身）、「海雲蘭若」、「青山長明
精舍」及「彌陀閣」、「荷石軒」等靜室集結於屯門青山。

其他地區尚有元朗觀音山「圓通寺」，該寺建於1917年，由凌雲寺妙
參法師修建，交門人堅修法師管理；離圓通寺不遠有「淨慈苑」，由德斌
尼創辦於二十年代。德斌尼為元朗鄧氏原居民，十八歲出家後回鄉自建精
舍清修，七十年代遷錦上路上村三十號。

至於港島上環之士丹頓街、太平山街亦聚集不少精道佛堂。蓋因至港
島開埠以後，大量外省民工隻身來港謀生，從事苦力工作，且多在西區半
山居住。因生活艱苦，或水土不適等故，不少民工在港離世，坊里華人為

34　朱潔軒編：《棲霞山志》（香港：鹿野苑，1932）。

超渡亡者，免作「無主孤魂」，逐漸在此區建立佛庵道堂，專門接辦功德佛事。諸如士丹頓街永善庵、樓梯臺延祥分院、摩囉街法源堂、上環六祖禪堂、福勝庵、延壽庵等，均為當時較著名之佛教庵堂。其他各區不同規模之精舍，亦實不少。

乙 市區道場的建立

一、市區道場和團體之創建

清末以來，已有不少僧侶來港定居，他們散居於深山郊外，潛心修行，雖間中舉辦共修佛事，然而迢長路遠，甚不方便。於是有志於佛法事業者，便於市區興建道場或組織佛學團體，因此自二十年代左右，市區之佛教團體便陸續湧現。

1916年，最先有社會賢達潘達微、陳靜濤、陸蓬仙、吳子芹、盧家昌、羅嘯嗷等人，在港島堅道六十二號辦「香港佛教講經會」，是本港都市佛教團體之濫觴。[35] 該會旨在研究佛學，規模甚小，偶之刊印佛學小冊子之類，作為流通。1918年，盧家昌等人於西環屈地街另創「極樂院」，提倡淨土法門。每日舉行課誦，週六又設講經會，講者大多由居士擔當。

1918年，商人歐陽藻裳和彭緝合伙在港島開辦東方小祇園，是香港首間素食店。三年後，又有浣清法師在九龍城長安街購置三層洋房一幢，於地下開設「西鄉園」經營素菜館，二樓設念佛堂及閱經室，三樓為佛經流通處，主要販售佛書典籍及法器用品，[36] 為當時最大規模的齋舖。

1927年5月，又有比丘尼於荷里活道石板街口開辦「蟠桃天素食館」。

---

35 關於該會的名稱頗多，有稱「香港佛教講經會」，亦有略稱「佛學會」或「講經會」，容易使人混淆。今依據該會出版之《五會新聲念佛譜》編末所載，以「佛學講經會」名義為出版人，故本文以此為據。

36 西鄉園所藏經典頗多，單以目錄中所開列計算，已超過一千二百種，平時供人參閱請購。

潘達微居士

二十年代西鄉園廣告

翌年五月，廣州商人鄧介石居士，在堅道七十一號創辦小祇園，便利中半山居民信徒。進入三十年代，素食風氣更為流行，當時的佛教雜誌報道：「香積廚、東方小祇園，先後分設素食館於軒尼斯道、般含道、彌敦道、皇后大道東等處，素食之風已成白熱化，而港中西人，亦多趨問津者。」這些素菜館在港九主要街道開設，顧客除佛教信徒，亦有洋人，情況之盛，可想而知。

同期，佛經法器之流通亦趨普遍，諸如荷里活道的「衛樂園」、禮頓山道三十七號的「天竺商店佛經流通處」、興東街的「廣鉅源佛經流通處」及跑馬地成和道的「正信佛經流通處」，均是香港淪陷前的佛具用品總匯。

1928年秋，殷商黃筱煒等人在九龍蒲崗村曾富花園開辦「哆哆佛學社」，專弘淨土。[37] 每逢週六聚眾念佛，星期日晚則舉行焰口佛事。[38]

---

37 據印光大師的〈復江景春書〉所記，黃筱煒早年沉迷扶乩之術，常請赤松子（黃大仙）降壇示乩。一日，赤松子降壇自稱為哆哆菩薩，指示黃筱煒皈信彌陀，永禁乩術，黃筱煒由是潛心佛修，並創辦「哆哆佛學社」以茲紀念。見《印光大師文鈔續編》卷上第頁120及半春園內「源流不息」碑記。

38 焰口乃佛門專為「餓鬼道」眾生施放「佛法食糧」之超度法事。

1928年又有港商戴東培購置廣廈，設追遠堂於青山。翌年正月，增辦「女子佛學會」。「戴氏獨力所辦，以一己之發心，謀群眾之福地」，佛學會「以女子為限，修持以淨業為主，間或禮請大德碩士，開示啟發，兼以聽經閱藏，研究教理，群策群力，精進勇猛」。[39]

約1929年，遠參法師由安徽來港駐足大嶼山東涌創立「華嚴精舍」，在此整理歷來演講記錄，撰寫《梵網戒經講義》。至1938年成立「維新佛學社」，弘揚《法華經》真義。[40]

1931年7月，港商陳靜濤、劉德譜、鄧介石、高浩文、李公達等居士，在國內佛教改革思想之熱潮下，將原日之「佛學講經會」改組為「香港佛學會」，一改自修之旨，積極推動佛教事業。該會會員大多為社會名流，諸如周壽臣爵士、銀行家簡東浦等，聲勢相當浩大。該會成立以來，經常延請高僧來港開示佛法。又定於逢星期六晚，由法師或居士主持佛學研究班，並即場解答問題，讓聽眾除疑生信。1932年春，佛學會開辦義學，收容貧苦兒童，除予正規教育，又加開佛學科，讓學子們自少接觸佛法。同年，又附設「佛教青年會」於利園，以接引青年份子。其他尚有放生賑災、大型法會、獄中傳教、贈醫施藥、出版《香海佛化刊》等等，可謂包羅萬有，屢開先河，不特弘揚教理，亦關心社會，全面施行佛教悲智同修的精神，建樹良多，影響亦巨。該會發展迅速，堅道會址不敷應用，乃於1936年3月起租用利園山作會址。[41]

1933年，又有曾璧山、李公達、周佛慧等居士於跑馬地組織「香海蓮

---

39 寶靜法師於1928年撰之〈香港女子佛學會緣起〉，載《寶靜法師全書‧法集》卷中，頁100。該「女子佛學會」於同年秋，因與房東紛爭而結束，殊多可惜。

40 遠參法師（1873－1966），俗名高天賜，廣東省湛江人。平生獨尊法華教理，經常指斥大乘經典多為偽造，又排斥淨土，創立「維新佛學社」以闡己見，備受教界非議，時人稱為「佛教怪傑」。惟其對法華教理見解獨到，後世亦有以「法華王」尊稱。

41 利園山位銅鑼灣渣甸山，原為香港富商利希慎之產業。利氏於山上建有別墅一所，其夫人常邀僧伽開示。1935年，利氏慘遭暗殺，其夫人得張蓮覺居士勸導假利園啟建法會，超渡亡夫，並接受各界附薦。此後更經常借出作佛事活動。

社」。該會緣自1927年，寧波觀宗寺寶靜法師應邀來港宣講《梵網經》，以本港善信盛情緣深，再於翌年來港弘法，由是組織「香海蓮社」，專弘淨土，提倡念佛。該社成立，即請寶靜法師領導，又興辦慈善事業，是當時另一著名之居士組織。

同年，有李素法女居士與顏世亮、李公達、葦庵法師、覺一法師等，在跑馬地黃泥涌道組織「菩提場」。該會專門弘揚經教，不時邀請法師講經。逢清明、重陽則辦小型法會。每月塑望及誕期，例必進行上供禮誦。後來參加者眾，遂遷址禮頓道三十號，以應需求。

1938年11月2日，香港佛教界有鑒於中日戰爭爆發，南來難民日漸增多，流離饑殍，慘不忍睹，遂成立「香港佛教救濟難民會」，同時發起「全港佛徒一毛運動」，合力並濟。此後，不時到各區放賑，為難民提供米糧棉衣等日用品。

一般之大型佛寺，均在郊區靜處，而設在港島之佛寺，則獨「東蓮覺苑」一座。該苑由何張蓮覺居士倡建。[42] 她有鑒於當時青年女子失學者多，又無現代化之弘法機構，早於1930年，自資在灣仔波斯富街辦「寶覺第一義學」。兩年後，又借青山「海雲蘭若」辦「青山寶覺佛學研究社」。為照顧更多貧苦女子，於是發心營建弘法與教育兼備之新式道場。

1931年，適值居士與何東爵士金婚（三十五年）之慶，因而得何東爵士贈以十萬元以圓心願，[43] 於是着手籌建道場，最後以一萬七千餘元購得跑馬地山光道地段，共一萬二千呎。至1935年4月15日，梵宇落成，取何東與張蓮覺兩名，合稱「東蓮覺苑」。寺務方面，定為十方女眾叢林，以修持佛

42　張蓮覺（1875－1938），字靜蓉，廣東新安人。自小隨母皈信佛法。二十一歲嫁與何東，憑藉夫家地位與名望，致力社會慈善及佛教弘播事業。二戰前在香港及澳門辦義學及中學，尤其關注女子教育。三十年代在港島建立東蓮覺苑，附設佛學院，並創辦《寶覺》雜誌。1938年元月往生，享壽六十三歲。東蓮覺苑苑務及學校營運遂交予親屬林楞真打理。

43　張蓮覺著《名山遊記》所附之〈筆記〉云：「幸民國二十年十二月二日，為吾夫子金婚紀念，以余興事教育，慷慨資以十萬金，俾暢行其志願。」東蓮覺苑出版，1935年。

《香海佛化刊》　　　　　　　戰前之東蓮覺苑（鳴謝東蓮覺苑提供）

法為職志。教育方面，將佛學研究班和義學合併，自任苑長，禮請南京棲霞寺退居方丈靄亭法師任教務主任兼教授。

　　張蓮覺居士經常接待海內外高僧大德，或請益佛法，或接濟應酬，使東蓮覺苑成為港島區最重要之佛教場所。戰後，許多佛教活動和會議都在這裏舉行，可見一斑。[44] 加上何氏家族的社會地位，張蓮覺與後來的林楞真每每號召，不論官紳名流、高僧居士、普羅大眾均來響應，佛教在本港社會之地位與影響力亦因而提高。

　　九龍方面，1934年有葦庵法師、覺一法師購得鑽石山土地，決心興辦一所具規模之女眾十方叢林。[45] 至1948年，有鑑戰後兒童失學情況嚴重，於是增辦志蓮義學。1954年，再增辦安老事業，照顧貧苦長者。九十年代，該苑推動文化教育，又發起興建唐式殿宇，至1998年初落成開光，成為本港重要之宗教與旅遊景點。

44　東蓮覺苑經常借予佛教團體舉行活動，如：佛教講座、灌頂法會等。另外，佛教聯合會成立初期，仍未有會址，亦是襄借該苑作事務處，凡開會議事或佛教儀典，亦於苑內舉行。

45　志蓮淨苑之土地原為富商陳七之私人別墅，附近土地闢作溜冰場。後以覺一法師、葦庵法師銳意興辦道場，特以低廉價格轉售。

二、密宗之傳入

（一）日本真言宗傳入與居士林的建立

唐初，有開元三大士先後東來長安，[46] 設壇灌頂傳授密法，引起皇室及民眾的信仰。後因唐武宗滅佛，整套密法在中國短暫出現便失傳。幸而，日本在唐初派學問僧來華留學，將整套密法帶回日本，發揚光大，並流傳至今，成為日本重要信仰。時至二十世紀二十年代，日本真言宗 [47] 新義豐山派 [48] 四十八代傳燈阿闍黎 [49] 權田雷斧僧正 [50] 發願：「如中華人懇志東來求

黎乙珍大阿闍黎

權田雷斧大僧正

---

46 唐開元年間，印度密教宗師善無畏（Cubhakara-simha）、金剛智（vajra-prajba）及不空（Amoghavajra）先後抵長安開壇灌頂弘揚密教，是為中國密宗之始。

47 真言宗，又稱真言陀羅尼宗、真言密宗、祕密宗、曼荼羅宗、瑜伽宗、陀羅尼宗、三摩地宗等。現今，特指流傳於日本之密宗。該宗重視念誦真言（即咒語），故稱真言宗。

48 十二世紀初，日本真言宗因教理觀點而分裂出新、古兩派。覺鑁一派被稱為新義派。其再傳弟子專譽在大和豐山長谷寺開創豐山派。明治十八年（1885）豐山派與智山派合併，稱為「真言宗新義派」。明治末年兩派再分裂，該派改稱「新義真言宗豐山派」。

49 真言宗為學德俱佳，堪為人師之弟子傳法灌頂，授予「傳法阿闍黎」資格。又稱傳燈阿闍黎。

50 權田雷斧（1846-1934），日本真言宗管長，初於豐山修習佛學，後修持密教，至「僧正」位（僧正為中央僧官之職稱，始於我國南北朝。日本仿傚中國僧制，於推古天皇三十二年，即公元624年制定僧綱，凡七十二職級，以大僧正之地位最高）。歷任大學教授及校長，著有《密教綱要》、《曼荼羅通解》等多種佛書。

法，吾將反哺之。」[51] 遂於1924年應中國弟子之邀請至廣東潮州傳法。

與此同時，香港之黎乙真居士，早年已積極推動佛法。1920年，閱讀藏經至密教部，既驚嘆密法之殊妙，亦感慨漢地之無緣，於是懇求權田雷斧僧正之法相（照片）在家中供養，日夜祈願密法再來。1924年聽聞僧正來華，於是聯同張蓮覺、林楞真等居士，禮請權田雷斧來港，在家中開壇灌頂。這次雖是私人法會，卻是本港史上首次密教灌頂法會，意義深遠。

法會後，黎乙真如法修行，凡有疑難，以書信請教僧正。翌年，權田雷斧召令黎乙真東渡日本，為其傳授金胎兩部大法[52]，並命其先行自修。[53] 其後，黎乙真前往日本神戶，登高野山傳法院，隨僧正入壇，再經多次修法與考核，正式傳予兩部灌頂，晉職為傳法大阿闍黎，賜以匾額證明。[54] 之後，僧正更親解所披法衣，傳予黎乙真大阿闍黎，囑其：「攜之返華，宏揚密教，圓滿我願。」[55]

黎乙真留日近半年才返港。翌年春，於禮頓道設壇弘揚密法，舉行第一屆胎藏界灌頂會六次及金剛界灌頂會三次，前後共三百人參與。2月得蔡功譜、胡禧堂兩人施資，購入銅鑼灣大坑光明台，興建道場，名「真言宗居士林」。1930年，女眾修士頗多，於是由張圓明另組女居士林，得權田僧正許可，特賜張圓明晉職阿闍黎，成為本港第一位得到阿闍黎資格的女修士。居士林建立後，歸依學法者凡千有餘人，不少是本港社會名流。另外，黎乙真編著密宗書刊、儀軌共數十種，對密教重返中土與弘揚有莫大貢獻。

51　《黎乙真大阿闍梨赴告》（香港：佛教真言宗居士林，1937），頁8。

52　真言密教依據《金剛頂經》及《大日經》而建立。內含「金剛界」與「胎藏界」之教理，後世多以「金胎兩部」作統稱。

53　黎乙真往日本前，依法修持加行一百壇，持誦慈救真言十萬遍等。見《黎乙真大阿闍梨赴告》。

54　權田雷斧僧正傳法予黎乙真時，另賜匾額曰：「傳法灌頂大阿闍黎受職之事：厥兩部灌頂事業者，薩埵受職之儀式，遮那果德之勝血也。現成正覺之要道，頓證菩提之法門，唯在此教者乎。於茲黎乙真阿闍黎窮口之市淵衣，開胎金曼荼，是則頓超三祇，速滿行願者也。大正十四年五月二十三日。」

55　《黎乙真大阿闍梨赴告》。

男、女居士林行政財產各自獨立，建立以來除定時共修、開壇傳法之外，亦應社會之需要，戰時開辦光明義學，招收貧苦失學兒童。二戰後，以夜校形式繼續經營，受惠兒童着實不少。1937年春，黎乙真患喉瘤毒。2月底預知時至，囑咐後事，至3月1日半夜示寂，世壽六十七歲，奉葬於柴灣華人永遠墳場。

（二）藏密之傳入

西藏密教方面，1924年，密教寧瑪派（紅教）之諾那呼圖克圖[56] 由西康過境香港，隨緣弘揚密法，是有記錄以來，藏傳佛教傳入香港之始。[57] 兩年後，尚有蔡淵若、劉銳之迎請福金喇嘛（漢人）來港，弘揚密法。

1928年，格魯派（黃教）的覺拔格西蒞港，將一零八密法翻譯。[58] 同年，諾那上師再度蒞港，在西摩道設壇六個，舉行灌頂息災法會，並由吳潤江擔任翻譯。當時參加者眾，皈依者亦有二百人。會上傳出無上密法及四級灌頂，皆屬重要而難得之法門。

1929年，香港佛學會邀請黃教的榮增堪布來港傳法[59]，傳授「彌陀長壽合修法」等等，馮公夏、韋達等學者亦有參加。至1937年2月，大堪布再度來港弘法，「佛教徒參加踴躍」。[60]

另外，1934年初，諾那上師應廣東善信邀請南下廣州主持「息災利民法會」，順道在省、港兩地設壇灌頂，凡數十次，頗感徵應。上師離港後，善信在港島堅道設立「香港佛教密藏院」，以為紀念。至1941年香港

56　諾那呼圖克圖（1865-1936），藏族昌都人。三歲被認證為「第七世金塘活佛」，七歲舉行坐床，法名「春烈匠磋」，曾閉關二十多年，頗有修為。1924年到漢地弘法，曾多次為國民政府主持息災法會。平生歷任國民政府立法委員、蒙藏委員會委員。1935年，受國府冊封西康宣慰使，乃回康藏。翌年圓寂，國府追封「普佑護國法師」。

57　參見於1953年吳潤江演講之〈九龍諾那精舍落成演講稿〉。

58　「格西」為藏傳佛教格魯派之學位資格，意譯作善知識，相當於現代之博士或教授。

59　「堪布」原指藏傳佛教中主持授戒者之稱號，其後舉凡精通經典之僧人，皆作此稱。

60　見1937年2月《香港華字日報》之報道。

諾那呼圖克圖

▲藏密院在羅便臣道五十七號，開設這院顧名思義、已經可知到內容了。這院顧問的組織是緣起于諾那活佛南來過港的時候的、那時他就在那裡給人的灌頂，同志的人許多、以後這些人、昨天便是院中的、今天浴佛節的灌頂的人許多、院長是本亦栩、他們純來依照他藏密法舉行的儀式是不同的。

三十年代藏密院之資訊

淪陷，始告終輟。[61]

戰前，尚有不少藏密喇嘛，如：聖路活佛、安領活佛、羅睺羅、吐登喇嘛等先後蒞港傳法，十數年間，密教發展亦見興盛。

三、新式佛教活動之概況

（一）大型弘法活動

二十年代前後，受國內佛教改革之影響，香港佛教之活動亦漸漸由寺院轉至市區，形式亦見新穎活潑。

1918年2月26日賽馬日，跑馬地馬棚發生倒塌引致火災的慘劇，死亡人數多達六百餘人，震驚全港。翌月，先有富紳何棣生自行捐資在跑馬地愉園啟建超幽法會七天，禮請本港青山禪院、六祖禪堂、福勝庵、延壽庵之僧尼登壇誦經。據報章載述，出席法會之善信多達二千餘人，是本港有記錄以來首次之大形法會。[62] 同年4月15日，東華三院有鑒於馬棚火災後，各

61　參見於1953年吳潤江演講之〈九龍諾那精舍落成演講稿〉。

62　見《香港華字日報》，1918年3月26及27日。

方人士情緒低落甚或疑神疑鬼，於是發起在愉園建醮七晝夜，禮請虛雲老和尚及鼎湖山僧來港主持，藉此超渡幽靈。[63]

1920年8月，國內佛教改革先驅太虛大師[64]到廣州弘法後，轉至香港主持佛學講座。當時「香港陸蓬山居士等發起在名園演講三日，開啟了香港未有的講佛學風氣」。[65]是次經會講座題目為〈佛乘宗要〉，內容由胡任之筆錄整理，並刊載於《華字日報》供廣大市民、善信參閱。[66]「社會人士以該講座前所未有，又因報章大事宣揚，均樂予參聽，而佛弟子更感殊榮，大都踴躍赴會。」此次公開講座備受社會關注，亦影響到之後的弘法活動方式。

兩年後，何東爵士、劉鑄伯等邀請南京棲霞寺住持若舜和尚來港，主持佛七法會，開啟市區公開法會之先河。同年，又有定佛尼師假北角名園舉行公開念佛會七天。法會邀請上海妙善和尚來港主持，每日分上、下、黃昏三堂，由妙善和尚開示，李公達翻譯。開支皆由岑學呂、潘達微、譚延闓、何張蓮覺、黎乙真等名流居士贊襄支持。此次佛事法會歷時七天，參加者絡繹不絕。「經此會後，香港人士對佛教儀制又多一重體驗。」[67]1935年，東華三院邀請虛雲老和尚來港主持「東華三院水陸法會」，其形式亦參照當年之念佛會。

---

63 見《香港華字日報》，1918年4月10日。

64 太虛大師（1889－1947），俗名呂淦森，浙江崇德人。自幼由外祖母養育。十六歲於蘇州靈岩山出家，法號唯心，後由師祖起名「太虛」。大師先後在永豐禪學院（依寄禪法師）、汶溪西方寺、金陵祇洹精舍及江蘇僧師範學堂研習佛學。中華民國肇建，旋即赴南京成立「佛教協進會」，後有感弘法艱難，決意閉關自修。1918年出關，開展其佛教改革運動，成為中國近代佛教改革領袖，影響力至今猶存。太虛大師先後創辦《覺社叢刊》（後改為《海潮音》）、《佛教日報》、武昌佛學院，又倡辦世界佛學苑，下設漢藏教理院、柏林教理院、巴利三藏院等等。戰後任中國佛教整理委員會委員。國府感其對國民革命及佛教之貢獻，特頒發「抗戰勝利勳章」以資表揚。1947年3月，因中風症復發於上海圓寂，世壽五十九歲。四十年代末，其門人印順法師、續明法師等在香港成立編輯委員會，整理大師平生著述及經會資料，出版《太虛大師全書》共六十四冊，凡七百萬言。

65 太虛大師：《太虛自傳》（星洲，南洋佛學書局，1971）。

66 見1920年8月13至26日之《華字日報》。

67 見《循環日報》港聞版。

近代中國佛教領袖太虛大師

　　1935年，國內著名學者許地山教授來港任教香港大學中文系，東蓮覺苑旋即邀請主持講座，講題為〈佛教與道德生活〉，出席者有數百人。當時，許地山以粵語演說，聽眾亦多解悟。同年底再應香港佛學會之邀請，主講〈佛學與現代文化〉，內容以《阿含經》引證。兩次講座，比之過去之僧俗講座，相對學術味較濃。另外，太虛大師亦於是年11月底來港主持多場佛學講座，繼有：利園舉行的〈從香港的感想說到香港的佛教〉、〈彌勒上生經〉；在東蓮覺苑主講〈優婆夷教育與佛化家庭〉；在東普陀寺開講〈同成了觀音菩薩〉、〈阿蘭那行與鞍成僧寶〉，以及應請至菩提場主持〈念佛勝義〉講座，本港善信均踴躍參聽，一睹大師風彩。

　　同年，富商利希慎慘遭暗殺，其夫人哀痛不已，由何張蓮覺勸請啟建法會，以薦亡夫，再請若舜法師來港主法，假銅鑼灣利園舉辦水陸大法會，並接受各界人士附薦。聞風參加者，不勝其數。

　　1939年，適值太虛大師五十歲華誕，茂峰法師、竺摩法師、慈航法師、靄亭法師、優曇法師、陳靜濤、葉福靈等二十多人發起香港佛教界全寅籌備慶祝活動，並組成籌備委員會準備「慶祝大會」、印刷大師著作及在《華南覺音》雜誌編印紀念專號。該籌委會推舉陳靜濤、了如法師任總

務組；慧雲法師、竺摩法師任文書；東蓮覺苑負責招待；墨禪法師及陳靜濤任大會主席；另外又組成七人之「紀念特刊編輯委員會」，各人各司其職，為慶祝會出力。同年2月6日，二百多名佛教信徒齊集東蓮覺苑舉行慶祝會。大會先由靄亭法師宣讀各方寄來之賀詞，繼由陳靜濤說明大會之意義。又大會共收得賀金三百二十四元港幣、二百五十二餘元國幣，概分為三部分，一部分充作太虛大師主編的《海潮音》雜誌刊印基金；其中一百元則應大師之指示撥給「香港佛教救濟難民會」作為救濟同胞之用；餘款則資助《華南覺音》之印刷。[68]

（二）佛學班

自清末楊文會開辦「祇洹精舍」後，佛教內部亦於民國前後興起開辦佛學院以培養人才。影響所及，本港不少精舍團體亦有佛學班之設。

凌雲女子佛學社遺址

---

68 詳《華南覺音》，第七期（香港，青山華南覺音社，1950年3月）。

表5　1920－1940年間本地佛教團體開辦之佛學班

創辦日期	地　　點	概　　況
二十年代	九龍城長安街西鄉園	於西鄉園三樓附設「佛學研究班」，經常舉辦佛學講座
1932	青山海雲蘭若	由何張蓮覺成立「青山佛學研究社」，請靄亭法師任教，學員二十人
1932	青山長明精舍	「勝鬘佛學社」學員約三十人，上課時有斷續。翌年遷附近之彌陀閣上課
約1932	香港佛學會	辦「佛學研究班」，李公達為主任。逢星期六晚七至九時開課，由法師、居士任教
1933	大嶼山竹園精舍	茂昌女居士開辦「竹園精舍佛學班」，請慈航法師任教，至法師離港後即停辦
1933	觀音山凌雲寺	「凌雲佛學研究社」由鎮盦法師任教，以三年為一期，首屆學員二十人。共開兩期，持續五年便停辦
1935	堅道香港佛教講經會	陳靜濤辦「佛學函授學校」，由芝峰法師任教，其離港後便停辦
1937	觀音山紫竹林	元月，「紫竹林女子佛學院」開課，三年一期。初請太虛大師任院長未果，後由雲海法師當教務主任、悅西法師當訓育主任，有學員二十人，只辦一屆
1938	大嶼山寶蓮禪寺	設於寺內地藏殿下層之「嶼山佛學院」，由筏可和尚、明慧法師及劉承澤居士任教，收容僧眾及附近學童就讀，至二戰時停辦
1939	鑽石山志蓮淨苑	葦庵法師在苑內辦佛學班，至1941年停辦
1939	荃灣九咪半弘法精舍	弘法精舍成立，請寶靜法師住持，增辦「弘法精舍佛學院」，惜法師圓寂而停辦，僅辦一年

（三）佛教刊物

佛教團體成立以後，為使經典教義廣泛流宣，或便居士能將修持行儀引伸至家中奉行，多刊印經書雜誌。其中以青山禪院編印之《青山禪院大觀》是本地最早的佛教刊物，該書於1927年出版，內容包括青山寺發展概況，亦有詩畫藝文；二十年代末尚有潘達微、朱恨生、賴際熙等人創辦《佛教學報》，但出版不久便停刊，後來潘達微又與羅海空辦《天荒畫報》，亦只出版數期；1934年，何張蓮覺將過去參訪名山的遊歷見聞結

集編成《名山遊記》一書，介紹國內多處佛教勝地。篇末另有〈筆記〉一篇，講述張蓮覺興佛因緣；約1930年，大嶼山寶蓮寺亦出版《佛事報》流通佛法；[69] 1931年，香港佛學會倡導念佛，出版《五會新聲念佛譜》，讓善信依循學習。該書對念佛之起源詳加考證，又參考古本偈讚佛曲，配以新式歌譜，重新編訂念佛曲譜凡二十四首，為念佛法門的現代化改革；1938年8月，觀音山凌雲寺刊印《凌雲佛學研究社五周年紀念刊》，內容以該寺沿革為主，由鎮庵法師主編；另外，在四十年代以前，曾出版《觀無量壽經》英譯版，雖無法證知是否港人翻譯，卻是本港最早印行之英文佛書，反映洋人認識佛教之興趣亦漸漸提高。

至於雜誌方面，最先有《人海燈》。該刊原創於廈門，後遷至潮州，未幾因經費問題而停刊。1931年，通一法師來港，得芝峰法師、靄亭法師及何張蓮覺等人之資助，以寶覺義學全體師生職員協助其事，在港復刊，以半月刊形式出版，後改為月刊；[70] 1940年10月，寶覺義學同人另辦《寶覺季刊》，至淪陷前只出版兩期。以上兩刊均受香港淪陷的影響而停刊。

香港佛學會成立未幾，即於1932年4月出版《香海佛化刊》季刊，免費印贈結緣。該刊輾轉邀請梁昨非任主編，梁氏去世後，一度停刊，至1935年8月，芝峰法師來港弘法，應允接任主編，附印於《新中日報》，每週刊印一次。惜芝峰法師離港後，便告結束。

1938年9月，原日辦有佛學社的青山彌陀閣，出版《華南覺音》，由滿慈法師主編，每月一期，屬非賣品。因時值國內抗戰，故內容除一般佛學文章，亦有時事討論，篇末尚有佛教新聞資訊等，報道中外佛教消息。該刊自第十期起易名《覺音》。至1940年中，遷至澳門出版，發行至第三十二期（1941年10月）便停刊。

---

69 據釋東初著《中國佛教近代史》上冊（台北：東初出版社，1974，頁240）之記載，香港寶蓮禪寺曾出版《佛事報》，惟該寺現無該刊物之記錄。

70 《人海燈》，第四卷五期，嶺東佛學院。出版資料不詳。

1931年出版的《五會新聲念佛譜》

1936年《人海燈》雜誌

（四）佛教電影

三十年代末期，有商人組織「香港三寶影片公司」，以拍攝佛教影片為主。該公司鑒於國內正受戰火摧殘，故特意發揚觀音菩薩「大慈大悲」的精神，祈能藉電影宣播祥和訊息，乃於1940年製作《觀音得道》一片。該片由尹海靈編導，蘇州麗任女主角，飾演觀世音菩薩。該片於是年4月10日假座娛樂戲院播放，是本港最早之佛教影視節目。[71]

（五）佛教婚禮

1940年底，有佛教善信范志強與黃潤森結為夫婦，假九龍大華酒家舉行婚禮，特別邀請東普陀寺當家了如法師證婚，是本港有記錄以來首次之佛教婚禮，在當時可算是極為新穎之舉措，饒有意義，反映戰前的香港佛教發展頗為迅速。

---

71 《覺音》，第十三期，香港青山覺音社發行，1940年，澳門。

小 結

二十年代以前，港人雖知有佛菩薩，然而對正信佛法未有真確認識，故發展不大。民初之際，本地華人勢力抬起，他們處身英治殖民地又同時是中國新舊政體交替的時代，或本着保存傳統精神文化的信念，或出於心靈慰藉的需求，一眾社會賢達帶頭舉辦佛教活動。與此同時，隨着國內佛教改革浪潮的影響，部分學德俱佳的僧侶大德來港弘法，使山林道場的建立或是都市弘法活動，均迅速發展。尤以市區的佛學會和活動，因手法新穎，且緊貼社會，在官紳名流的號召下，頗能在社會上引起注視。而太虛大師在港的一番演說，也反映二十年代香港佛教之情況：

> （1910年）第一次來時，香港純是西洋文化瀰漫的時期，尋不出一些佛化；第二次因來此一番的講經，作了佛法在香港肇興的徵象；而到了第三次，已有青山寺等佛教的寺院成立了……現在，深覺佛學的研究和佛教的信行，在香港已較過去時代的現象進步得多，已能於各層社會透徹融貫，故今日乃有香港佛教各團體及對佛法有相當傾信的來賓，以佛法因緣來聚集於一處，由此引起我今昔不同的感想，而我此次所得的印象，確比以前更佳了。[72]

必須指出的是，這時興辦佛教事業者可概括為三大類：一，受國內戰難或「廟產興學」影響而南來避難的僧侶，他們以安居隱修為首要目的，在資源不足的情勢下，多往郊區自行發展，他日再隨緣弘法。後來的大嶼山、沙田、荃灣等靜室叢林就在這種情況下形成。部分大德如茂峰法師（荃灣東普陀）、融秋法師（竹林禪院）等獲居士擁護支持，自然有更大的發展；

72　太虛大師講，陳靜濤、竺摩法師記：〈從香港的感想說到香港的佛教〉，載《太虛全書》，第六十二冊（南京：太虛大師全書編纂委員會，1948），頁471。

二，一批曾受專門僧伽教育，志願弘法的僧侶，同樣受內地亂況影響，四出雲遊講學，募捐化緣。他們受到本地居士護法的邀請蒞港，如：太虛大師、虛雲老和尚、慈航法師等大德，只短暫留港，完成連串活動後離開。部分則在居士擁護下，購置房舍作分院，以便來日隨時到港弘法，所以建立了駐港道場，如：寶靜法師（香海蓮社）、諾那上師（密藏院）等；三，本地居士，自資興辦道場及弘法活動，甚至充當法師、上師，不假外求，如：陳春亭（青山禪院）、黎乙真（真言宗居士林）、張蓮覺（東蓮覺苑）等。

這段時期，居士們以既有的社會地位和充足資財舉辦佛教事業，比較於郊區靜處草創的山林靜室，弘法效果自然更有影響力。即使大德僧尼舉辦佛學講座或法會事佛，每要仰賴居士們發心捐助和安排籌措。由此可見，以紳商名流為主的護法居士，在剛剛萌芽的香港佛教發展中擔當了關鍵的推動作用。

由於香港社會情況特殊，且無悠久而完整的傳統寺院，加上南來的僧侶須仰賴居士護持，基於這些原因，香港佛教發展必然由山林模式而轉向至都市佛教，而在家居士的地位亦必然提升。部分聲望崇高的居士，如：陳靜濤、黃學仁、林楞真等在戰前已積極推動佛教事業，成為本地佛教的代表人物，對戰後之佛教復興和發展有極重大的影響。

附：二三十年代香港佛教大德群像

陳靜濤 （1883－1967）	• 廣東南海人。電子業商人，國民黨要員，都市佛教代表 • 1916年與陸蓬仙等創辦佛教講經會，是本港首個都市佛學團體。1931年聯同社會名流改組為「香港佛學會」 • 掌理多個佛教機構，又經辦義學、賑濟等慈善事業
海仁 （1886－1978）	• 廣東中山人 • 1920年來港，駐足大嶼山昂平 • 終身弘揚《楞嚴經》，有「楞嚴王」之譽 • 慈祥尼師、林楞真等均為弟子
*太虛 （1889－1947）	• 浙江崇德人，中國佛教領袖 • 終身致力佛教改革，創辦多間佛學院及雜誌文獻 • 五度來港，與陳靜濤等居士有深厚交情 • 1920年主持香港第一次公開佛學講座，推動市區佛教發展 • 門下弟子印順、續明、竺摩、默禪諸師曾駐港弘法
定佛尼 （生卒待詳）	• 廣東中山人，年十八歲出家為尼 • 前往日本學佛，回港於東涌地塘仔創設楞嚴壇 • 1922年，發起在北角名園舉行公開念佛法會七天，使本港弟子對佛教儀制多一重體驗 • 1924年偶遇紀修和尚，請其來港住持
若舜 （1879－1943）	• 江蘇泰縣人，南京棲霞寺住持 • 1922年，何東爵士等邀請來港，在市區主持公開之佛七法會 • 歷年來港在名園、利園主持水陸法會 • 1939年，定居香港鹿野苑
紀修 （1868－1938）	• 廣東四邑人 • 1924年，應佛尼師邀請到港，偶意接掌昂平大茅蓬，改為十方叢林，易名寶蓮禪寺，自任開山第一代方丈 • 1925年，在寶蓮寺開壇傳戒
*諾那上師 （1865－1936）	• 康藏昌都人。乃「第七世金塘活佛」 • 1924年到漢地弘法，多次為國民政府主持息災法會 • 1924年首度來港傳揚密法，是藏密傳入香港之始 • 1934年，在堅道成立香港密藏院
黎乙真 （1871－1937）	• 廣東端州人。香港首位真言宗阿闍黎 • 早年經辦本地多場超幽法會，輔助興建青山寺等及義學 • 1925年獲日本真言宗豐山派傳法阿闍黎 • 1926年創辦真言宗居士林 • 1930年倡辦真言宗女居士林
觀本 （生卒待詳）	• 廣東人，晚清舉人 • 二十年代，以居士身份創辦澳門功德林及堅道念佛社 • 在港編定《新聲五會念佛譜》 • 三十年代，在港考訂歷代念佛規儀，編成《香光閣隨筆》

（續上表）

*虛雲 （1840－1959）	• 湖南湘鄉人，禪宗巨匠，終身保衛佛教事業 • 1928年起，六次來港弘法 • 1935年，東華三院迎請來港主持水陸法會，盛況空前
*寶靜 （1899－1941）	• 浙江上虞人。諦閑大師諦傳門人，寧波觀宗寺住持 • 1928年起，八次來港講經，法緣深厚 • 指導成立香海蓮社，自任社長，又出版《香海佛化刊》 • 應允出任弘法精舍佛學院院長（未到任）
筏可 （1893－1972）	• 廣東南海人。初住鼎湖山，再到江南參學 • 二十年代來港定居，住屯門如是住 • 1930年接任寶蓮禪寺第二代住持，大興土木，信眾尊稱「福報王」 • 創辦嶼山佛學院 • 1933年起，兼任青山寺住持
張圓明 （生卒待詳）	• 黎乙真阿闍黎之德配 • 本港首位真言宗女阿闍黎 • 1930年晉職阿闍黎及真言宗女居士林住持
王學仁 （?－1958）	• 廣東潮安人。本港佛教聞人，都市佛教代表 • 1931年，與陳靜濤、陸蓬仙等創辦「香港佛學會」
潘達微 （1881－1929）	• 廣東番禺人，同盟會會員。廣州黃花崗烈士執葬者 • 創辦香港佛學會、菩提場 • 資辦《佛教學報》及《天荒畫報》，宣揚佛教
李公達 （生卒待詳）	• 1931年創辦香港佛學會 • 1934年在跑馬地創辦菩提場
顯慈 （1888－1955）	• 廣東香山人，天台宗祖師 • 1932年應邀到港宣講《圓覺經》 • 1935年來港定居，先後住青山荷石軒及黃大仙荷石小隱
靄亭 （1893－1947）	• 江蘇泰縣人，華嚴宗宗師 • 1932年來港，任教東蓮覺苑 • 1943年兼任志蓮淨苑首任住持
曾璧山 （1890－1986）	• 廣東番禺人，本港佛教聞人 • 1932年，創辦香海蓮社，又興辦賑災贈醫、助學濟貧等慈善活動
葦庵 （?－1943）	• 1934年，創辦菩提場及志蓮淨苑 • 倡辦成立香港佛教聯合會，籌備處設於跑馬地菩提場 • 1939年，辦志蓮淨苑佛學班
覺一 （生卒待詳）	• 1934年，與同修創辦跑馬菩提場及九龍志蓮淨苑

（續上表）

何東 （1862－1956）	• 歐亞混血兒。香港首富、華人爵紳，業務遍及中港各處 • 三十年代，出資支持興辦東蓮覺苑及資辦寶覺義學等
張蓮覺 （1875－1938）	• 廣東新安人。何東爵士夫人，都市佛教代表 • 獨資在港澳兩地興辦義學及女子佛學院，首個專注女子教育的佛教單位 • 1935年，創辦東蓮覺苑，是當時港島的佛教中心
林楞真 （1899－1965）	• 廣東中山籍，日本橫濱出生。張蓮覺親友 • 皈依海仁法師、印光大師諸師 • 1930年起協助張蓮覺經辦寶覺義學、佛學社及澳門功德林 • 1935年任東蓮覺苑監苑；1937年後接任苑長
*竺摩 （1913－2002）	• 浙江清縣人，自號「雁蕩山僧」，太虛大師門人 • 1938年，受太虛大師指派來港，成立香港佛教救濟難民會 • 1939年到澳門功德林開辦佛學研究班，又擔任《人海燈》、《華南覺音》等雜誌主編

*並未在港長駐弘法

第 三 章

暗黑與曙光

——日治時期及戰後初期的香港佛教（1942—1960）

日治時期香港佛教情況

　　二十年代至香港淪陷前是本地佛教發展的萌芽時期，可惜受到戰爭影響，所有社會活動停頓，日軍土匪四出侵擾，秩序大亂，人民生活於黑暗和痛苦之中。[1]

　　本地佛教亦受波及，寺院精舍為收容貧苦大眾，[2] 致使嚴重缺糧，許多高僧冒險回國化緣。[3] 日治時期，以商人楊日霖於中環組織之道慈佛社（1944）規模較大，其餘尚有騰超法師在沙田排頭村建設的淨蓮精舍（1942）及蓮舟法師在禾輋村的海雲園（1944）等。其他佛教團體間中或有活動，但大多低調行事，以求自保。

　　另一方面，隨着港英政府投降，日軍在港成立「香港占領地總督部」，由磯谷廉介（Isogai Rensuke）任總督，至此香港歸日本皇軍管治。日軍在港實行殖民統治，一方面以軍人掌理政事，對港人生活厲行管制；另一方面宣傳「建設大東亞共榮圈」（Greater East Asia Co-Prosperity Sphere）的意識，不斷注入日本文化，諸如慶祝日本節日、學校以日文授課等等。

1　據《茂峰法師事略》云：「（日軍）散兵四出，掠奪財物，強姦婦女，無所不至。」（香港：東普陀寺，1975，頁14）。

2　同上，又云：「……來普陀避難者日益眾，（茂峰）師處此環境，大發悲心，乃將百十婦女，藏於女客堂之後座。」

3　如寶蓮禪寺筏可和尚「往廣州灣（湛江）持名靜室講《彌陀經》，為山上及青山大眾請命化緣，約得五千港元，匯港救濟糧食」。詳釋明慧：《大嶼山誌》（香港：寶蓮禪寺，1958），頁62，釋筏可一條。

同時利用宗教控制民眾思想，實行宗教柔性政策。[4] 1942年6月，[5] 總督部計劃設置以日本宗教為主的機關統一全港宗教團體。翌月12日，文教課公佈七十一間宗教團體獲准恢復傳教，當中包括三間佛教團體。公佈又呼籲各宗教「規劃新政的推展、以與大東亞建設協力」，亦表明「當局為着佈教傳道或宗教團體得以健全經營計，決逐次予以視察考查，若能改善者當予以極力協助之，若在反面暗中進行不良行為者，勢必受嚴厲處置⋯⋯」，[6]文詞間足見日軍對宗教團體之監控。1944年8月，地區事務文教課又對基督教會、修道院及佛寺等團體進行調查，進一步加強控制。

　　1942年4月，廣州的「國際佛教協會華南支部部長」鐵禪和尚[7]來港進行「和平活動」，向本港佛教人士宣揚「以佛教精神建設大東亞之意義」；同年6月，在華南開發教區的日本淨土真宗大谷派東本願寺派遣藤波大圓（Rev. Fujinami Daien）等十九人以「皇軍慰問團」名義來港，拜訪總督部文武官員及港九各部隊，又贈送水果、食品、香煙禮品等二千多份。另外，更設辦事處於「松原酒店」，積極籌備開教並向總督部申請認可傳教。[8]至翌月9日，得總督部同意在東區（即灣仔）東住吉通六四番設立「真宗大谷本願寺」，正式在港傳教。[9]

---

4 日本於明治年間（1868）頒佈「神佛判然令」之後，佛教面臨與神道教分離和基督教傳入的衝擊，於是興起對外擴張的熱潮。1873年7月，淨土真宗東本願寺派遣小笠栖香來華考察，其後外務省藉機與佛教團體共同制定「海外開教」計劃，意欲透過宗教美化入侵的野心，同時在精神上磨滅反日情緒。在十九世紀七十年代起，日本佛教團體逐漸在華成立佈教所。甲午戰爭日本戰勝後，日僧隨軍在各個殖民地設立佈教所開教弘法，同時宣傳「大和文化」及「大東亞共榮」觀念。

5 日治時期，香港社會改用日皇年號，1942年即昭和十七年。

6 《香港日報》，香港，民國三十一年（1942年）七月三十一日。

7 鐵禪（1864－1946），俗名劉啟祥。中國發生七七事變後，依附汪偽「國民政府」，經常來往香港、國內及日本等地推動「和平活動」。戰後被斥為「奸僧」。1946年6月，國民政府以漢奸罪判獄十五年，同年9月病死獄中。

8 《香港日報》，香港，民國三十一年（1942年）六月二十日。

9 《香港日報》，香港，民國三十二年（1943年）四月十七日。

日本淨土真宗宗長大谷光瑞
曾來港指導開教事宜

總督部公告成立佛教佈教所

　　1943年4月16日，總督部發佈第十一號公告正式許可四間佈教所開設，
即：[10]

佈教所名稱	代表人	地　　址
真宗大谷派本願寺	藤波大圓	香港東區東住吉通六四番
宗教結社日蓮法華宗香港佈教所	倉野小太郎	香港春日區加路連山道六番
日蓮宗身延山香港別院	佐藤惠俊	東區東住吉通六七號
曹洞佈教所	山口彰禪	九龍湊區加拿芬道十六號

　　另外，總督部另發第十號公告批准西本願寺成立「私立香港西本願寺
幼稚園」，是日本佛教團體在港最早興辦的教育單位。

　　日蓮法華宗在港設教後，由大僧正藤井日達（Rev. Fujii Nichidatsu）等
五人在春日區禮頓山設立「日蓮法華宗香港日本山妙法寺」，銳意經營。

　　宗教活動方面，日軍佔港後，「為永久紀念大東亞戰爭發生以來在華
南及香港攻略戰役而勇敢犧牲陣亡皇軍將兵之光榮史蹟」，決定在金馬倫

10　見香港占領地總督部公告第十一號。昭和十八年四月十六日（1943）。

山西面青葉峽五義路高地興建華南地區最高之「忠靈塔」，並設立「興建忠靈塔基金」呼籲各界人士「赤誠獻金」。其後，有關「忠靈塔」的興建等事宜，東本願寺之僧侶亦踴躍參與。1942年12月8日晚，「忠靈塔」舉行「御鎮物埋納典禮」，日僧亦有出席。[11]

1943年2月25日，東本願寺的僧侶宇津木二秀（Rev. Utsuki Nishu）與平江貞（Rev. Hirae Misao）在松原酒店九樓舉行「香港宗教懇談會」，有數十人出席，包括基督教、天主教、回教、印度教、佛教、密宗、淨土宗、曹洞宗、臨濟宗、真宗、日蓮宗等代表，但以日本教派為主，文教課長等多人亦到場參加，彼此相談相互間之協作與交流事宜。[12]

兩個月後，宇津木二秀籌組「香港佛教聯合會」，並聯合西本願寺商討慶祝浴佛節、教授日語及籌建「忠靈塔」等事務。同年6月，宇津木二秀更以「佛聯會」名義接收荃灣東普陀寺，其後更自任該寺住持，又將寺院部分土地改作小型農場。

1942年8月，香港佛教聯合會成立，舉行盛大成立典禮，日華僧侶踴躍出席。席間，由宇津木二秀宣讀宣言，繼由華僧代表葦菴法師及華商代表葉蘭泉致詞。

1943年6月，日本真言宗大本山護國寺貫主佐佐木教純（Rev. Sasaki Kyoujun）大僧正等六人組成「中華巡錫團」訪問「南京（汪偽）國民政府」及潮汕粵等地後來港弘法。18日先在海軍下士俱樂部舉行「慰靈祭」；19日於大坑真言宗居士林主持灌頂大會，是日日華高僧信徒臨壇施禮者甚眾；23日，佐佐木僧正在日本俱樂部舉行「中國之真言密教」講座，內容主要是簡述密教歷史、日本密教之宗旨等等。[13]

1943年，日蓮法華宗香港日本山妙法寺鑑於禮頓山是「香港攻略戰時

11　該塔於1947年2月被炸平。詳《香港日報》，香港，民國三十二年（1943年）四月二十一日。

12　《香港日報》，香港，民國三十二年（1943年）二月廿六日。

13　《香港日報》，香港，民國三十二年（1943年）六月二十一及二十二日。

日本真言宗大德佐佐木教純在港舉行灌頂

激戰之地」，特於此瓦礫之間建立一座「東洋文化精神結晶之舍利塔」，
並與「香港神社」及「忠靈塔」同屹於銅鑼灣一帶，成為「香港三大靈勝
之地」。該寺先在禮頓山建築臨時性之舍利塔，塔身樓高兩層，上階安奉
「靈寶佛舍利」，地階則為該寺僧侶食宿誦經之所。[14]

　　同年9月9日下午，該寺舉行「興肆佛舍利塔發願式典」，由總督磯谷
廉介主持靈骨奉安儀式。是日出席者共數百人，包括總督部各級官員，另
有華民代表羅旭龢、陳廉伯等等。大會於五時三十分舉行，磯谷廉介奉持
佛舍利到寺，並親自將舍利安奉塔內，經眾僧誦經後，磯谷廉介再奉讀發

14　《香島日報》，香港，民國三十二年（1943年）九月八日。

願文。[15] 接着各長官及代表依次燒香、擊鼓唱題，續由日本山妙法寺大僧正藤井日達宣讀普告迴向，典禮遂告圓滿。

10月2日，日本山妙法寺為「慶祝皇軍武運長久」舉行「戰勝祈願會」，並於晚上率領信眾「提燈巡行市街」，沿途擊鼓唱題祝禱。[16]

1944年7月，日本佛教團體組成「香港佛教會」，對內「團結」教內力量，對外代表全港佛教。該會成員包括：淨土真宗（東本願寺及西本願寺）、真言宗、日蓮宗及曹洞宗四大日本佛教宗派。

另外，日治時期尚有「大乘」佛教徒，每日清晨在九龍的總督部出發，向港九各地遊行，沿途敲打小鼓，以祈念「新香港」之安泰。

總之，在日治時期本港之佛教活動近乎全部皆由日本佛教團體所興事，而該等團體亦多配合日軍宗教懷柔方針，每遇日本節日及軍政紀念日更主動籌備相關祝禱活動，藉以從思想文化方面徹底更改港人之反日意志。

直至1945年8月15日，日皇宣佈投降。翌日，西本願寺為留港日人舉行「盂蘭盆會」。同月25日，該寺在九龍香取通一三六號「英靈奉安所」舉行最後一次之「英靈奉安式」。隨着日軍的撤退，日僧亦結束在港經營的佛教社團返國，而日僧舉行之各類活動至此全面結束。

---

15 舍利塔發願典禮上，磯谷廉介所讀之願文，實為研究日治時期，日軍在港推行「宗教懷柔政策」之重要資料，故將該文附後：「曩者緬甸高僧托藤井日達贈余釋迦牟尼佛真身舍利，非余可妄以自私者也。竊以為宜永留於香港，誓以十億一心，興隆東亞之願，而使眾生普浴其功德焉。茲擇重陽佳節，正當緬甸建國之年，並相定香港島稍近中央地址，亦即香港攻略戰時戰跡斑然之禮頓山，為建立寶塔之處。而關於完成工作，則託日本山妙法寺經營之，冀望在此向以物質為萬能之香港，行一衣一鼓之正法力，將來普渡眾生，以無形莊嚴之寶塔。至寶塔完成之日，亦即大東亞戰爭完竣之時，此所以奉納佛舍利於當日戰蹟餘痕，半壁堂宇破瓦之中也。

余對於振興被白人壓迫之東亞各民族，及經營東亞要樞之香港，久已抱有決心，今以菲才拜受香港占領地總督之命，夙夜努力於聖口之完遂，以期貢獻於東亞共榮圈之確立。故當今戰事進行中，先有建設忠靈塔之舉，繼興營造香港神社之議，茲更發願建立佛舍利塔，皆有所因也。夫余之本願，不論宗派，不問人種，在乎普遍教化十億民心，務求達到和樂之淨土，以期完成大東亞戰爭之目的，大東亞之興隆，其庶幾乎。茲謹以至誠，誓願建立香港佛舍利寶塔。皇紀一千六百三年九月九日。香港占領地總督磯谷廉介。」

16 《香港日報》，香港，民國三十二年（1943年）二月廿六日。。

光復初期之香港佛教

1945年8月，以美國為首的盟軍向日本的廣島及長崎投擲原子彈，同月15日，裕仁天皇宣佈向盟軍無條件投降。香港結束三年零八個月的痛苦歲月，未幾重歸英國殖民統治。

和平後，佛教人士又漸漸回復戰前之佛教活動，然而就當時的社會情況，百廢待興，急需救濟，故戰後初期之佛教發展，以復興道場和慈善事業為主。

甲　佛教機構之成立

一、香港佛教聯合會

日治時期由日本來港興建「東本願寺」的日僧宇津木二秀，深怕日本軍政府投降後，港府以「敵產」名義沒收寺宇，將寺產契約轉贈本港佛教聞人陳靜濤、林楞真等居士，要求以「香港佛教聯合會」名義接收並須承諾產業只作佛教事業用途。未幾，陳靜濤、林楞真發起成立包括四眾弟子的「香港佛教聯合會」，向政府華民政務處重新註冊為認可之佛教社團。成立當日舉行歡宴，席間理事筱可法師致詞：「⋯⋯溯自戰爭發動以來，全世界悉陷入恐怖危難之中。數年之內，死亡於炮火飢寒疾疫者，何可數計？此皆吾人身所經歷，其悲慘情狀，難以盡言。今雖大戰告終，而毒素未清，國共問題又起，何難一髮牽動全身？思之不寒而慄！其中原因雖

多，要不外功利思想太重，缺乏慈悲之心而已。今欲挽斯劫運，捨宏闡佛法，實無他途……佛法自入中國，業千餘載，傳佈方域甚廣，而能具體貫徹始終表彰於世者實鮮。率皆取粗遺精，淺嘗輒止，餘或疑鬼疑神，甚且斥為迷信，盲傳誤解，所在多是，終莫識廬山真面，至理湮沒，大教銷沉，可慨也已。敝會同人，有鑑於此，聯合佛門緇素，竊欲上宏佛法，運無緣之慈，下濟群生，興同體之悲。顧願宏力弱，深虞隕越，切望在座諸君，加之指導，協助推動，登斯民於衽席，致世界於大同，皆諸君之所賜也。同人不敏，曷勝馨香以祝諸君福慧無量。」言詞頗能反映佛教聯合會的宗旨與使命。[17]

佛聯會初行理事制度，創會理事有：筏可和尚（理事長）、茂峰法師、茂芬法師、優曇法師、覺光法師、浣清法師、海山法師、瑞融法師、靄亭

日僧宇津木二秀贈筏可和尚對聯

<hr>

17　〈佛教會成立歡宴來賓致辭〉，載《棲雲文集》（香港：東蓮覺苑，1948），頁18。

法師、仁波法師、宏智法師、慈祥法師、陳靜濤、王學仁、林楞真各人。[18]

1945年10月，該會將灣仔東本願寺大樓改作中華佛教學校，免費為貧苦學童提供教育。由陳靜濤任校長，另聘兩位教職員，如是三人分教一、二年級，時約一百數十名學生；另外，又請曾福初醫生協助，在學校二樓開設西醫贈醫施藥處，提供醫療服務。

佛聯會成立初期，只佔用中華佛教學校二樓半層作為會址，後來學校迅速發展，於是會址暫借東蓮覺苑作為事務處，凡開會議事，佛事聚會均移師該處舉行，「其時通知各會員、理事開會均用油墨印刷便條，找人各處傳遞。」[19] 直到1966年，才購入灣仔洛克道338號現址，會務亦日漸興盛。

1954年8月，佛聯會擬配合發展需要，召開會議商討擬將理事制改為董事制，[20] 經過兩年籌備，正式於1956年5月通過改制。至1959年4月，以公司法註冊，並獲政府批准豁免使用「公司」兩字。自此以後，佛聯會便以現代管理模式營運。

二、佛教團體之成立與慈善工作

光復後百廢待興，各道場積極規復佛法，振慰人心外，並作各項賑濟慈善活動。團體發展方面，1945年秋，佛聯會成立。繼有覺光法師[21] 接收原日寶靜法師位於粉嶺的靜廬改為「寶公紀念堂」。同年10月，又在陳靜濤、王學仁之協助下，為紹傳天台宗教觀，於跑馬地成立香海正覺蓮社，

18　《香港佛教聯合會會刊暨創立五十週年金禧紀念特刊》（香港：香港佛教聯合會，1995），頁98。

19　同註18，頁155。

20　詳《無盡燈》，第四卷第二期、第五卷第九期（無盡燈社）。

21　覺光法師（1919－2014），遼寧營口人，俗姓谷。六歲時因病重而被送往寺院出家，十一歲圓戒後入讀浙江寧波觀宗學社達九年。1939年來港入讀「弘法精舍佛學院」。後因戰事影響而避居桂林。戰後回港接收粉嶺靜廬及組織正覺蓮社，旋任佛教聯合會董事。1960年與元果法師及松泉法師合力出版《香港佛教》雜誌。1965年起出任佛聯會會長，達五十年。2007及2013年，先後獲特區政府頒授金紫荊獎章及大紫荊勳章。

聚眾修持。

1947年秋，寶蓮寺復辦傳戒，一度終斷九年之戒壇再度重開。而大嶼山鹿湖的覺修（1946）、同修（1947），亦於戰後兩年內創立。[22]

社會慈善方面，最先有慈祥尼師將自修之精舍闢為大光義學，為區內學童提供教育，所有開支皆由大光園支付。1946年，寶蓮寺的筏可和尚兼任青山禪院住持，在青山楊小坑復辦青山佛教學校。當時收生近八十名，請來黃章及商靜波任教，隨着學生增加，於是向政府申請為津貼學校；[23] 1948年，志蓮淨苑在苑側辦志蓮義學；大埔半春園的黃筱煒親辦佛教耀山學校於九龍城嘉林邊道。翌年，香海蓮社亦辦香海蓮社義學。

以上皆為重光初期至1950年間，香港佛教之基本情況。

慈祥法師自資創辦大光義學

22 明慧法師：《大嶼山誌》，〈梵刹〉一章。

23 《香港佛教》，香港佛教雜誌社，第54期，1964年9月。

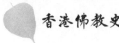

青山佛教學校的筏可紀念禮堂

乙 北僧南移的情況與影響

一、北僧南移的原因與情況

抗戰勝利後，中國社會尚未復原，旋即陷入內戰。戰事由華北開始，逐漸向南方蔓延，國內百姓一批接一批逃避至香港，當中既有知識份子、商人、醫生，亦有不少佛教僧尼。

1948年4月，先有倓虛法師逃避華北戰禍來港，初住正覺蓮社。翌年，「中原軍事突變，共產黨軍於四月攻入南京，十月攻下廣州，奄有大陸，在北京成立人民政府。當時國內情形騷動，群向南移，香港驟增人口一百餘萬，其中有僧尼不少。初以為共產黨敵視宗教者，遂多逃避，出家人來香港者不下二千眾，其籍貫尤以北省居多。」[24]

24　同註1，頁18。

　　隨着國內局勢惡化，全國各地僧侶陸續湧來。初時，散居港九、新界各地佛寺，而部分精舍靜室亦廣開方便之門，歡迎掛單。但仍有不少僧尼因人地生疏，「日則流浪街頭，夜則棲息無所」。有見及此，荃灣東普陀寺之茂峰法師[25]，決定海單接眾。[26]

　　當時，東普陀之經濟亦非寬裕，寺內「香積（廚房）幾無隔日之糧，庫中不及百元之蓄，目下數十清眾，已難維持」。但面對一批又一批南來的移民僧，茂峰法師以廣大悲心，一一接收，來者不拒。當被問到如何應付難關，茂峰法師道：「我無計，但憑一片悲心耳！一莖草葉一滴露，一個

有「慈悲王」之譽的茂峰法師（左）

25　茂峰法師（1888－1964），俗姓李，廣西博白人。少習科舉。1913年出家，事師諦閑法師，專習天台。1924年赴台灣靈泉寺弘法，廣作佛事，曾獲日本「曹洞宗佈教師」及「金縷紫袈裟」之榮譽。1928年應請來港講經，得以留港發展。1932年於荃灣購地建寺。戰時，日軍滋擾荃灣鄉民，茂峰法師身穿金縷紫袈裟護衛民眾，使日軍有所避忌；戰後又廣開方便大門，接引北來僧眾，因此深獲教界全寅感戴敬重，尊稱「慈悲王」。茂峰法師歷任佛教聯合會創會理事、理事長等職。1964年，響應佛聯會籌募佛教醫院經費，親身主持清明法會，於期間圓寂，為法亡軀。

26　同註1，頁19。

羅漢一個齋。」風聞所及，來山掛單者竟達二千多人。法師亦親自削木架搭茅舍四、五所，盡力安頓。因受法師平等無私之德行感染，四方善信亦盡己力，資助白米糧食，衣衫棉被，頗能解決燃眉之急。同年五月，東普陀重修落成，請來諸山長老到山開光，來港主持法會的虛雲老和尚更藉機呼籲：「中原多事，僧眾南來，食住維艱，病無醫藥，境況甚苦。幸東普陀茂峰法師，發大願力，海單接眾，使流亡者得以安身，汝等以財物供養我，不如轉送東普陀供眾，功不唐捐。」[27] 自此以後，不再有僧尼流落街頭。由於茂峰法師的慈悲德行，令無數僧尼得以安身，因此在香港佛教界內獲得「慈悲王」的美譽，至今仍為人景仰樂道。

二、北僧南移後之發展

四十年代末期的北方僧侶南來香港，大多以香港社會穩定，意欲長期居留；亦有以香港對外交通便利，作為出國之中轉站。當時，北僧到港後，散居港九各處，攜有旅費或與寺院有淵緣者，自有棲息之處；至於一般僧侶則到東普陀寺、竹林禪院、寶蓮禪寺、鹿野苑、青山寺等地掛單；另外，亦有一批青年僧侶到荃灣弘法精舍就讀「華南學佛院」。

當年來港僧尼不在少數。他們千里投奔，於徬徨無助之際，在茂峰法師仁德感召下，大小寺院都樂予接濟，令所有的移民僧都得以容身。四眾同人發揮同舟共濟的精神，結果，這蕞爾小島吸納了來自全國各地的佛教人材和先進學者，他們在港進修或協助弘法，漸漸在香港落地生根，茲列一表簡述：

27　同註1，頁20。

表6 內戰後期來港僧眾及其弘法概況簡表[28]

法　名	來港日期	掛單地點	發　展
培德法師	1948年	東普陀寺	1957年於荃灣老圍建安養精舍
聖懷法師	1948年	華南學佛院	就讀佛學院，協助倓虛法師弘法
智開法師	1948年	華南學佛院	就讀佛學院，協助倓虛法師弘法
永惺法師	1948年	華南學佛院	就讀佛學院，協助倓虛法師弘法
淨真法師	1948年	華南學佛院	就讀佛學院，協助定西法師弘法
大光法師	1948年	華南學佛院	就讀佛學院，協助倓虛法師弘法
智梵法師	1948年	華南學佛院	就讀佛學院，協助倓虛法師弘法
妙智法師	1948年	華南學佛院	就讀佛學院，協助倓虛法師弘法
寶燈法師	1948年	華南學佛院	就讀佛學院，協助倓虛法師弘法
洗塵法師	1948年－1949年間	東普陀寺	五十年於中環樓梯街辦妙法精舍 六十年代遷屯門藍地建妙法寺 1961年籌組佛教僧伽聯合會
金山法師			
夢生法師	1949年	東普陀寺	1964年接掌青山寺
了一法師	1949年	東普陀寺	1964年接掌東普陀寺
倫參法師	1949年	竹林禪院	1955年於荃灣芙蓉山建觀音巖 1957年辦佛教慈濟中醫贈診所
樂果法師	1949年	弘法精舍	1949年任教華南學佛院 1954年接手覺世佛學會改為十方大佛寺 1958年創性聞精舍於北帝街
定西法師	1949年	弘法精舍	1949年任教華南學佛院 1952年於芙蓉山建東林淨舍
明觀法師	1949年	竹林禪院／寶蓮禪寺	先後任竹林禪院及寶蓮禪寺首座 1956年於老圍建東覺禪林
法藏法師	1949年	華南學佛院	就讀佛學院，協助倓虛法師弘法
樂渡法師	1949年	華南學佛院	就讀佛學院，協助倓虛法師弘法
濟濤法師	1949年	華南學佛院	就讀佛學院，協助倓虛法師弘法
圓智法師	1949年	華南學佛院	就讀佛學院，協助倓虛法師弘法
佛瑩尼師	1949年	東普陀寺	五十年代建幻跡山林佛堂於老圍

28　該表只列舉五十年代以後對香港佛教發展較重要之人物。

(續上表)

法　名	來港日期	掛單地點	發　展
湯雪筠	1949年	竹林禪院	是年出家，法號融熙 新亞書院教授佛學、晚年至馬來西亞弘法
敏智法師	1949年	不詳	曾任正心佛學院教務長，又於東涌自設內明佛學院。1973年往美國弘法，任美國佛教會會長及創立世界佛教中心等
誠祥法師	1949年	華南學佛院	就讀佛學院，協助倓虛法師弘法
性空法師	1949年	華南學佛院	就讀佛學院，協助倓虛法師弘法
寬宗法師	1949年	不詳	1960年改道觀為香海慈航
度輪法師	1949年	不詳	1949年來港，未幾前往泰國 1951年於筲箕灣創辦西樂園 1960年於北角辦香港佛教講堂 後往美國弘法，建立萬佛城
暢懷法師	1949年	東普陀寺 華南學佛院	就讀佛學院，協助倓虛法師弘法
印順法師	1949年	寶蓮禪寺 / 粉嶺識廬	在港成立「太虛大師出版委員會」，出版《太虛大師全書》 1952年7月出席佛教國際會議後移居台灣
妙蓮法師	1949年	屯門尸羅精舍	建立佛慈淨寺 1981年移居台灣，創靈巖山寺 1992年在皇后大道東設立分會
融靈法師	1949年	東普陀寺	1965年接掌大嶼山觀音寺

　　此表所列，反映移民僧自五十年代起，在港營建寺院，或接掌道場，令本港寺宇數量迅速增長，影響力可見一斑。

三、倓虛法師興辦佛學院

（一）興辦緣起與教學情況

　　華南學佛院是香港佛教史上最為重要之僧校，由當世天台宗泰斗倓虛法師來港興辦。倓虛法師，河北省寧河縣人。以行醫為業，四十三歲方悟

國共內戰期間來港的大德（左二起：智開法師、妙蓮法師、洗塵法師）

倓虛老和尚

道出家。1917年依止天台宗諦閑法師受具足戒[29]，隨即入讀觀宗學社，專習
天台教觀。經三年畢業，對四明宗學、《法華》、《楞嚴》，頗有心得，
諦老對之期許甚深，曾以「虎豹生來自不群」稱譽，並傳法為天台宗第

---

29 具足戒乃出家佛弟子所應受持之戒律，凡受此戒者即成正式比丘、比丘尼。

四十四世傳人。[30] 其後二十多年在華北地區弘法，創建道場，當中最著名的有：營口楞嚴寺、哈爾濱極樂寺、長春般若寺、天津大悲院、青島極樂寺等二十多所，「於是關東之佛法，得師弘而始大盛」。[31] 經倓虛法師開辦及接辦的佛學院達十三間，並親身教授佛學、培養僧材，對僧伽教育及佛教復興，有難以形容的貢獻，久為教內外人士推崇。

1948年4月，受國共內戰影響所及，倓虛法師來港，與本港佛教人士議定，興辦僧校，定名「華南學佛院」。學院由葉恭綽、樓望纘、王學仁、林楞真、黃杰雲組成的五人董事會管理，葉恭綽及樓望纘負責常年開支，其餘三人則處理院務。又請倓虛法師任院長兼主講。1949年，倓虛法師請來當年同在東北弘法的定西法師及樂果法師擔任助教。經兩年籌備，眾緣成熟，在1950年正式開課，[32] 以三年為一屆。當時原擬招收學僧十名，但北方僧眾大批湧來，經倓虛法師向董事會申請，最終錄取學僧二十一名，主要是來自華北等地之移民僧。課程方面，以佛學為主，凡楞嚴、唯識、止觀、淨土皆有涉獵，又旁及國學、歷史、地理、醫學等科目。[33]

當時，香港的社會仍未復甦，佛學院亦慘淡經營，每月經費達1000元，後來更增至1300元。因此學僧們在課餘之外，便落田種菜、登山砍柴、擔糞施肥，以節省開支。開校一年，費用達一萬八千元，均由葉恭綽、樓能崇、吳蘊齋、江上達四人平均分擔。後來葉、樓二人離港，學院經費遂成困難，[34] 最後議定，籌措八百元購買六部手搖織襪機，自行生產織襪。又請東蓮覺苑八姑來校指導學僧針織洗熨等技術。學僧們同心合

30　詳〈傳天台宗第四十四世上倓下虛衛公舍利塔銘〉，立於西貢湛山寺倓虛法師舍利塔。

31　同註30。

32　詳見《倓虛法師紀念專刊》，《香港佛教》，第43期，1963年12月。

33　倓虛法師：〈華南學佛院第一屆學僧畢業典禮致詞〉；〈二十年來的香港佛教教育〉，載《大光老和尚圓寂二週年紀念集——二十年來的佛教》（香港：千華蓮社，1999），頁32。

34　倓虛法師撰〈華南學佛院第一屆學僧畢業典禮致詞〉一文。

力，半工半讀，每星期生產十餘對襪。[35] 雖然如此，學院經濟依然拮据，而南來求學僧侶，卻源源不絕。最後，得吳蘊齋、江上達及四眾全人熱心協助，議定每年啟建水陸法會一次，以善信附薦先靈的功德金募集教學經費，於是學院得以維持。學僧除讀書、兼職外，亦擔任出版工作。早於戰時，上海佛學書局出版《諦閑法師遺集》多種，但錯誤甚多，倓虛法師與葉恭綽、蔣維喬為弘法兼報師恩，於是在學院內自組出版社。最先得葉恭綽捐出一千元，經數月後又得中華書局的吳叔同捐贈照鏡印刷機一台，學僧們自發學習印刷，奈何印刷機太小，每次印出篇幅有限，加上學僧初習排版，操作未熟，初時的出版事業實在相當困難。後來增添一台「六度印刷機」，又加裝電燈、摩打，印刷工作便逐漸順利。經一年半時間，將洋

1955年華南學佛院第二屆畢業

35　樂渡法師：〈追憶恩師，略敘創辦華南學佛院之經過〉，載《倓虛大師追思錄》（香港：香港佛經流通處，1974），頁60－71。

洋百萬字之《諦閑大師遺集》出版，印行一千部，共萬餘巨冊。

1952年，學僧學業期滿，3月舉行畢業禮。此時，黃杰雲、王學仁相繼往生，倓虛法師提出請辭，經董事會懇切挽留，答允繼續任教。同年招收第二屆學生，亦有廿多人。其經費來源及教學內容，與第一屆大同小異。至1954年3月，第二屆學僧亦告結業。此時學院的財政已不成問題，但因北僧來港的人潮已過，許多原欲就讀的學僧，亦已赴海內外弘法，學院因缺乏學僧而結束辦學。

（二）學佛院之影響

倓虛法師在東北興教辦學凡二十七年，其中親手所創立之佛學院，連香港的共九間，[36] 培養出來的僧眾達千多人。其辦學方向、質量、經驗與貢獻，在近代中國佛教界絕對是首屈一指的人物。倓虛法師南來定居，同時亦將辦學的精神與經驗引進來港。在苦難的時代，為中國佛教的存亡保留了最後一線的生機。

儘管佛學院辦了兩屆便停辦，但培養出來的四十位學僧，在往後的數十年間，在港九各處建立道場社團，興辦種種事業，為本地佛教帶來了極大的人力資源，對香港佛教能在戰後十年迅速傳播，起了關鍵的作用。這可從表7之「華南學佛院部分學僧之弘法概況簡表」中反映了大概情況。例如1960年成立的佛教僧伽聯合會，由創會的中堅份子以至日後的董事成員，大多源自華南學佛院。而該會興辦的教育事業，包括佛教英文書院（即後來的能仁書院），都是華南學佛院學僧們延續倓虛法師教育精神的具體表現。

另一方面，倓虛法師是天台宗大宗師，故華南學佛院的課程，自不免

36　大光法師記述：《影塵回憶錄》（香港：華南學佛院，1955），頁224，〈天台宗創辦佛學院一覽表〉。

以天台教觀為課程骨幹。學僧受教於倓虛法師，口耳面受，長期浸淫在教觀之中，漸漸成為一批天台宗的中堅份子。部分學僧如：大光、永惺、智梵、寶燈、法藏諸師，更得倓虛法師傳法。隨着學僧們各自建立道場，屬於天台宗的道場、徒眾以及各類與天台教義有關的弘法活動，[37] 便廣泛傳播，成為香港各種宗派中，影響力最廣、最強的宗派。據《天台宗教學史》所載，在本港與天台宗有關的道場多達一百八十餘所，佔全港寺院總數之一半。[38]

　　自1949年以後的三十年間，中國的宗教界面對重重衝擊，各個宗教只能維持最低限度的存續。戰前，倓虛法師在東北辛苦經營的多所天台宗寺院，受到連串的政治運動影響，台宗法脈已經斷絕多時。1991年，倓老門人寶燈法師返回青島湛山寺祖庭，為該寺方丈明哲大和尚傳法，將台宗法乳反哺中原，以延續中國境內之教觀法脈。[39] 可見，華南學佛院的影響不特促進香港佛教發展，同時為中國佛教（尤其是天台宗內部）的存亡，保存了最後的生機。結果，令台宗在香港得到茁壯發展，並以香港為「基地」，將台宗教法傳播至世界。

37　諸如念佛、禮懺，均為天台宗的教義，而經常開講及印發之經典如：《妙法蓮華經》、《楞嚴經》……皆為天台宗之根本經典。

38　慧岳法師：《天台宗教學史》（台灣：中華佛教文獻編撰社，2003年11月第8次印），頁351。

39　見西貢湛山寺後山之〈香港湛山寺寶燈大和尚事略〉碑，1997年。

表7 華南學佛院部分學僧之弘法概況簡表

法　名	弘法情況
聖懷法師	1961年於跑馬地成和道設弘化蓮社
智開法師	1956年與嚴寬祜創辦佛經流通處
永惺法師	1965年組織菩提學會 1973於老圍創西方寺 歷任佛教聯合會董事、副會長
淨真法師	接掌東林念佛堂，任第六任住持
大光法師	約1957年創普陀寺於調景嶺，開辦觀音學校 六十年代於銅鑼灣開設千華蓮社 後於南洋弘法 歷任佛教聯合會董事
智梵法師	1955年於屯門建極樂寺 後於加拿大弘法 先後任僧伽會董事、會長
妙智法師	1960年接任大佛寺住持 1966年於鹿湖建延慶寺
寶燈法師	1964年於西貢建湛山寺 先後出任僧伽會副會長、會長
法藏法師	1962年接掌大嶼山慈興寺
樂渡法師	1959年於九華徑創天台精舍
圓智法師	1960年辦文殊院 [40]
濟濤法師	協助定西法師開創東林淨舍，擔任監院 1956年接掌住持
妙境法師	後於美國弘法
性空法師 誠祥法師	1967年往加拿大弘法，成立加拿大佛教會
河清法師	後於慈雲山創建法藏寺
暢懷法師	接掌天台精舍及中華佛教圖書館 創辦佛教青年協會 先後出任僧伽會董事、代會長，能仁書院校監

40　1949年，圓智法師南來入讀華南學佛院。兩年後，因肺病復發，病骨支離，不得已退學，在弘法精舍療養。1960年，有黃玉靖居士同情其病況，為他購入一單位讓其安心養病。後來，圓智法師病癒，將該處闢為佛堂，名「文殊院」，隨機弘化。

五十年代佛教團體之興起與活動

甲　新辦佛教團體

　　五十年代，隨着佛教人士對社會事業的參與程度增加，不少道場和新式的佛學團體，亦在市區創立，並展開各種弘法活動。

一、世界佛教友誼會港澳區分會

　　1950年，法舫法師在錫蘭成立世界佛教友誼總會，[41] 隨即致函香港佛教人士陳靜濤、王學仁、馮公夏等，倡議在港成立分會。至1952年5月起，佛教人士在屯門清涼法苑召開「世界佛教友誼會港澳區分會籌備會」。7月正式成立，大眾舉推印順法師為首任會長，陳靜濤、王學仁、馮公夏、林楞真為副會長。[42] 該會又以加強各國

世佛會會員註冊證

41　法舫法師（1904－1951），俗姓王，河北石家莊人。十七歲感念身世孤苦而出家。翌年入讀武昌佛學院，被太虛大師引為入室弟子，委任其擔任世界佛學苑籌備處書記、柏林教理院監學、漢藏教理院講師及《海潮音》月刊主編。1941年，奉太虛大師指赴東亞各地傳教並於印度國際大學就讀巴利文四年。太虛大師圓寂，原定回國接任武昌佛學院院長，因內戰而南下廣州，再經香港赴錫蘭。1950年，赴錫蘭召開的第一屆世界佛教友誼會大會，會後應聘錫蘭國立大學佛學教授。翌年十月，因突發性腦溢血而圓寂。

42　見《無盡燈》，第二期（香港：無盡燈社）。

會員之溝通，團結一致，弘揚佛法，達致世界和平為宗旨。

同年9月25日，世界佛教友誼大會在日本東京（Tokyo）召開。在18日，先有新加坡、檳城、錫蘭佛教徒經港赴日，在留港訪問期間，香港信眾熱烈歡迎，由陳靜濤代表接待。其後各屆之世界佛教大會，本港分會都派出代表出席，而外國會員亦不時來港訪問。

表8 「世佛會」與各地友好之交流簡表[43]

日　期	事　項
1954年6月18日至20日	日本佛教徒「東南亞訪問團」經港返日，由世佛會接待
同年12月3日至16日	出席緬甸仰光（Rangoon）舉行之「世界佛教友誼會第三屆佛教大會」
1955年4月21日及22日	世界佛教聯誼總會會長馬拉喇錫克拉博士（Dr. G..P. Malalasekera）訪港，由世佛會接待 22日在東蓮覺苑演講「世界佛教情況」
1956年11月15日至21日	馮公夏、顏世亮、韋達等代表出席尼泊爾加德滿都（Kathmandu）舉行之「世界佛教友誼會第四屆佛教大會」
1958年11月24日至30日	筏可法師、茂蕊法師、嚴寬祜等代表出席泰國曼谷（Bangkok）「世佛會第五屆大會」

「世佛會」除了出席國際會議外，亦定期在大會堂開設佛學講座，內容包括基礎佛學、經典教義、佛學問答等，來參聽者大不乏人，至今亦繼續舉辦。

---

43 附表只擇錄五十年代世佛會之活動情況，以窺一二。詳見《無盡燈》，第三卷四期、第四卷二期、第四卷五期、第五卷十二期（香港：無盡燈社）。

二、金剛乘學會

1953年7月15日，長期修習藏傳密宗之劉銳之[44]、李世華、高大添、謝卓如等人，借用「宇宙會所」作籌備處，成立「金剛乘學會」，欲請貢噶上師（Ven. Gangkar Rinpoche）來港領導。未幾，貢噶上師圓寂，該會邀請其弟子張澄基博士來港，並舉行法會傳授「大手印法」，同時又在東蓮覺苑作通俗演講。1955年，該會舉行「大圓滿心中心灌頂」，翌年秋再舉行「時輪金剛四灌」，是戰後最早之密法灌頂法會。

1959年，該會在張澄基博士鼓勵下，由劉銳之前往印度噶林邦（Kalimpong）謁拜寧瑪派[45]敦珠法王（H. H. Dudjom Rinpoche）請求密

劉銳之上師登壇修法（鳴謝金剛乘學會授權刊登）

44　劉銳之（1914－1997），名其鈍，廣東東莞人。七歲來港，十五歲因兩母病重而發心皈依真言宗，得黎乙真阿闍黎傳授灌頂，其後隨多位上師修習藏傳密法。戰後在港成立金剛乘學會，至1959年遠赴印度向敦珠法王求授「大圓滿」等法，此後專弘寧瑪派教義，又致力藏經之翻譯，著述甚豐。

45　寧瑪派（Nyingma）為藏語「寧瑪巴」之轉稱，有古舊之意。該派由蓮花生大士（Padmasambhava）於公元八世紀中創立，是藏傳佛教四大派之一，後世通稱為「紅教」。

法。[46] 自此，金剛乘學會主力弘揚寧瑪巴教法。1975年起，該會先後在台灣及澳門成立五所分會，均以香港為「基地」。

該會成立初時，以堅道56號地下，即會長李世華祖居為會址。翌年9月，遷至九龍洗衣街139號16樓，[47] 擴充運作，後再遷北角英皇道及灣仔克街。該會又自組金剛乘出版社，[48] 編刊密宗書籍，其中之《西藏密宗初階》（四冊），是修學密教的入門指導。另外又印行三輯之《金剛乘全書》，將該會所珍藏之密乘佛書譯本彙集出版，既將甚深密法流通，亦便利學人深造。1979年起編刊《金剛乘季刊》，為本港首份藏傳佛教期刊。從其出版之密乘書籍清單，足見該會在弘播密教方面之努力。

金剛乘學會出版之書籍：

1. 《西藏古代佛教史》

2. 《佛經選要》

3. 《敦珠寧波車訪問香港》

4. 《西藏密宗靜坐法概説》

5. 《西藏密宗靜坐法詳釋》

6. 《西藏密宗靜坐法廣論》

7. 《密宗源流簡述》

8. 《諸家大手印比較研究》

9. 《戒定慧之抉擇》

10. 《西藏密宗初階》

11. 《心經密義闡述》

12. 《佛學十八講》

46　當時，敦珠法王傳予金剛薩埵灌頂（全套修法）、無上密乘教傳派金剛薩埵靜念大幻化網本續灌頂傳承、靜念摧壞巖出近傳承，皆敦珠法王從未傳予他人之珍貴密法。詳見劉鋭之：〈回顧與前瞻〉，載《金剛乘學會三十五週年紀念特刊》（香港：金剛乘學會，1988），頁9-24。

47　洗衣街會址，又稱作「敦珠精舍」，以感念敦珠法王。

48　金剛乘出版社在台灣註冊，社址亦設於台灣之金剛乘分會之內。

13. 《顯密彙集》

14. 《敦珠寧波車降生傳記》

15. 《大幻化網導引法科判》

16. 《現觀莊嚴論科判》

17. 《印度佛教史之神通》

18. 《無上密乘修持三要冊》

19. 《佛教對漢土文化之影響》

20. 《密宗道次第略科及各大要簡述》

21. 《金字塔、生法宮比較研究》

22. 《西藏古代佛教史提要及西藏密宗編年》

23. 《Tibetan Buddhist Meditation-A Systematic Analysis》

24. 《梵漢藏文合璧聖妙吉祥真實名經》

25. 《金剛乘全集》（三輯）

金剛乘全集第一輯	金剛乘全集第二輯	金剛乘全集第三輯
《菩提正道菩薩戒論》	《大乘要道密集》	《密咒道次第》
《大圓滿龍欽心髓前行引導文》	《大圓滿無上智廣大心要》	《外內宗義略論》
《俱生契合深導了義海心要》	《賢劫千佛名號讚》	《西藏寧瑪巴法源歷史讚》
《諸家大手印比較研究》	《大幻化網導引法》	《大圓滿虛幻休息妙車疏》
《菩提道次第廣論》	《菩提道次第訣要》	《仰兌》

　　金剛乘學會是戰後首個傳揚藏傳密宗的佛教團體，該會由組織至管理運作，皆由劉銳之上師親身帶領，一方面規定弟子嚴守戒律，又訂定修學次第，使之按部就班，逐級遞進；另一方面廣作公開演講及教授密乘靜坐法等，使港人習密者與日俱增。

三、佛經流通處

　　五十年代，市民接觸佛教的機會多了，卻未有固定流通佛書的地方，於是有茂蕊法師、嚴寬祜[49]等人成立佛經流通處，經營佛書法物之買賣。初時借用文咸西街42號3樓作為通訊處。該處流通之佛書種類極廣，除於本地提供經書法物之外，東亞各地亦因缺乏漢傳佛教物資，皆向香港佛經流通處落單應購。他們先郵寄購書信函，待流通處覆函數量價格等資料後，便透過在港之相熟店舖如金飾店等代為匯款過帳，完成交易。[50]

　　在五十年代，文教仍未普及的環境下，香港佛經流通處為本港及東南亞各地的佛教團體與信眾提供經書和法物，是重要的佛教傳播中心。

佛經流通處訂單覆郵

49　嚴邦祜（1924－2014），廣東汕頭人。年青時加入覺世佛學會，後皈依虛雲老和尚，號寬祜。年約二十，於汕頭從事商貿。1951年避難香港，成立「利生公司」經營出口貿易，生意涉及泰國、新馬等地。嚴寬祜於辦公室樓上設立「佛經流通處」，員工薪資皆由利生公司支付。六十年代中後期，內地發生「文化大革命」，佛教經典被摧毀至極，嚴寬祜以「紙漿原料」名義向大陸收購出口。他從數以噸計的廢紙中搜集經書，曾挑出明版《南藏》及《北藏》，然後整理加工，編輯成冊，對經書之保存與流通，功德非淺。

50　依筆者所藏數百封五十年代之「佛經流通處交易信函」整理得知。

四、其他道場團體

戰後至1960年，尚有下列新辦之佛教道場與精舍：

度輪法師在筲箕灣創建西樂園寺

沙田萬佛寺晦思園舊貌

表9　五十年代新建佛教道場簡表

年　份	開創者	發　展
五十年代	佛瑩尼師	於荃灣老圍建幻跡山林佛堂
五十年代	仁常尼師	將軍澳馬游塘村創法源寺
五十年代	靜善尼師	於沙田排頭村98號創慧泉寺
五十年代	體敬法師	於屯門青山村132號創尸羅精舍 於九龍創立佛海蓮社
1950年	金山法師 洗塵法師	於中環樓梯街辦妙法精舍
1951年	月溪法師	沙田排頭村山頂創建萬佛寺
1951年	度輪法師	於筲箕灣設西樂園
1951年	本覺法師	於大嶼山薑山建西來意苑
1952年	定西法師	於荃灣芙蓉山建東林淨舍
1952年	霍仁生 堅持尼師	建妙香林於大嶼山昂平
1953年	海山法師	重修大嶼山觀音廟，易名觀音殿
1953年	吳潤江上師	於九龍成立諾那精舍

(續上表)

年　份	開創者	發　展
1954年	樂果法師	接手覺世佛學會，改為十方大佛寺
1955年	倫參法師	於荃灣芙蓉山建觀音巖
1955年	悟明法師	於大嶼山地塘仔創建寶林禪寺
1955年	奚則文等	成立香港佛教居士林
1955年	智梵法師	建極樂寺於屯門
1956年	明觀法師	於荃灣老圍建東覺禪林
1956年	淨安尼師	於大嶼山薑山靈隱寺側建提舍
1956年	元果法師 超塵法師	旅港閩僧於北角設福慧精舍
1956年	旭朗法師	於禮頓道44號9樓BC座創立普慧蓮社
約1957年	大光法師	建普陀寺於調景嶺
1957年	培德法師	於荃灣老圍建安養精舍
1958年	松泉法師	於百德新街55號6樓B創法雨精舍
1958年	倓虛法師	於九龍界限街144號3樓開設中華佛教圖書館
1958年	樂果法師	於九龍北帝街創性聞精舍
1959年	曉雲尼師	於旺角西洋菜街辦佛教文化藝術協會
1959年	樂渡法師	於九華徑創天台精舍
1960年	寬宗法師	於荃灣老圍改道觀為香海慈航
1960年	圓智法師	於北角錦屏街辦文殊院

乙　五十年代的佛教活動

一、佛教活動

　　五十年代，香港社會逐漸穩定，佛教活動亦漸見發達。1947年，東華三院再次邀請虛雲老和尚來港，主持平安法會，超薦戰時殉難先靈。法會假港島加路連山道南華體育會舉行，參加者頗眾。1950年7月，正覺蓮社

1947年虛雲老和尚應東華三院到港主持平安法會
（前排左起：覺光法師、倓虛老和尚、王學仁居士）

率先舉辦「週六念佛會」，以一百零八週為一屆。每屆結束後，舉行結業禮，由法師頒發證書及紀念品，事後又編印特刊，內容包括佛學文章及參與者之心聲等。

1954年3月，印度贈送佛陀舍利予日本，迎請團代表護送舍利，道經香港，在東蓮覺苑展覽數小時，本港佛教徒到碼頭恭迎並護送至東蓮覺苑。由於是本港史上首次之佛舍利展覽，前來瞻禮者極眾。[51]

1955年3月17日，佛教同人組成「太虛大師紀念會」，並決議興建紀念塔，隨即向政府申請，同年9月獲批准興建。[52] 復得南天竺住持茂蕊法師施予寺旁土地，紀念塔終在1961年落成。

1956年，是佛教創始人釋迦牟尼佛涅槃二千五百年紀念，[53] 世界各地均有慶祝活動。佛教聯合會於農曆四月初八日，租借樂聲戲院舉行「港九佛教同人聯合慶祝釋迦牟尼佛二千五百年聖誕大會」，全日逾二千人參加，

51　《無盡燈》，第三卷第三期（香港：無盡燈社）。

52　《無盡燈》，第五卷第一期（香港：無盡燈社）。

53　佛曆紀年，以釋迦牟尼圓寂該年起計算。但因流播的關係，各地之記錄皆有不同。現行所用者，乃1956年第四屆世界佛教友誼會會議，由與會各國代表共同訂定。

太虛大師舍利塔落成（前排右二：陳靜濤居士、明常老和尚；二排
右三：覺光法師、優曇法師、倓虛老和尚、王學仁居士、茂蕊法師）

是香港歷年來最大規模的佛誕活動。[54] 同月，緬甸駐港領事陳振富倡議本
港佛教徒建立佛塔一座。[55] 9月，東華三院為響應佛陀應化二千五百周年
紀念，在銅鑼灣加路連山道南華體育會辦「萬善緣勝會」水陸大法會，禮
懺誦經七個晝夜，「以超渡過往水陸罹災受難及歷年在三院病故之亡魂，
並為義學籌集建築經費」。[56] 大會誠請虛雲老和尚、倓虛法師、定西法師
等八十多位僧侶，分別主持內壇、大壇、淨土壇、法華壇、楞嚴壇、華嚴
壇、諸經壇、潮州壇，[57] 又特別邀請吐登喇嘛（Ven. Thubten Lama）主持密
宗壇，為本港所建水陸法會之首創。

　　大會內設置附薦正、副主緣；福、祿、壽、甲、乙、丙、丁主緣靈牌
若干，價錢由一萬元至五元不等，供各界善信隨喜參與。工商社團群來支
持，如：美孚火油站、瓊華酒家、金陵酒家、青松毛巾廠、惠民膠廠、端

54　《無盡燈》，第五卷第九期（香港：無盡燈社）。

55　同上註。

56　黃允畋：〈本院舉辦萬善緣勝會籌備經過〉，載《東華三院萬善緣勝會特刊》（香港：東華三院，
　　1956）。

57　同上註。

正中學、時來遮廠、嗇色園、樂善堂、志明電器行……分頭擔任附薦登記處，足見這次法會之盛大，成為五十年代另一佛教大事。[58]

1954年3月，融熙法師任教新亞書院大學部，主講「禪宗與佛教」，開創僧人在大學授課之先河。同年5月至8月，有十位讀者向《星島日報》發表文章，要求香港電台廣播佛教節目。[59] 一個月後，寶蓮禪寺舉行傳戒法會，出家授戒者多達三百人，為歷來最踴躍，反映社會大眾對認識佛教的渴求。[60]

1955年5月21日，佛聯會應香港政府邀請至「英國軍人墳場」進行宗教儀式，是有史以來佛教受官方邀請進行宗教活動之始，顯示西洋人對佛教亦漸有認識和信仰，同時反映佛教的社會地位也逐漸提高。

佛學研究方面，1952年，明常法師接掌大埔攝提精舍，決心舉辦佛學院，翌年開辦「正心佛學院」，供女眾研習佛學，以三年為一屆，[61] 請得陳靜濤為名譽院長，敏智法師出任教務。1954年，荃灣明常法師再在荃灣鹿

覺光法師（左二）等代表出席國殤墳場祝禱儀式

58　見「東華三院萬善緣勝會附薦簡章」。

59　見《無盡燈》，第三卷四期、第四卷一期（香港：無盡燈社）。

60　《寶蓮禪寺甲午年同戒錄》（香港：寶蓮禪寺，1954）。

61　正心佛學院於1956年六月初一日行首屆畢業禮，至此停辦。

野苑辦「棲霞佛學院」，只收取男眾學僧及居士，當時請來竺摩法師任副院長兼教務主任，超塵法師為訓育主任，一年後停辦。[62] 另外，五十年代尚有敏智法師在東涌辦「內明佛學院」、大光法師等人在銅鑼灣正民村123號辦「香港佛學院」。

佛書閱覽方面，倓虛法師有鑒於港九學佛人士日漸增加，欲研究佛學者，苦無經書可資參考，於是在界限街144號3樓設立「中華佛教圖書館」，又四出搜購七套藏經及三萬餘冊經書。籌備經年，圖書館於1958年6月2日開幕，並訂定三大弘化綱領：一，每日開放，任人借閱經書；二，經常邀請佛學家作通俗演講，逢星期日則由大德高僧宣講大乘經典；三，出版各種佛教經書。圖書館之設立，促進佛學研究，據說成立五年，已有五萬人次到館閱書，頗起弘法功效。[63]

二、雜誌刊物

隨着北方僧侶居士大批湧來，當中不乏飽學之士，加上華南學佛院的開創，在本地培養僧材，亦促進了文化方面的發展。1950年，原廣州中山大學教授羅時憲與融熙法師[64] 合辦《圓音》雜誌，該刊原為廣州六榕寺所發行，出版十期便停刊。1950年羅時憲於竹林禪院復刊，但礙於資源所限，只印行兩期。

62　見《無盡燈》，第三卷三期（香港：無盡燈社）。

63　《香港佛教》，第49期（正覺蓮社出版），1964年6月1日。

64　湯雪筠（1888－1959），浙江人，祖輩於廣東服官寓居廣州。先後任小學校長多年、廣東省教育廳科長、廣東省銀行秘書處長等官職。早年認為佛教落伍迷信，曾於報章提出五種疑問反對佛教。後以種種因緣皈依，又組織「廣州佛教閱經社」、「六一佛學研究社」、「圓音雜誌社」，發行《圓音》月刊，致力弘揚佛法。1949年，因內戰而避居香港，後依竹林禪院融秋和尚出家。師以其佛法精深，乃以同輩相待，為其取號融熙。五十年代於新亞書院大學部任教佛教科目，又出版《葛藤集》等多種佛學書籍。晚年遷錫馬來西亞之檳城。

中華佛教圖書館

（一）《無盡燈》

1951年12月，澳門佛學社出版的《無盡燈》雜誌，隨着主編竺摩法師來港定居，該刊亦遷港發行，以屯門清涼法苑之淨業林作編輯部。該刊本着「世變日急，人心惶惶」，於是發心「為弘揚佛法的真理而犧牲，為爭取信佛的大眾而盡力」。它們以「文字般若」為工具，將佛法「輾轉開度百千萬人而無盡，如以一燈而燃多燈，燈燈無盡，光光不絕」，乃取名《無盡燈》。其內容包括佛學研究、討論時事等等。編末報道教界消息，是五十年代中期以前，唯一報道本地佛教資訊的刊物，對教界消息之傳播，亦有相當功效。[65]

《無盡燈》創刊時為不定期刊物，遷香港後改為季刊，1954年改為雙月刊，後來又改成月刊。1956年11月《無盡燈》在港發行最後一期，隨着竺摩法師移居南洋，該刊亦遷至檳城印行。

---

65 《無盡燈》，創刊號（澳門：無盡燈社），1951年8月。

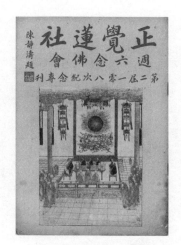

《無盡燈》創刊號　　　　　　《第二屆週六念佛會特刊》

（二）《一零八次週六念佛會紀念特刊》

　　1950年，正覺蓮社舉辦第一屆週六念佛法會，以一百零八週為一屆。至1952年第一屆法會圓滿，正覺蓮社出版《第一屆一零八次週六念佛會紀念特刊》，內容圍繞念佛或佛學等問題，亦報道念佛會盛況及社員活動等資料。此後各屆念佛會圓滿後亦有出版。[66]

（三）《寶覺季刊》

　　戰前，東蓮覺苑的寶覺義學同人出版《寶覺季刊》，出版兩期後，至香港淪陷便停刊。1953年8月10日，在苑長林楞真倡導下，寶覺女子職業中學同人復辦該刊，更名為《寶覺同學》，仍以季刊形式出版。到1959年改為年刊，卻出版無定。1965年林楞真苑長去世，翌年2月寶覺學校之師生，以「紀念林楞真專輯」出版《寶覺年刊》，至此完全停刊。[67]

66　見各期《一零八次週六念佛會紀念特刊》，秦孟瀟主編，香海正覺蓮社出版。

67　見各期《寶覺同學》，東蓮覺苑出版。

（四）《原泉》

1955年12月，又有《原泉》月刊之創立。該刊由游默尼師與唐君毅教授創辦，胡時三、陳覺君主編。該刊主張文化藝術可「涵養性靈」、「從藝術之陶融……先自正其心以其正所學。」進而以宗教、教化、藝術為工具，「反之於身而心安命立，推之於世界而族睦邦寧」，於是，《原泉》便以一種高級文化的風格經營。[68]

該刊與過去的佛學雜誌不同，以文化藝術之篇幅佔多。該刊又不乏學者文人的撰稿，旁徵博引，兼在編首編末附載多幅國畫、文物的圖片，引領讀者登入藝術堂奧。最值得注意的是，該刊出版至第十五期，因游默尼師離港後曾一度停刊，後由曉雲尼師接任主編，於1959年10月復刊第十六期，此後每期刊載多篇英文文章，為香港佛教雜誌中之首創。第十七期起改為雙月刊。《原泉》的發行，既讓讀者增進涵養，亦提升了佛教文化素質的形象。

該刊為籌募經費，發起徵求社董、社員。凡一次過捐資八百元以上，為基本社董；五百至八百元為社董；或每年捐資二百元為基本社員、一百元為社員；隨緣樂助者為贊助人。[69]於是《原泉》增加了收入及人力，亦能維持下去。

至1959年12月，曉雲尼師創辦「佛教文化藝術協會」，將《原泉》併為會刊。《原泉》配合「協會」的各類活動，內容更形豐富。直至1970年，曉雲尼師移居台灣，《原泉》停止在港發行。[70]

68　《原泉》，創刊號（原泉出版社），1955年12月1日。

69　《原泉》，第十六期（原泉出版社），1959年10月，頁36。

70　1971年，曉雲尼師任教台北中國文化學院哲學研究所及藝術研究所，由是穿梭台港兩地。其後，再在台灣創立「華梵佛學研究所」，並將《原泉》雜誌復刊。

（五）《心法》

1956年，香港西樂園的度輪法師發行《心法》雜誌。當時，度輪法師認為佛教被人誤解，「應歸咎佛教徒沒有真正負起我們的責任的緣故」，於是發心「為我們偉大的佛教爭光，為漸為人們所忽視的佛陀精神爭一口氣」，因而創辦《心法》，明訂「闡揚教義、救正人心、福利社會、普度眾生」四大宗旨。[71]

《心法》的內容包羅萬有，佛學、文化、史地等，皆有觸及，而撰稿人亦不乏社會名人，如：史道明、羅家倫、南懷瑾、謝冰瑩都曾於該刊撰述文章。

該刊為不定期月刊，出版數期後，因度輪法師赴美弘法，出版事務亦不了了之。

（六）其他刊物

1954，天台宗泰斗倓虛法師八十大壽，門人弟子重新整理出版《影塵回憶錄》，內容記述倓虛法師學佛、出家、弘法建寺、興辦僧校的經過，是探究倓虛法師思想言行的重要書籍。該書由倓虛法師講述，門人大光法師筆記。[72]

竹林禪院於1948年出版《竹林禪院開山史略》，由曾楚雲主編。該書簡介禪院發展，圖文並茂，惟廣告篇幅亦佔不少。到五十年代末，寶蓮禪寺以地方風物志形式出版《大嶼山誌》。該書於1958年仲春出版，由該寺當家師明慧法師主編，內容共六章，即：名勝、梵刹、禪德、居士、法制、藝文。而梵刹一章，記錄了大嶼山內八十三間道場精舍之沿革，為研究大嶼山地區及佛教發展之重要資料；還有，1962年，鹿野苑亦出版《棲

---

71 見〈寫在前面〉，《心法》，創刊號，1956年3月15日，頁1。
72 據廣琳法師所述，《影塵回憶錄》並非倓虛法師所講，乃其侍者大光法師將倓虛法師一生行化及隨侍之見聞整理編成。聞該書已被編入《中華大藏經》之中。

大光法師記錄的《影塵回憶錄》

霞山志》。該書採方志形式編撰,以南京棲霞山為骨幹,後編以下院的形式附帶介紹荃灣鹿野苑之概況,史料豐富。

三、佛教團體之慈善事業

1945年秋,佛教聯合會成立,旋即開設西醫贈診所,請曾福初醫生為貧苦病人主診,分文不收,所有開支由會員募集而來。後來,經費漸大,便於1951年及1956年,假座銅鑼灣樂聲戲院播放電影,將所得門券收入,悉數撥予贈診施藥之用。[73]

後來為延續和擴大施診救人的事業,1954年夏季,正覺蓮社有鑒天時溽暑,又遭水荒,貧苦大眾易生疾病,於是發起第一屆贈醫施藥。1957後,法參尼師於黃大仙辦「慈濟中醫贈診所」,每天由三十多名義務中醫師,分內科和針灸兩部門,為病人診症。翌年12月,佛教聯合會倡建佛教醫院並成立廿七人之「籌建佛教醫院發起人小組委員會」。翌年,首先得沈香林捐出沙田一地段作為「佛教醫院基金」,同年11月,佛聯會又於志蓮淨苑辦「虛雲和尚追思會」,所得款項亦撥入佛教醫院基金,為往後十

---

73 《無盡燈》,第一卷第一期及第五卷第四期(香港:無盡燈社)。

慈濟中醫贈診所舉辦冬賑

多年的籌款活動掀起序幕。[74] 這段時期尚有：大光法師在調景嶺辦的觀音施診所。

至於教育方面，東蓮覺苑擴建校舍，於1951年增辦「寶覺女子初級職業中學」。1957年，大光法師在調景嶺辦「觀音學校」。翌年9月，東蓮覺苑在元朗興辦之「洪水橋寶覺分校」亦告開校。[75]

另外，佛聯會於1959年11月創立了「佛教黃鳳翎中學」及「佛教黃焯菴小學」。黃鳳翎中學是首間獲香港政府津貼資助的文法英文中學，亦是佛聯會第一所興辦之中學。該校由王學仁倡議成立，經兩年籌劃，並得黃鳳翎捐資三十五萬元及羅文錦爵士之協助，最終得到政府批出東院道官地二萬四仟呎興建校舍，並撥發四十六萬港元作為津貼。前後經歷三載，終告完成。校內禮堂、教室、實驗室、圖書館及一切規制，全部合乎香港政府教育規範。該校創校時由陳靜濤任校監、前高級教育官黃國芳任校長。

---

74 同註18，頁166。
75 《香港佛教》，第44及48期（正覺蓮社出版），1964年1月及5月。

首屆招生，報名者多達四千人，最終只能錄取一千四百人。[76]

由於該校是佛教人士興辦的首間文法中學，對佛聯會及佛教人士有特別意義。因此，經四眾同人悉心經營，學生持續十年考獲優異成績，一方面鼓舞了教界「辦學興教」的事業，亦贏得政府部門對佛教的信心與信用，為日後爭取興辦醫院、墳場等各項事業，奠下基礎。[77]

其他方面，五十年代初，志蓮淨苑、般若精舍、慈航淨苑同時籌建安老院。般若精舍安老院於1953年籌建，由胡文虎組織董事會，成員包括：陳靜濤、黃允畋、曾璧山等。後又得胡文虎全資捐建，[78]經兩年而落成。該院位於沙田般若精舍側，收容無依老人113人，所有衣食住行，生養死葬，皆由院方負責。該院常年開支分別由胡文虎夫人捐助，或公眾善長所樂

志蓮安老慈幼院（已拆。鳴謝江居士提供）

76　《佛教黃鳳翎中學／佛教黃焯菴小學十週年紀念特刊》（香港：佛教黃鳳翎中學，1969）。

77　永明法師：《香港佛教與佛寺》（香港：寶蓮禪寺，1993），頁107。

78　胡文虎（1882－1954），福建永定人，本港著名殷商及慈善家。平生與胞弟胡文豹合創虎標萬金油，人稱「萬金油大王」。先後於東南亞多處創辦報章。胡文虎經常捐資，扶助弱小。五十年代初，倡辦般若安老院及志蓮安老院。其往生後，由夫人胡陳金枝繼承遺志，決將各項既定計劃予以實現，凡日後開支，亦出資維持。

捐，以及般若精舍同人節衣縮食及募捐來補足。

另外，戰後初期，慈祥法師辦大光孤兒院；五十年代末，又有大光法師於調景嶺開辦觀音兒童教養院，是二戰結束後，佛教人士為幼童所創立的慈善組織。

小　結

綜觀二次大戰後的十五年，是香港佛教發展的復興期。其時，大量「難民僧」逃避戰亂來港，嘗試尋找安身的機會。他們的情況與際遇，其實與清末民初時期來港的僧侶相若。部分在港作短暫停留，最後移居台灣或東亞各地，繼續弘教事業。而留港的僧侶，則因資源不足，唯有投靠相熟的精舍，或到郊外自闢靜室隱居，隨緣弘法，遇得居士護持，則另有發展。從這段時期的現象，可觀察香港佛教發展的幾項重點：

一、 戰前創立的寺院精舍，逐漸復修，重整規模。新興的市區道場和團體，亦相繼湧現。從當時的道場分佈與數量來看，佛教由山林移向市區的幅度漸漸擴大，傳統在山林寺院舉辦的佛事活動，如：水陸法會、祈福會等，亦伸延至市區，如正覺蓮社所辦的「一零八次週六念佛會」，就是配合都市人的生活而改良的新式活動。

二、 北方僧侶移居香港，他們決意留港發展，各自建立道場團體，令五十年代後期，佛教道場急速增長。留港僧侶各自建立道場作長遠發展的基礎，該等道場有派系、省籍之別，如何招攬信眾（包含捐款）是重要的考量，為發展計，從事佛法活動往往要標榜某某法師作為號召，使道場之間出現無形的競爭，「山頭主義」（Factionalism）成為日後香港佛教的特徵之一。

三、 這時期是香港社會的復甦期，因此戰後初期佛教的活動，以興學、救

濟等方面的比重較大。但必須指出的是，當時的僧侶也缺乏資源，正在籌措復修或興辦道場。該等公開的慈善事業，同樣是仰賴名流居士的護持，諸如佛聯會的成立、東蓮覺苑、志蓮淨苑的復興及相關慈善事業，都是由陳靜濤、林楞真、王學仁等帶頭支撐及與官商各界協調的成果。

四、隨着佛教興辦各種慈善事業和宗教活動，佛教在社會的地位和影響力也逐步提升。與此同時，社會人士對認識佛教的需求漸廣。其後有市民要求電台廣播佛學節目，以及香港政府邀請佛教人士進行宗教活動等，反映各界對佛教的認同和肯定。

五、隨着佛教逐漸深入社會，五十年代，部分先進教徒提出居士們「建設佛化家庭」等世俗倫理問題，[79] 顯示在家信眾對「佛教與現代社會生活」的探求日益加深。因此，佛教不再單純地停留在出家潛修的模式，逐漸迎合和照顧到在家信眾的生活需要。由此，居士對自身在佛教當中的身份認同與責任，漸漸脫離傳統的思想框框，對六十年代以後，本地佛教弘播有重大影響。

六、五十年代中期，社會相對地安定，新式的佛教團體興起，它們除了舉辦禮佛講經之外，不少亦倡辦佛學班，以及編輯雜誌刊物、佛學專書等，促進了文化方面的發展。

79　嚴寬祜：〈建設佛化家庭〉，載《正覺蓮社週六念佛會第二屆一零八次紀念專刊》（香港：正覺蓮社，1954年9月4日）；嚴寬祜：〈佛化家庭主婦的責任〉，《香港佛教》，第53期（正覺蓮社出版），1964年10月1日。

附：四五十年代香港佛教大德群像

*宇津木二秀 （1893－1951）	• 日本大阪人。淨土真宗西本願寺住持法師，英語教授 • 1942年在港成立本願寺，自任住持 • 1942年成立中華佛教聯合會及香港佛教聯合會 • 淪陷時期，接收東普陀寺及東蓮覺苑，又興辦社會服務 • 1945年，日本投降。離港前將灣仔道產業轉予陳靜濤及林楞真作佛教用途
茂峰 （1888－1964）	• 廣西博白人。事師諦閑法師，荃灣東普陀寺住持 • 1924年赴台灣靈泉寺弘法，曾獲日本「曹洞宗布教師」及「金縷紫袈裟」之榮譽 • 1928年來港定居建寺，經四年落成 • 香港淪陷時期，茂峰法師身穿金縷紫袈裟護衛難民 • 香港重光後，廣開大門，接濟難民僧眾，獲「慈悲王」尊稱 • 任佛教聯合會創會理事及理事長等職
筏可 （1893－1972）	• 香港淪陷時期，曾掩護抗日游擊軍隊 • 香港重光，任佛教聯合會創會理事及理事長
陳靜濤 （1887－1967）	• 與林楞真接收日僧宇津目二秀之寺產，並聯同僧俗信徒成立香港佛教聯合會，並任理事及副會長 • 歷高等法院陪審員、教育署委員及多個佛教團體要職，對本港佛教爭取興辦教育及慈善事業貢獻甚巨
王學仁 （？－1958）	• 戰後出任佛教聯合會副理事長、東蓮覺苑董事會主席、志蓮淨苑安老慈幼院及般若精舍安老院董事會主席、華南學佛院董事、弘法精舍維持會董事、籌辦世佛會香港分會，致力維護佛教事業
林楞真 （1899－1965）	• 戰後任佛教聯合會創會董事，護持佛教事業 • 1952年籌辦世界佛教友誼會香港分會 • 積極興辦義學及社會慈善工作
茂蕊 （1903－1976）	• 廣東開平人 • 1932年來港，向港府申請土地創辦南天竺 • 1945年，為佛教聯合會創會理事 • 1952年，響應號召，發起成立世界佛教友誼會香港分會，歷任副董事長、董事長等職
慈祥尼 （1911－1999）	• 廣東順德人。大光園住持 • 1945年，自資開辦義學，為貧童提供免費教育，是佛教鄉村教育第一人 • 1956年增辦大光中學
遠參 （1873－1966）	• 廣東省湛江人，別號「佛教怪傑」 • 戰前在東涌建華嚴閣 • 創立維新佛學社，專闡《法華經》，有「法華王」之譽

（續上表）

月溪 （1879－1965）	• 雲南人，祖籍浙江。著名青年禪僧 • 1945年來港定居，獲善長捐贈沙田晦思園別墅 • 1951年改別墅為萬佛寺，興建各座宏偉殿閣
明常 （1898－1977）	• 江蘇如皋人。南京棲霞寺住持 • 1946年來港，重建荃灣鹿野苑 • 1953年在大埔辦正心佛學院，自任院長
*虛雲 （1840－1959）	• 1947年，東華三院邀請主持平安法會，是戰後首場公開大型佛事 • 1948年，應信眾邀請來港弘法 • 1949年，最後一次來次港弘，留居一個月，曾主持東普陀寺重修開光等，呼籲信眾捐助救濟難民僧侶
*竺摩 （1913－2002）	• 1948年，與印順、續明等同門在港編修《太虛大師全書》 • 1951年在港澳創辦《無盡燈》雜誌，並任教香港棲霞佛學院 • 1954年移居馬來西亞 • 1955年與陳靜濤成立太虛大師紀念會，發起修建舍利塔。事後親撰碑記
*葉恭綽 （1881－1968）	• 廣東番禺人。民國政要，寓居香港 • 資助開辦華南學佛院，邀請倓虛老和尚任院長 • 護持中港多所寺院之重建，如青山寺等，貢獻甚多
倓虛 （1875－1963）	• 河北寧河人。天台宗宗師，當代佛教教育家 • 1948年避戰來港，創辦華南學佛院 • 曾任佛教聯合會理事長 • 1958年創立中華佛教圖書館，供公眾免費覽閱
*融熙 （1888－1959）	• 廣東番禺人，祖籍浙江。任粵省官商要職 • 二十年代，組織廣州佛教閱經社、六一佛學研究社，發行《圓音》月刊 • 1949年避居香港，在竹林禪院出家 • 1954年，應聘新亞書院大學部任教佛教，是本地首位僧人教授
海山 （1891－1963）	• 湖北黃陂人。華嚴宗宗師 • 1951年來港住持薑山觀音殿，致力復興
馮公夏 （1903－2000）	• 廣東新會人 • 先後創辦香海蓮社、法相學會、世界佛教友誼會香港分會等團體 • 1952年籌辦世界佛教友誼會香港分會 • 1961年代表香港出席世界大會，獲選為「世界副會長」
劉銳之 （1914－1997）	• 廣東東莞人。密宗上師 • 1953年成立金剛乘學會，宣揚藏傳密宗，致力藏密經典儀軌翻譯，著述甚豐 • 1957年聯同羅時憲教授編輯《佛經選要》

(續上表)

法參尼 (生卒待詳)	• 福建福州人 • 五十年代初，有感港九難民極眾，自資深造中醫，預備為眾服務 • 1955年借款在黃大仙創辦慈濟中醫贈診所，提供廉價醫藥服務，定時施賑及資助貧童讀書
曉雲尼 (1913－2005)	• 廣東南海人。原為藝術教師 • 五十年代，創辦《原泉》雜誌 • 1958年出家，法號曉雲 • 1959年成立佛教文化藝術協會，積極推動佛教文藝工作 • 1961年起成功爭取在香港電台講播佛教節目，共四輯 • 1966年移居台灣，任教中國文化學院及中華佛教文化研究所
胡文虎 (1882－1954)	• 福建永定人。本港著名商人 • 與夫人陳金枝經常捐獻慈善事業，資辦各種服務 • 五十年代，全資捐辦般若精舍安老院及志蓮安老院、慈航淨苑義學等，日後開支，亦出資維持
嚴寬祐 (1924－2014)	• 廣東汕頭人。出入口商人 • 五十年代自資設立佛經流通處，為本港及南亞佛教人士供應佛書法器
保賢 (1909－1987)	• 山東東平人 • 1957年來港 • 1958年組織香港佛教青年中心，時以「青年需要佛教，佛教需要青年」為號召 • 時以「火頭僧」名義撰寫佛教文章，討論時事，以敢言著稱
羅文錦 (1893－1959)	• 廣東番禺人。本港爵紳，首位華人執業律師 • 東蓮覺苑董事會主席 • 為佛教爭取開辦首間官方津貼學校及中學 • 代表佛教申辦香港會考佛學科考試及中學佛學科課程

*並未在港長駐弘法

第 四 章

茁壯飛揚

——一九六〇年以後的香港佛教
（1960—1980）

第一節

六十年代的寺院與團體

經過戰後十五年的復興經營，進入六十年代，香港佛教承着過去的基礎，在教義傳揚、慈善設施以至國際交流均有長足發展。尤其在七十年代，多個佛教團體的成立，以至種種的活動，均令社會各階層對佛教有更廣泛的認識。

甲　新建佛寺道場

六十至八十年代，香港較大規模的新建道場如下：

一、香海慈航

香海慈航位於荃灣老圍村三疊潭側，依山擴建，形如輪船，坊里通稱「船廟」。初為供奉呂祖的道壇。1960年由寬宗法師蒞港接手，改為佛堂。寬宗法師原為國軍少將，官至內蒙古專員。1949年隨軍撤至台灣，後卸官來港出家，得虛雲老和尚收為弟子。

寬宗法師與該道壇的道長甚為友善，及後道長開乩問卜，得呂祖「委任」寬宗法師為住持，遂轉道為佛，大力發展。堂內至今仍保留「呂祖飛真應化壇」，兩旁尚懸呂祖乩書之聯語匾額等，可供瞻禮。[1]

1　香江梵宇編輯委員會編：《香江梵宇》（香港：《香江梵宇》出版委員會，1999），頁104。

二、法藏寺

　　法藏寺由河清法師創建，位處九龍慈雲山沙田坳道半山。河清法師約於1949年來港，後來入讀華南學佛院，1960年於此建寺。[2]

　　八十年代初，寺方於九龍油麻地眾坊街購置單位，開設法藏寺圖書館，供各界人士閱覽佛書。1987年又出版《法藏》雙月報，宣揚佛法。1990年，法藏寺重修，除一般殿宇外，尚有哼哈殿、祖堂等。法藏寺於每年清明及盂蘭期間舉辦法會，平時亦承接各種功德佛事。

三、妙法寺

　　妙法寺由洗塵法師創建。

　　洗塵法師於1948年來港，初住東普陀寺，後有感港島區缺乏佛教道場，聯同金山法師到中區樓梯台創辦「妙法精舍」。1962年得屯門藍地村民嬌姑捐出現址全部土地，開闢十方道場。翌年，徵得旅居東涌的敏智法師將「內明學院」遷往妙法寺續辦。

內明學院與興建中的妙法寺（左面）

2　同註1，頁86。

妙法寺向來重視文化教育，1972年，妙法寺出版《內明》月刊，宣揚佛法，由敏智法師主編。1973年，妙法寺擬籌建校舍，開辦英文中學，得劉金龍、李意等善信捐助，校舍於翌年落成，取名「妙法寺劉金龍中學」。兩年後又成立「妙法寺中國禪學院」，專研禪學。1979年，為鼓勵大學生研讀佛學，妙法寺於香港中文大學設立「洗塵佛學研究獎學金」，鼓勵大學生探索佛教義理。三年後，又全數捐助中文大學出版中學會考教科書——《佛學》。

1979年3月，妙法寺新大殿將告落成，泰國佛教界特別送贈泰文、英文、梵文版《南傳大藏經》。[3] 5月11日，萬佛寶殿落成，請得泰國僧皇沙迦阿亞拿（Holess Somdej Phra Ariyawongsagatayana Supreme Patriarch）等海內外高僧主持開光禮，盛極一時。該殿樓高三層，地下為入口，供奉彌勒菩薩，二樓為齋堂，三樓佛殿，其形制新穎，假日來訪之善信不少。2006年增建新式綜合大樓，亦為區內新穎地標。[4]

四、虛雲和尚紀念堂

1959年，近代禪宗巨匠虛雲老和尚在江西雲居山圓寂。香港佛教人士為紀念虛雲老和尚，發起籌建紀念堂。該堂位於荃灣芙蓉山頂，1963年落成，請復仁法師任住持。1966年，又請得虛雲和尚遺骨舍利，並在堂中設置舍利塔作永久供奉。塔身鑴有碑記，由印順法師撰文，海山法師書丹，不獨記錄虛老生平事跡，亦是印公與海公少數留存在港的墨寶，堪稱文物。[5]

3　見《內明》第84期及《香港佛教》第227期，1979年4月。

4　同註1，頁194。

5　詳紀念堂內之〈虛雲老和尚舍利塔碑銘〉，1966年。

五、赤柱觀音寺

　　1964年，有茂昆法師到赤柱馬坑村山邊築建茅廬，作自修用。因地處偏僻，難以維持，後交予樂果法師管理，稱為「大悲殿」。1966年，寶嶂尼師接手後，逐步興建殿宇，成為南區唯一之佛教道場。至1985年，該寺大肆重修，建成兩層大樓，下層為齋堂，上層為寮房，方便信眾留宿參與活動。現在，每月舉辦禮懺法會及慶生活動等，參加者亦眾。[6]

六、湛山寺

　　湛山寺位於西貢大坳門，於1964年由寶燈法師創建。

　　寶燈法師為華南學佛院首屆學僧，得倓虛法師傳法。為報師恩，於是發起修建道場，得邵逸夫、安子介等紳商捐助，購得西貢大澳門地皮興建梵剎，並在旁邊另建倓虛法師舍利塔。寶燈法師亦致力教育工作，自1966年起出任佛教僧伽聯合會副會長以來，先後興辦能仁書院、釋慧文中

湛山寺的倓虛法師舍利塔

6　同註1，頁52。

學、釋慧遠中學等。至1975年，又因應區內需求，在寺院增建「慈德安老院」，照顧老弱長者。

寺務方面，該寺僧人於七十年代中期分別到海外弘法，先後成立美國佛教青年會、加拿大佛教會、多倫多湛山寺等等。1991年，寶燈法師重返青島湛山寺祖庭為該寺方丈明哲大和尚傳法，令大陸地區斷絕多時的天台宗法脈得以延續；1998年，斯里蘭卡政府文化代表團訪問湛山寺，事後贈送釋迦牟尼佛舍利以及釋尊成道時之菩提樹苗兩棵作永久供奉。另外，亦收藏了印度政府建國時贈予國民政府的釋尊菩提樹葉一片，彌足珍貴。[7]

七、羅漢寺

羅漢寺前身為羅漢巖，因寺旁有一天然石洞，曾有暢緣法師在此結廬自修。1965年冬，有李耀庭等二十多人來到東涌石門甲村念佛，見地方簡陋，於是發心興建道場，定名「羅漢寺」。1971年，寺宇落成開光，由覺光法師任第一任住持。[8]

東涌羅漢寺奠基碑

7　該菩提葉乃1948年印度獨立建國召開亞洲會議，以釋尊金剛座旁菩提樹之落葉，分贈與會代表，每國兩片，珍貴程度可想而知。國府代表葉公超交予葉恭綽處理，將一片交南華寺供奉；另一片交予華南學佛院供養，輾轉交到寶燈法師，最後安置於湛山寺。

8　詳覺光法師撰〈大嶼山創建羅漢寺碑記〉，1973年。碑記仍存寺內大殿。

八、延慶寺

1966年，原日華南學佛院學僧妙智法師，於大嶼山鹿湖創建延慶寺。寺內除了一般佛殿陳設外，另建天台二老紀念堂，以紀念恩師倓虛法師及樂果法師。

1971年，妙智法師往美國弘法，寺務交予慧忍法師管理。後來慧忍法師也因過度辛勞而病逝，寺院乏人料理，九十年代末被政府評為危樓，近年發起重修，惟過程亦頗多障礙。現今，寺方由殯儀公司收購，專營私營骨灰龕場，引起教界不滿，聞將採取法律行動抵制。[9]

九、福慧寺

福慧寺位於荃灣芙蓉山新村，1968年有萬心法師到此結廬。後購入芙蓉山新村1250號現址，親自開山劈石，創設道場，於1971年落成，此後經常舉辦法會，接引眾生。[10]

1998年萬心法師圓寂，由毗鄰之宏法寺住持淨雄法師接管。

十、啟明寺

啟明寺由閩籍居士籌建，位於港島薄扶林道119號，毗鄰華人基督教墳場。

早於1963年，閩籍人士在波斯富街組織「閩南居士林」，聚集善信念經禮佛。1971年購入薄扶林現址，易名「啟明寺」，由曾悟行居士管理。該寺成員主要修持禮懺，每天舉行早晚課誦，遇有誕期等則辦各式法會，參加者以附近居民為主。[11]

9　詳2010年9月9日之各大報章。

10　同註1，頁153。

11　同註1，頁70。

十一、西方寺

西方寺位於荃灣老圍村，毗鄰圓玄學院，由永惺法師創建。

永惺法師於1948年來港，隨即入讀華南學佛院，得倓虛法師傳法為天台宗四十五代祖。畢業後，先後協助修建東林念佛堂、菩提學會等。1962年購入現址興建道場，期間歷盡辛酸，經十一年方告落成。1982年，開辦「菩提佛學院」，可惜只辦一屆便告結束。1986年，出版《菩提》月刊，主力宣傳會務，亦推介淨土念佛法門及佛教消息等。[12] 九十年代末，西方寺再度發起重修，並於後山增建萬佛寶塔一座，收藏珍貴之佛教文物，2002年底完竣落成，業已成為區內著名之旅遊勝地。

西方寺開幕典禮（右起：永惺法師、趙聿修、華民政務司
麥道軻、洗塵法師、茂蕊法師）

十二、佛光寺

該寺位於西貢白沙灣大涌口，原為道堂，至1975年改奉佛教。創辦人道行法師，原為中醫師，四十年代與醫學老師在現址合力籌建道堂，供奉

---

12 見該寺〈西方寺拓建碑記〉，2003年。

道教三聖。後來結識樂果法師，經多番啟導，終於皈依三寶。1975年發心出家，並重修寺宇，漸成今日之規模。該寺現為女眾道場。[13]

十三、觀宗寺

早於戰前，寶靜法師來港弘法，在粉嶺購置「靜廬」，作為將來「息影之所」。[14] 戰後，覺光法師接收靜廬改為「寶公紀念堂」。1966年，有見區內老弱孤苦慘況，覺光法師在紀念堂後方開辦「佛教寶靜安老院」，照顧貧苦長者。1978年又增辦「佛教寶靜護理安老院」，同年擴建，修建佛殿。

1980年，大殿工程落成，總稱為「觀宗寺」。冬天舉行開光禮，特別邀得藏傳佛教噶舉派的第十六世大寶法王（H. H. Karmapa XVI）主持灌頂法會，與本港善信結緣。當時，法王贈送珍本《貝葉經》一套予觀宗寺，現已為該寺鎮山之寶。

早期寶靜紀念堂

13　同註1，頁292。

14　寶靜法師：《寶靜法師四十年中之幻痕塵影》（香港：香海蓮社，1938），頁17－26。

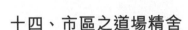

十四、市區之道場精舍

除了新界郊區有新興道場設立，方便善信日常參加活動，港九市區亦有不少新創精舍，現列一表以簡述之：[15]

表10 六十年代港新建道場簡表

創建年代	精舍名稱	創建者	地　址
六十年代	佛教聯誼社	佛教全寅	港島
1960	香港佛教講堂	度輪法師	跑馬地黃泥涌道31號愉園大廈12樓
1961	楞嚴精舍	是幻法師	北角英皇道856號6樓
1961	弘化蓮社	聖懷法師	香港跑馬地成和大廈9C
1962	菩提精舍	淨妙尼	沙頭角坪峯村2號
1962	香江禪社	震天法師	北角海康街1號9樓
1963	棲霞分院	明常法師	九龍亞皆老街先施大廈705室
1963	靈山精舍		港島西邊街悦心大廈7樓
1964	福慧蓮社	元果法師	北角南天大廈15樓D座
1964	報恩蓮社	元果法師	北角英皇道283號15樓D座
1964	觀音林	靜庵居士	九龍
1968	光明講堂	壽治法師	香港跑馬地藍塘道118號3樓
1976	普照佛堂	錢世年等	九龍

乙　佛學會之建立及弘法活動

1960年以後所組織的佛教社團多如雨後春筍，茲列舉較具代表性之團體及活動，以觀察該二十年之香港佛教發展。

15　該表依據道場碑記及《香港佛教》雜誌之資料整理出弘法較為活躍之道場。

一、都市之佛學會

（一）三輪佛學社

1962年，有邵黃志儒等創立「三輪佛學社」，當時「鑒於世風日下，邪說橫行，學佛之徒，精研內典者固多，而故步自封，或積非成是，亦復不少，怒焉憂之」[16]，後請羅時憲教授、劉銳之上師及梁隱盦校長等人開辦「佛學星期班」，以居士講學形式，宣揚佛法。佛學班課程由羅時憲、劉銳之編訂，梁隱盦及葉文意則負責編撰《佛學十八講》作為講義。課程每年一屆，每屆約三十課，逢星期日下午三時開課，費用全免。現今不少佛學社團的領袖、僧人、學者，都曾就讀佛學星期班。許多在佛學班畢業的同學希望能深造佛學，促成了後來之「經緯書院佛學系」的成立。

佛學星期班的創立，對香港佛教影響重大，這可從多方面考察：一、居士講學的形式遠承清末楊文會所辦的「祇洹精舍」，可以說羅時憲辦佛

1963年三輪佛學社第一屆佛學班畢業

16　劉銳之：〈為三輪・法相・世佛・佛學班同學會成立進一言〉，載《三輪・法相・世佛・佛學班同學會會刊》第二期（三輪・法相・世佛・佛學班同學會出版），1974年6月，頁1。

學班的精神與風格，與祇洹精舍是一脈相承。羅時憲等人仿傚楊文會，以
居士身份，開設講壇，教授佛學，培養佛教人才。比之於戰前講經會的僧
俗演說，實有不同；二、自有「佛學班」以來，佛教界人士亦自覺佛學是
佛法的根本。不少佛社團體均開辦佛學班，推動研習佛學，蔚為風氣；
三、因為「佛學班」的普遍設立，令信眾接觸佛學的機會增多，直接提升
信眾的佛學知識和質素；四、過去，佛教對「白衣講學」頗為鄙視，認為
是佛法衰落的象徵。自「佛學班」後，居士在教界弘法的認受性日漸提
高，對弘法事業所承擔的責任愈來愈重；五、隨着居士地位的提升，僧人
與居士以各別的方式弘揚佛法，僧俗兩線分道發展的趨勢亦見明顯；六、
由於任教「佛學班」的講者，大多是學者或高級知識份子，他們所辦之佛
學班比諸於寺院開設的講經法會、佛學院，學術味較為濃厚，促進了佛教
在文化研究方面的迅速發展。加上大部分學者以粵語講課，比之於國內來
港的僧人，以國語弘經，明顯地聽眾比較易明，便於思考和交流，免卻
翻譯帶來的時誤和障礙；七、許多畢業於「佛學班」的同學希望繼續深
造，促成佛學班導師推動成立「專上佛學」教育，無論是「經緯書院佛學
系」、「能仁書院」以至近年在香港大學和香港中文大學成立的「佛學研
究中心」等，居士學者都發揮了影響力，擔當着重要的角色。

(二) 香港佛教僧伽聯合會

戰後香港佛教四眾仝人組織香港佛教聯合會，作為代表本港佛教徒謀
取福利之機構。時至1961年，覺光法師、優曇法師、寶燈法師等發起組織
一個專為僧人而設之團體，遂成立「香港佛教僧伽聯合會」，兩年後正式
註冊。該會之宗旨有三：

一、為香港僧伽、國際僧伽及佛教徒服務。

二、積極興教辦學及各種社會福利事業，為社會服務。

三、隨時隨地發揚佛陀慈悲精神。

成立初期由優曇法師任首任會長。1967年，選出洗塵法師為會長、寶
燈法師為副會長，[17]同年發起籌辦「佛教大學」，自後每年舉辦水陸法會以
籌措辦學經費。兩年後，先租用九龍福華街居禮書院四間課室，正式成立
「能仁書院」，開辦大專課程，又附設中學部，培養青年學子。翌年再於
深水埗醫局街購置校舍六層，書院擴充至九個學系，不特提升僧尼教育水
平，對培養社會各方面之專才亦有重大貢獻。

另外，1971年，僧伽會又舉辦第一屆短期出家剃度大會，開創漢傳佛
教作短期出家的先河，此後中外佛教團體亦爭相仿傚，頗成風氣。

九十年代，該會洗塵法師、寶燈法師及多名董事相續圓寂，此後會務
接續無定，頗有傾頹之況。[18]近年，會方投放資源推動大專教育，使能仁書
院獲准升格為專上學院，現時已開辦三個副學士課程。

（三）香港菩提學會

六十年代，東林念佛堂組織「生西助念團」，借用跑馬地弘化蓮社作
練習場地。後有感地方不敷應用，於是另覓一處交通便利的會所，最終購
入銅鑼灣灣景樓八樓單位，遂成立「香港菩提學會」，時為1964年。

當時，信眾推舉荃灣南天竺的茂蕊法師為會長，領導會務。1967年，
永惺法師接任會長，統理會務至今。該會除定期舉辦法會及講經活動外，
每於歲晚發起冬賑濟貧等活動。該會亦有出版《菩提》月刊。

17　洗塵法師（1920－1993），遼寧復縣人。十一歲病重，被家人送往海潮寺出家，法號思賓，字洗塵。
　　隨後入讀萬壽寺佛學院及湛山寺佛學院。戰後輾轉來港，先後創設妙法精舍、妙法寺。復當選僧伽會
　　董事及會長。畢生致力提倡文化及社會教育工作，親手創辦能仁書院，影響深遠。1993年5月因病圓
　　寂，世壽七十四歲。
18　見《香港佛教》，第470期。

（四）法相學會

1953年，香海蓮社邀請羅時憲開講《成唯識論》，[19]竟近十一年之久，奠定港人研習唯識學的風氣。[20]至三輪佛學社成立後，研習佛學的信眾日增，在條件成熟下，羅時憲、韋達、梁隱盦、高永霄、葉文意等十四人，於1964年成立「法相學會」，翌年獲准註冊。每星期定時開講佛經，主力宣揚法相唯識學。1968年，依大學學報標準編輯《法相學會集刊》。該刊為不定期刊物，至今已出版七期，其內容均屬高水平佛學論著，向為教育界及佛教研究者所重視。1975年，另編撰《慧足》，以報刊形式印行，方便流通。八十年代起，學會的講者移民外國，於是促成加拿大「安省法相學會」的成立，自此他們輪流在加、港兩地主持講座。隨着資訊科技之發達，學會亦以電腦數碼技術，將講座內容錄製成光碟及上載互聯網，使佛法配合現代科技，傳遍世界。

（五）明珠佛學社

明珠佛學社由明慧法師創立，時為1965年。

明慧法師，自號半角僧。青年時皈依寶蓮寺筏可和尚，戰前曾任教嶼山佛學院，又任寶蓮寺當家師。1962年經梁隱盦校長介紹，受聘於經緯書院佛學系。明慧法師有感「佛教積弊，認為不去除教內陋習，不顯明正法，無以起佛教之衰，乃毅然捨棄叢林生活，從大嶼山寶蓮寺走到九龍鬧市，創辦了明珠佛學社。一開始，他即規定明珠：一不得巧立名目，向外界募捐；二不得強作攀緣，主動勸請外人入社；三不得為謀收入而做功德

19　羅時憲（1914－1993），字孔章，廣東順德縣人。廣州國立中山大學榮譽文學士及碩士。後任教中山大學講師、國民大學專任教授等。1949年避居香港，任教多所院校。平生專研佛教義理，尤精慈氏唯識之學，六十年代創辦三輪佛學社及法相學會，宣講經教，培養人材，啟導風氣，影響深遠。羅教授著述甚豐，後人結集為《羅時憲全集》。1993年12月19日安詳往生，享壽七十九歲。

20　甘雪雄：〈創刊詞〉，《三輪‧法相‧世佛‧佛學班同學會會刊》，創刊號，1973年12月。

1978年明珠佛學班第二屆結業禮（前排左三：涂公遂教授、
梁隱盦校長、高永霄居士、黃家樹居士）

法事。明珠唯一要做的是開辦佛學班，以弘揚正法，善導後學」。[21]

　　該社成立初期，因不作經懺法事，缺乏護法支持，社務開支只靠「幾
位創社的董事勉力維持」，後來有先天道修士容智寶皈信，給予全力支
持，社務方得經營。

　　1972年10月，明珠佛學社開辦佛學班，以推動研習原始佛教緣起思想
為根本。同年12月，明慧法師圓寂，依遺囑由陳道生遞補執行董事。1980
年起，擔任該社社長，此後籌謀定策，建設經營，始有今日之規模。

（六）珠海書院佛教同學會

　　六十年代，本港的大專教育機構有限，因此不少僧人入讀私立的珠海
書院。當時，除了本港僧人外，尚有馬來西亞、台灣、韓國等不同地區僧
侶在校讀書，文泉法師遂於1966年元旦向校方申請成立「珠海書院佛教同

21　見《善緣集》（香港：明珠佛學社，1998），頁23。

學會」，是本港大專界首個佛學團體。成立當日，邀得佛教聯合會會長覺光法師、副會長陳靜濤居士出席典禮。同時又成立「佛教獎學金」鼓勵同學研究佛學。[22] 之後又出版《菩提》會刊，但只出一期。其後，該會因「政見」問題而解散。

及至1973年，廣琳法師、羅桂成等同學組織臨時籌備委員會，申請復會。翌年3月，佛學會重組，選出廣琳法師為會長。同年底出版《梵音》會刊，由蕭國健主編，內容均由該校師生編撰，以討論佛學為主，至今已出版六期，乃不定期刊物。

該會除舉辦學術講座、探訪賑災外，亦舉辦浴佛法會、放生、素食燒烤等。此外為籌募會刊印刷經費，先後三次舉辦電影欣賞會，凡此種種活動，在當時頗為新穎。[23] 近年，該會經常聯同其他大學的佛學會合辦活動，如：2001年及2002年，聯同港大佛學會合辦「台灣佛教考察團」、「廣東佛教考察團」，為大專界佛學會出訪參學之始。[24]

大光法師主持（中座者）珠海書院佛教同學會第一屆就職禮

22　見1966年以來之《珠海校刊》，香港珠海書院出版。

23　廣琳法師：〈珠海書院佛教同學會重組三十週年回顧〉，《梵音》，第六期（珠海學院佛教同學會出版），2006年。

24　同註23及《梵音佛苗聯合特刊》（珠海書院佛教同學會出版），2002年。

（七）佛教青年協會

1967年，有嚴柱龍、江岳安等五人，籌組「佛教青年協會」，翌年7月註冊為非牟利宗教團體，初借九龍界限街的「中華佛教圖書館」為會址。後來輾轉遷借佛教講堂、菩提學會作聚會場所。

該會成立以來，舉辦活動頗多元化：法會講座、郊遊朝聖、放生供僧、賑災贈書都有相當成績。其中以倡印結緣佛書為各佛教團體之中，算是範圍最廣，數量最多，對於教界印贈佛書之舉有積極的推動作用。[25]

另外，該會於1968年12月出版《雷音》，作為會友交流學佛心得的平台。1971年12月及1972年4月30日，該會兩次於大會堂召開「全港佛教青年領袖座談會」，出席者有佛教青年中心、佛教書院、大光中學、佛教真言宗居士林青年團等。[26]大會倡議成立「佛教青年聯合會」，隨後一年內召開了六次籌備會議，惟最後亦不了了之。

（八）三輪・法相・世佛・佛學班同學會

自三輪佛學社舉辦佛學星期班後，復得世界佛教友誼會及法相學會協助，分頭開辦佛學講座。經十三屆後，畢業者達四百餘人，於是有畢業生阮其潤、陳聖炎、甘雪雄、潘令儀等舊同學，發起組織「同學會」，但求互相砥礪，印證所聞。開初以三輪佛學社作籌備處，後得善長以低廉租金出租廣東道1235號為會址，於是在1973年12月9日正式成立。復於1976年，邵黃志儒捐出十萬元作購置永久會址之用，又得各方資助共九萬元，最終購得太子道144號長榮大廈10樓C座，並先後於1998年及2004年，增購旁邊單位，擴充規模。[27]

25　詳見佛教青年協會每年《會務報告》。

26　《佛教青年協會成立三十週年紀念特刊》（香港：佛教青年協會，1999），頁70。

27　見該會〈佛學班同學會成立及擴建碑記〉。

佛學班同學會新會所開幕（葉文意老師收藏）

「同學會之設，不特為聯繫友誼，觀摩研習，正因同學們學猶未竟，尚要薰習多聞。於是組成團體，以延請諸導師常臨講學，指引治學方法，抉擇疑難開悟，令學員由博而約，自麤而精。」[28] 此後會員日增，個個深入經藏之餘，又熱心社會，每年組織隊伍參與公益金百萬行。

1973年，該會出版《三輪法相世佛佛學班同學會會刊》，乃不定期刊物。又於1981年7月起在香港電台主持佛學節目《空中結緣》，由葉文意主講，逢週六、日，於香港電台第一台及第五台播放，該節目內容包括佛經講說、佛法故事、信箱問答等三部分。自啟播以來，風雨無改，至今已播出1300多集。

2003年，「同學會」鑒於會名與法相學會、世佛會及三輪佛學會相近，為免混淆，乃改以「佛學班同學會」，繼續弘揚佛法。

28　同註20。

（九）香港大學學生會佛學會

早於六十年代末，已有香港大學同學組織「香港大學學生會佛學研究會」，惟當時只是港大同學們自行籌組，並未在校註冊。在七十年代，該會已經與佛教青年協會等團體多次合辦活動。[29] 至1979年，香港大學醫科生陳家寶聯合志同道合的同學發起「荷花池聚會」，事後十多位對佛教有濃厚興趣的同學籌組佛學會。翌年4月5日，「香港大學學生會佛學會」正式成立。[30] 佛學會創會時有幹事七名，又邀得羅時憲教授和霍韜晦教授出任顧問。是年，佛學會舉辦講座、佛學營，1981年1月更舉辦佛學週，在校園大力推廣佛學。另外，學會每年編輯會刊——《種子》，內容主要是轉載佛學文章。該刊免費贈送會員，因數量少，只在校內流通。後因刊名易與外教刊物混淆，遂改稱《佛苗》，至今時有出版。

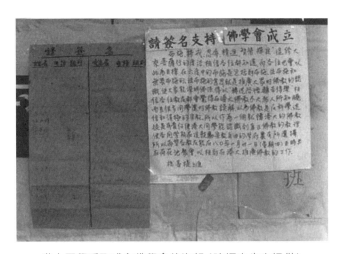

港大同學爭取成立佛學會的海報（陸振中先生提供）

29　同註26，頁68－100之編年表。

30　詳見〈香港大學學生會佛學會籌備委員會會議記錄〉，1980年。

(十) 其他佛學團體

六七十年代尚有其他新創的佛學團體,並積極舉辦弘法活動,以下表所列團體較為活躍:

表11 六十年代新辦之佛教團體

年　份	新辦佛教團體概況
1962	文珠法師創辦「香港佛教青年會」,設址汝洲街27號 「香港佛教居士林」成立 胡品生開設「禪宗佛學會」
1963	曾悟行於波斯富街創辦「閩南居士林」,即啟明寺前身 妙智法師創辦「中華佛教青年會」
1973	佛教聯合會在會屬學校成立「佛教青少年團」
1976	保賢法師成立「佛教協進會」 妙法寺成立「中國禪學院」
1978	羅漢寺組織「教觀學會」
1979	「能仁書院明心佛學研究會」成立

上列之佛學弘法組織或有遺漏,惟已可見六十年代以來佛教團體已在香港社會廣泛傳播,深入民間,不啻過去獨自修持。

六十年代的佛教活動

六十年代起，香港佛教活動趨向新穎與多元化。無論是佛教事務、宗教交流、社會慈善、文化學術都有長足的發展。其中，規模及影響較大的活動，有下列各種：

甲　佛教事務

一、爭取佛誕假期

1954年，在緬甸仰光召開的世界佛教大會通過決議，由各地佛教徒促成當地政府，將佛誕日定為法定假期。香港響應其事，積極籌備申請佛誕假期。1961年，佛教聯合會在《香港佛教》雜誌上刊登「全港佛教徒向港英政府申請四月八日佛誕為公眾假期簽名表」，正式發起「十萬人簽名運動」，呼籲全港佛教徒及社會各界簽名支持。[31] 是為本港佛教全人爭取佛誕列為法定假期之始。

及後佛聯會多次與政府部門交涉，均無結果。七十年代以後，逐步得到香港六大宗教領袖公開支持，為申請一事跨進一步。

自佛教聯合會推動申請佛誕假期開始，即提出六項申請理由：一、佛誕風俗由來已久，兼有移風易俗之效；二、因本港有八十萬佛教徒，而神佛兼信者，亦佔全港人口之七成；三、亞洲不少國家均已推行佛誕假；

31　《香港佛教》，第12期（正覺蓮社出版），1961年5月，封底扉頁。

「十萬人簽名運動」表格

四、港英政府一向注重「洋教」，故華人爭取佛誕假，以顯示政府公允；
五、明定佛誕假，對社會有群眾教育的意義；六、讓市民藉着佛誕假期，
淨心省身，滌除業障，淨化社會。

　　經過多番爭取，1997年獲特區行政長官會同行政會議成員通過，自
1999年起，將農曆四月初八佛祖誕辰定為法定公眾假期，如今佛誕已成為
香港市民生活之一部分。

二、法會佛事

　　六十年代以來，香港社會尚算安定，但天災橫禍在所難免。因此佛教
仝人為祈禱世界和平、社會安定、淨化心靈，經常舉辦經懺法會，祈福薦
亡。當中有下列活動最受社會關注：

（一）馬場超渡法會

　　五十年代末，賽馬會之賽事接連發生騎師墮馬意外，甚至有騎師因此

1960年馬會超幽法會開壇儀式

身亡，馬會為撫慰員工，邀請佛教聯合會主持超渡法會。法會於1960年1月18日至21日舉行，歷時三日四夜。當時，中西名流、馬會董事、騎師職工等亦出席法會，為歷年馬場死難者超渡，同時祈願事事平安。法會由一眾法師主持，期間又率領四眾弟子五百多人，環繞馬場一圈誦經灑淨，梵音響遍快活谷。

　　四夜之法會，公開讓各界附薦超幽，登記者多達四萬人。開支方面，僧眾都是義務參加，並借出各種法器用具，因此只就佈置花費八千元，概由馬會支付。

（二）差餉署法會

　　位於中環花園道之政府差餉物業估價署，[32] 有傳言常有鬼魅出現，騷擾

32　政府差餉物業估價署原址，即今日之中國銀行總行。差餉署大樓因改建工程，於1982年拆卸。當時以該署建築風格獨特，拆卸時補留外牆原石。至1998年，政府在赤柱依照原日規模重建，即現在之「美利樓」。

員工，頗影響日常工作。於是政府邀請佛教聯合會於1963年5月19日，在差餉署內舉行超薦法會。

法會由倓虛法師率領56位僧人，分兩壇進行佛事。二樓設焰口壇，由45位法師主持；下層設超薦壇，由諸山長老誦經廻向。當日下午2時開壇，繞場灑淨，該署官員亦到場參與。4時舉行蒙山施食，6時30分再行瑜伽焰口，至晚上11時圓滿結束。[33]

（三）祈雨法會

與差餉署法會相隔一星期，佛教聯合會又舉行另一場大規模的法會。

是年香港大旱，政府為控制用水，實施每四天供水一次，市民生活與健康受到極大影響。當時，本港佛教全人為濟度眾生，仿傚古代僧人，舉行「祈雨法會」，懇求上天早降甘露，潤澤蒼生。

法會於5月26日起，一連三天在跑馬地賽馬會公眾棚舉行，歡迎各界善信隨喜參加。本港佛教團體百餘單位響應赴會，出席僧尼三百多人，在家信眾亦超過三千，盛況空前。

據翌日各大報章所載，法會展開不久，在大眾強大願力下，感應道交，本港多處亦曾灑下驟雨，港人無不雀躍。

（四）運輸署法會

1974年，運輸署於美梨道新建總部傳有鬼魅出現，令該署職員日常上班殊感疑懼，為安撫人心，運輸署邀請佛教聯合會作超渡佛事。1月7日晚，佛聯會率領一百數十名僧俗弟子舉行瑜伽焰口佛事，為「港九水陸交通意外罹難者」、「港九歷次風雨火災罹難者」、「本港戰時軍民殉難及一切無主孤魂」及「港府運輸署生西同僚英靈」設置超薦蓮位。當晚，運

---

33 《香港佛教》，第37期（正覺蓮社出版），1963年6月，頁36。

馬場舉行的祈雨法會

運輸署長柳惠新向先靈上香

輸署署長惠柳新亦親臨拈香禮佛。[34]

(五) 各類法會

佛教法事向來多在佛寺進行，而民間所流行者，只屬家庭式佛事，一般要在盂蘭、清明、重陽等節日才有較大規模之佛事舉行。但隨着佛教逐步移向市區，各式佛事亦引伸至都市。早於戰前，在利園舉行的水陸法會已公開讓信眾隨喜附薦。戰後較大型之佛事，有1947年由東華三院舉辦之平安法會及1956年的萬善緣法會。

六十年代，市區的佛教精舍團體林立，大大小小的佛事亦逐漸在市區內舉行。七十年代起，佛教聯合會定於每年四月舉辦「清明思親法會」，鼓勵社會人士慎終追遠，兼籌募經費，至今未曾間斷。茲列出規模較大之法會情況：

表12 六十年代以來主要之佛事法會 [35]

日　期	法會概況	備　註
1960年1月18至21日	賽馬會超渡法會 地點：快活谷馬場	賽馬會邀請佛教聯合會主持
1961年10月30日起	四十九天世界和平息災法會	大埔定慧寺主辦
1961年11月12日	香港世界和平紀念超薦會	佛教聯合會主辦
1963年5月19日	政府差餉署超渡法事 地點：中環花園道差餉署	差餉署邀請佛教聯合會主持
1963年5月26至28日	祈雨法會 地點：快活谷馬場	佛教聯合會發起
1963年11月10日	國殤紀念日和平祈福法會	佛教聯合會主辦
1963年11月30日	追悼美國總統甘迺迪法會	佛教聯合會主辦

---

34 《香港佛教》，第166期（正覺蓮社出版），1974年2月，頁31。

35 該表依據《香港佛教》雜誌之資料概括整理。

（續上表）

日　期	法會概況	備　註
1964年4月4至11日	萬善緣法會 地點：志蓮淨苑	佛教聯合會主辦，為佛教醫院籌募經費
1964年11月8日	世界和平紀念普佛法會 地點：東蓮覺苑	佛教聯合會主辦，請華民政務司麥道軻觀禮
1964年12月	長年念誦《妙法蓮華經》祈禱世界和平人民安樂七周年總迴向	佛教聯合會主辦
1968年4月	息災大法會	佛教僧伽聯合會主辦，為「佛教書院」募款
1970年4月1至7日	大吉祥光明和平法會	佛教聯合會主辦，為「世界弘法大會」籌募經費
1970年11月8日	和平法會	佛教聯合會主辦
1971年4月5日	清明吉祥法會	佛教聯合會主辦，泰皇敕派「普淨尊長」來港主持
1972年7月6日	六一八雨災遇難先友超渡法會	佛教僧伽聯合會主辦
1972年7月13及14日	本港雨災及海陸空罹難超渡法會 地點：賽馬會場地	佛教聯合會主辦
1972年7月22至25日	六一八雨災超薦法會 地點：佐敦道球場	港九地區合辦
1972年10月12至18日	壬子年重陽思親水陸息災法會	佛教僧伽聯合會主辦，籌募佛教書院第二期建校經費
1975年重陽	重陽思親息災法會	佛教僧伽聯合會主辦，籌募教育經費
1976年9月	世界息災暨超薦地震罹難法會	佛教聯合會主辦
1978年6月3日	甘珠爾雅圓寂追思法會	佛教聯合會主辦
1979年7月27日	本年港九歷次意外罹難人士超渡法會	佛教聯合會主辦

三、佛骨展覽

　　1954年，印度贈送佛陀舍利予日本，道經香港，在港停留數小時，供港人瞻禮。時間雖短，卻是本港首次的佛骨展覽。相隔十年，港人又有另

一次瞻禮因緣。1964年，日本向錫蘭迎請佛骨回國建塔供奉，取道經港。4月6日晚，迎請團飛抵香港啟德機場，佛聯會及僧伽會派出四眾弟子齊集恭候。適值佛教聯合會在志蓮淨苑舉辦「萬善緣法會」，佛教界全人特別迎請佛陀舍利至會場內供奉一天，供各界善信瞻禮。翌日由佛骨護送團護送離港。[36]

事隔四個月，日本《讀賣新聞》社長正力松太郎向東巴基斯坦總統提出迎請佛陀聖髮到日本供奉。8月23日，護送團飛抵香港，停留兩天。25日再運至日本。港人在一年內，分別瞻禮佛骨、佛髮，誠為教界中極為殊勝稀有的因緣。

四、短期出家大會

1971年7月，佛教僧伽聯合會創辦「第一屆剃度傳戒大會」，轟動社會，此後每年續辦，頗影響海內外佛教團體所模仿效法。[37]

根據漢傳佛教的戒律所定，男眾一生只許出家三次，而女眾只能出家一次。加上剃髮出家情態嚴肅，不容兒嬉，僧伽會舉辦短期出家法會，可以說是打破傳統禁忌，是漢傳佛教的創舉。

關於短期出家的構思，由僧伽會會長洗塵法師發起，他參考泰國國民出家的風俗，讓青年人在指定的時間內體驗出家靜修的生活，可培養他們正確認識佛教。同時，藉着剃度活動，從心理上使青年們棄惡從善，可徹底解決日益嚴重的青年犯罪問題。[38]

首屆剃度大會在荃灣弘法精舍舉行，大會請得敏智法師任得戒和尚、寶燈法師任羯磨和尚、旭朗法師任教授和尚，另有七證、八引禮等執事共23人。又參加剃度者13人，無分年紀，一同渡過八日七夜的法會。期間課

---

36 《香港佛教》，第48期（正覺蓮社出版），1964年5月，頁45。
37 《內明》，第5期（內明雜誌社），1972年8月，頁53。
38 同註37。

節嚴謹，一切俱按傳統剃度法規施行：

表13　僧伽會舉辦短期出家剃度大會流程表

時　間	第一天	第二天	第三天	第四天	第五天	第六天	第七天	第八天
5:00		起床						
5:30		早課						
6:30		早粥						
8:00		進堂	説戒沙彌戒	説戒比丘戒	菩薩戒燃香[39]	介紹法器	三師開示	告誡出堂
11:00		剃度	上供					
12:00		上供	午齋					
14:00	報到	習儀	過律沙彌律	過律四分律	過律梵網經	背律毘尼	教授掛單	捨戒[40] 告假[41]
15:30	安頓		習儀	習儀	習威儀			
17:00	晚課		晚課請戒	晚課	晚課	晚課		法會圓滿
18:00					拜師			
18:30	藥石[42]							
20:00	習儀	懺摩[43]／問遮難[44]			習禪	念佛	法師開導	
22:00	開大靜[45]							

39　「燃香」，乃漢傳佛教禮儀，凡出家受戒者，大多於頭頂燃燒小香，以示弟子願亡捨身心，供養三寶，利益眾生。後世亦以其香痕作為出家弟子之識認，惟近年來，教內有倡議廢除。

40　「捨戒」原指佛弟子退失戒律。於短期出家活動即指戒期圓滿後捨除所受之比丘戒，回復在家人正常之生活。

41　「告假」，原為禪宗弟子離寺出外時之規制。現今亦有指佛弟子離開佛堂時，向佛陀及住持陳白請假之禮儀。

42　「藥石」乃佛教用語，佛教原制過午不食，但因風俗國情之別，禪宗乃將晚餐改稱藥石，以示該餐只作療治飢渴，並非貪着飲食。

43　懺摩，指於佛前依懺儀禮懺自己之過失。

44　「問遮難」，即佛弟子於受戒前，戒師詢問弟子有否犯七重罪之儀式。

45　「開大靜」乃佛教用語，指晚間休息。

　　該活動在1971年開辦，自後每年均定期舉行，參加者日眾，頗能引起風氣。至1990年起，剃度大會改在屯門妙法寺舉行，此後時有斷續。

短期出家大會之剃髮儀式

表14　首十屆剃度大會之參加人數統計

屆　別	年份	男參加人數	女參加人數	總　數
第一屆	1971	7	5	12
第二屆	1972	11	5	16
第三屆	1973	11	5	16
第四屆	1974	18	4	22
第五屆	1975	48	19	67
第六屆	1976	20	6	26
第七屆	1977	24	3	27
第八屆	1978	56	16	72
第九屆	1979	89	78	167
第十屆	1980	162	3	165

乙　新式弘法活動

一、影視弘法

（一）電台講播佛學

自五十年代中期，開始有市民向傳媒反映，要求增加報道有關佛教之資訊。曉雲尼師自1959年12月成立「佛教文化藝術協會」[46]，隨即組成編輯部，編集文稿，準備發表及講播之用。並於1961年初去信香港電台洽商有關廣播佛學節目之事。[47] 後得電台覆示，聯同佛教文化藝術協會全人商定，由該年7月8日開始，連續六個星期六，下午6時45分廣播佛學節目，定名為「佛教文化講座」，[48] 開啟以廣播形式推廣佛學之先河。

該六節之佛教節目深入淺出，側重文藝觀點以衡量結構，每節講題如下：

第一講	7月8日	釋迦文佛：「少年之慧悟」	曉雲法師主講
第二講	7月15日	釋迦文佛：「消極與積極」	曉雲法師主講
第三講	7月22日	佛教與中國文化	馮公夏主講
第四講	7月29日	佛教精神	慈祥法師主講
第五講	8月5日	佛教與世界的關係	曉雲法師主講

46　曉雲法師（1913－2005），廣東南海人，俗名游雲山，號青峰。少好文藝，畢業於香港麗精美術學院及研究所，事師高劍父。曾任教聖保祿中學、麗澤女子中學、印度泰戈爾大學等。回港後建立雲門園地及出版《原泉》雜誌。1958年出家，法號曉雲。翌年成立佛教文化藝術協會，積極推動佛教文藝工作。1966年應聘為中國文化學院及中華佛教文化研究所所長，遂移居台灣，後來更創辦華梵大學。2005年於台灣圓寂，世壽九十二歲。

47　由於該信函為開啟香港佛教廣播之先河，饒有意義，故將內容錄後：「敬啟者：敝會業於去歲，承蒙政府批准為合法社團，矜念世風日下，道德淪亡，犯罪邪説，駭人聽聞，爰擬宣揚佛教文化教育之根本法力，因念佛陀本生事蹟及佛教歷史中通俗最能感人之故事，以發揚人性真理破除貪私為『重整道德挽救人心』『諸惡莫作眾善奉行』，冀求大地眾生離苦得樂，而有賴文化提倡宗教，努力之責焉，故將有關感化人心，提高心靈警覺，培養智慧，含有教育性等題目，編輯成帙，尚得廣播群眾誠能獲潛移默化，轉易風氣，補助政教法律不足之功效，謹將原稿九份奉懇，貴台為循本港數十萬佛教徒及一般崇尚舊道德之聽眾要求，援例賜予審核，准許敝會廣播節目……」。

48　《香港佛教》，第15期（正覺蓮社出版），1961年8月，頁34。

第六講　8月12日　釋迦文佛：「請看一朵花」曉雲法師主講

自廣播佛教節目後，市民反應頗佳，於是又促成半年後另一輯之佛學廣播。第二輯節目定於1962年2月28日起，連續六個星期三，下午6時45分播出：

第一講　1月21日　古代讚佛與現代讚佛　　　　　謝麗清主講

第二講　2月28日　中國佛教史簡介　　　　　　　曉雲法師主講

第三講　3月7日　佛的大弟子舍利弗尊者　　　　黃河慧主講

第四講　3月14日　佛教文藝與竹園隨筆　　　　　曉雲法師主講

第五講　3月21日　佛的大弟子富樓那尊者　　　　黃河慧主講

第六講　3月28日　中國繪畫與禪宗　　　　　　　曉雲法師主講

隨着香港電台播放佛學節目後，麗的呼聲電台亦於1963年佛誕日播放佛教節目——「佛陀的教化」，由黃河慧主講。[49] 截至1964年6月，佛教文化藝術協會一共廣播了四輯佛學節目，逾六十講。後來，曉雲法師移居台灣後，佛教廣播便告一段落。事隔十七年後，香港電台開設《空中結緣》節目，才恢復佛學廣播。

（二）影視弘法

隨着社會進步，電台、電視娛樂普及至社會各階層。因此弘法事業亦不再限於口耳講授或書籍引導的方式，影視音樂亦成為新時代下的弘法工具。

1952年佛聯會舉辦電影籌款會，是戰後首次影視弘法活動。[50] 1963年11月17日，佛教文化藝術協會於沙田舉行「佛教古蹟電影」，內容簡介世尊本生事蹟石刻，屬古印度犍陀羅時代（Gandhara）的藝術風格遺物。當晚

49　《香港佛教》，第39期（正覺蓮社出版），1963年8月，頁28。

50　《無盡燈》，第1卷第1期（無盡燈社）。

亦有不少學者，如：錢穆夫婦、羅香林教授、唐君毅教授等響應出席。[51]
1964年6月27日，佛聯會為籌募佛教醫院經費，於香港電台辦「紅伶義唱大會」，邀請演藝紅伶：梁醒波、羅劍郎、新馬師曾、麥炳榮、鄧碧雲等到場演出，又安排會屬學校學生唱頌佛歌。該節目得到麗的呼聲電台同意，即時轉播，使慈善之聲傳遍港九各處。是夜之義唱大會在數小時間共籌得近五十三萬元，可見影視媒介的號召力相當浩大。[52]

　　1967年3月21日，邵氏兄弟影業公司舉行《觀世音》電視慈善首映，為佛教醫院籌措經費。大會共籌得善款十五萬元。[53]

　　此後，尚有佛教青年協會主辦的「佛教音樂與電影欣賞會」（1968）和「佛教音樂及電影欣賞晚會」（1970年與港大佛學研究會合辦）。後者由學生們分頭搜集資料，寄信到電台、唱片公司、領使館查詢有關各地佛教的影音資料。他們用了大量的精神、心機，利用課餘的時間，終於整理出亞

《觀世音》電影義演海報

51　《原泉》，第26期（原泉月刊社），1963年12月，頁20。

52　《香港佛教》，第50期（正覺蓮社出版），1964年8月，頁32。

53　《觀世音義映特刊》（香港：邵氏兄弟影業公司，1967）。

洲六國的佛教影音資料，定於1970年8月31日，租用大會堂劇院舉辦「佛教音樂及電影欣賞晚會」。大會邀請覺光法師、洗塵法師及壽冶法師為顧問，又得本港聞人王澤長、胡鴻烈、劉鎮國、羅德根、羅文錦夫人、Mr. Michael Waller及Mr. L. B. Thrower為贊助人，令晚會得以順利舉行。是夜共播出九項佛教音樂及三套影片：「佛祖」（Gotama the Buddha）、「世界佛教徒聯合大會實錄」、「佛教隱居者」，頗能引領觀眾對佛教音樂有一重新的體驗。[54]

另一次則有1978年11月19日由佛教青年協會主辦的《釋迦》電影欣賞會。[55]

二、母親節、父親節大會

1960年，道慈佛社為提倡孝義，[56]發揚傳統美德，首度於母親節舉辦

道慈佛社舉辦慶祝母親節大會

54　《雷音》，第十八期（佛教青年協會出版），1970年8月。

55　《雷音》，第三十五期（佛教青年協會出版），1978年。

56　道慈佛社由楊日霖、張鎮漢等人創於1944年，最先以楊日霖的布行公司作會址，十年來經多番變遷，最終得政府撥出西環域多利8444地段作永久會址。之後陸續興辦義學、又施醫濟貧。此外，在1958年成立青年部，是戰後最先關注青年佛教徒的團體，是青年佛教發展的開端。

「慶祝母親節大會」。活動假大會堂舉行，除邀請社會賢達、高僧大德主持開幕、演講外，亦有各式舞蹈表演及佛化話劇，內容生動有趣，娛樂性豐富，吸引過千人參加。

翌月再辦「慶祝父親節大會」，內容大同小異，但最值得一提的是，活動中由各青年男女分別向其父母敬獻禮物，並在台上分述過去奉孝佚事，場面溫馨。道慈佛社舉辦「兩節」的慶祝會凡十數年，以佛教團體名義，宣弘慈孝精神，令不少人改變對佛教「出世無情」的誤解態度。

三、青年佛教活動

佛教深入市區後，弘法活動日趨多元化，信仰者也日益增加，其中不少是年青的信眾。他們或從報章的報道、電台廣播、佛學班或法會經懺等各方面接觸佛教，於是產生興趣。而佛教僧人、學者亦察覺到培養青年人皈信正信佛教的重要性，因此漸漸成立青年佛教團體和舉辦各類活動。

（一）青年佛教團體

1958年，道慈佛社成立「佛教青年部」，由保賢法師領導。[57] 該會於1969年改為「香港佛教青年中心」。1962年春，又有「香港佛教青年會」之成立，經註冊後召開會議，選出文珠法師為主席，以汝洲街27號為會址。其後更開辦學校、定期講座及園遊會等等。翌年又有妙智法師開辦「中華佛教青年會」，會址設於麼地道36號麗東大廈8樓。

1966年有「珠海書院佛教同學會」成立，由在學大專青年自發創立。翌年，「佛教青年協會」成立。該會自成立以來，舉辦多種不同弘法活

57　保賢法師（1909－1987），俗姓鄭，山東東平人。因家境貧困，九歲時父親送其到寺院出家，先後入讀北京弘慈佛學院及青島湛山寺佛學院。1957年來港，翌年組織「香港佛教青年中心」，時以「青年需要佛教，佛教需要青年」為口號；保賢法師長期以「火頭僧」名義撰寫佛教文章，討論時事、教界情況及文化藝術等，以敢言著稱。1987年圓寂，世壽七十九歲。

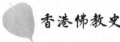

佛教青年中心成員

動，頗為積極。六十年代末尚有香港大學學生自組「佛學研究會」，並與其他團體聯合活動。

到七十年代，青年佛教活動更加蓬勃。1973年，維多利亞工業學校成立「佛教同學會」，是首間官立中學的佛教團體。其後英皇書院等亦相繼成立「佛學研究會」。同年佛聯會在會屬學校組織「佛教青年團」，中學的佛教組織更迅速擴展。風氣所及，其他中學亦曾組織佛教活動。1979年成立的「能仁書院明心佛學研究會」及1980年成立的「香港大學學生會佛學會」，亦是在青年佛教風氣下所產生。

(二) 佛教青年活動

常言道「道由人弘」，因此培養青年信眾就是佛教內部最重要之資源。佛教自從扎根市區後，無論僧侶居士，都意識到佛教需要吸收年青人的朝氣和活力，令佛教能前進發展。於是，先進開明的佛教人士便模仿外教，以新穎的方法佈教。

1960年夏，佛教文化藝術協會的曉雲法師首創「第一屆雲門夏令營」，參考外教短期「退修」的形式，讓年青信眾嘗試佛教修行生活。夏

令營一連七天假凌雲寺舉行，參加者「每天早上五時起床後，開始一連串之活動，包括朝會、靜坐、山行，放棹及各種學術講座，淨土之夜、禪悦之夜、音樂之夜、音樂欣賞晚會，招待小園（營）友及夜話等。七天之內參加園（營）友，頗能萬緣放下，身心安泰，故參與園（營）友，咸認為此種生活為人生難得之機緣」。[58]

　　雲門夏令營共舉行了六屆，各屆對象亦有不同，如第五屆的夏令營便只接引中小學生。後因曉雲法師遷居台灣便告停頓，殊感可惜。然而風氣一開，各界紛紛仿傚。例如：香港佛教青年會（1964）、僧伽聯合會（1970）及佛學班同學會（1976）亦相繼舉辦夏令營。七十年代起，僧伽聯合會發起的「短期出家剃度大會」，更是由夏令營的基礎上進一步的發展。大嶼山的羅漢寺亦從後追上，以寺中設備之便舉行佛學營，為不少中學生提供了體驗佛教生活的機會。

表15　羅漢寺所辦夏令營活動（1970－1980）

日　期	活　動	參與團體
1976年	佛學研討營	英皇書院佛學研究會
1976年冬	冬季佛學營	維多利亞工業中學佛教同學會
1977年11月26至27日	佛學研習營	英皇書院佛學研究會
1977年12月26至28日	冬季佛學營	維多利亞工業中學佛教同學會
1977年12月31日	學佛營	佛教青年協會
1978年2月25至26日	進修佛法營	英皇書院佛學研究會
1978年7月28日	佛學營	英皇書院佛學研究會
1978年（一連五天）	進修佛學營	粉嶺明心中學全體教師
1978年8月5至7日	佛學營	羅漢寺主辦
1978年8月26至28日	佛學營	佛教青年協會

58　見《原泉》，第46期；《香港佛教》，第40期。

（三）青年佛教的服務

佛教青年團體以號召年青信眾為主要目的，而青年信眾除了是佛教的希望，他們同樣肩負弘法的責任，因此他們以創新和活潑的方法，向社會各界推廣佛學，令當時的佛教增添生氣。茲列舉佛教青年團體的弘法活動：

1. 開辦學校

佛教青年團體亦關心教育問題。1963年春，香港佛教青年會接辦佛教大華學校，同年9月擴大規模，收生400餘人。翌年，又於葵涌新區16、17座7樓全層及38、29座開辦「佛教青年會學校」；1969年，該會又開設「佛教青年會夜中學」，校址位於窩打老道63號，為在職人士提供進修機會。

2. 遊藝會

遊藝會可說是青年佛教徒所舉辦的弘法方式中，最具活力的綜合活動。1960年，道慈佛社首辦母親節慶祝大會，在會中除了開幕演講外，並安排各式表演，與眾同樂，開始了綜合表演的弘法方式。此後，不少佛教團體在節日或誕期亦仿傚舉辦遊藝會。1968年12月26日，佛教青年協會為老虎岩徙置區兒童舉辦「招待學童遊藝大會」，藉着表演、遊玩的方式將佛法的道理灌輸給與會者；其他如：「佛教青年遊藝大會」、「懇親遊藝晚會」等各式名堂，都是綜合遊藝會的延續和發展。

3. 賑災

中華佛教青年會之社會服務以賑濟為主，1964年1月15日，該會聯同十方大佛寺進行冬賑活動，向千多名貧困者派發白米、棉被及毛衣；同年10月又於佐敦道21號福樂大廈8樓開設醫療所，施醫施藥，嘉惠貧黎活人。[59]

59　《香港佛教》，第45期（正覺蓮社出版），1964年2月。

覺光法師主講「二十年來之香港佛教」

4. 佛學講座

佛教青年團體除了傳統式佛經講座外，又經常開辦通俗演講，因講題新穎，頗配合日常生活，如佛教青年會曾在大會堂低座劇院開講「正信與迷信」（1963）、「佛學與教育」（1964）等題目，由文珠法師主講；中華佛教青年會亦於1964年中，邀請台灣的南亭法師、悟一法師來港講授佛學；另外，1970年6月，香港大學的佛學研究會與佛教青年協會聯合邀請佛教聯合會會長覺光法師在大會堂開講「二十年來香港佛教發展情況」，聽眾頗眾。

5. 佛化話劇與電影

道慈佛社青年部於1960年，在金陵酒家演出佛化話劇〈達摩大師〉。同年，寶覺女子中學亦於校內的佛誕慶祝會上表演話劇，[60] 兩者均為話劇弘法的先河。道慈佛社復於每年舉辦母親節、父親節慶祝大會中，安排歌舞表演後，繼有〈達摩大師〉、〈六祖傳燈〉、〈世尊傳道〉、〈孟母斷

60　該校每年佛誕節均在校內舉辦慶祝活動，並上演佛化話劇，如：〈魔女誘惑〉、〈魔王侵擾〉、〈牧童獻草〉、〈牧女獻奶〉。詳見《寶覺年刊》，卷七（寶覺女子中學），1960年。

佛教青年主演佛教話劇

機〉、〈孟母教子〉等劇，推動了日後青年佛教徒在影音弘法方面的發展。

1969年8月30日及31日晚，佛教青年中心假座大會堂音樂廳舉行「青年遊藝大會」，以歌唱、舞蹈、音樂、話劇來弘揚佛教義理，並上演〈弘一大師〉話劇。[61]

此後，其他的團體先後舉辦「佛教音樂與電影欣賞會」活動，以1976年的《釋迦》電影義演會最為矚目。同年，佛教青年中心又創作〈誰憐遊子心〉，並將劇本交天天圖書出版，實行影視、文字雙線發展，加強弘法效果。

丙　文化與學術

一、經緯書院與佛學發展

1949年，一群國內學者南遷香港，他們基於復興中國歷史文化的使命感，於是創立新亞書院及研究所，並向台北教育部立案註冊。這些學者視

---

61 《青年遊藝大會特刊》，載《香港佛教》（正覺蓮社），1969年，第112期。

佛學為中國文化之一部分，不時開設佛學課，間接或直接培養了不少佛學人才，促進佛學研究，成為大專院校教授佛學之濫觴。[62]

　　1962年，三輪佛學社舉辦「佛學星期班」，翌年，學員畢業後，希望繼續深造佛學。同年，學者陳湛銓等人，經台北教育部註冊，開辦經緯書院，於是三輪佛學社的羅時憲、劉銳之、梁隱盦等人，努力促成佛學系的成立。該系由1963年9月開辦，聘請羅時憲為系主任，何敬群、黃繩曾、劉銳之、明慧法師、敏智法師等分任教授。課程共分四年，涵蓋大小乘理論、經典、歷史等內容。首年收生十人，大多是「佛學班」的畢業生。當時每月學費50元，[63] 而三輪佛學社則依學生經濟能力而資助全費或半費。佛學系在下午3時開課，不少學員上午選擇兼職工作，以便下午上課。如此半工半讀，完成課程，足見當年學佛風氣的興起，以及學員深入經藏，探求真理的堅定志向，極為可貴。[64]

經緯書院佛學系首屆畢業（鳴謝黃性行居士提供）

62　從〈新亞研究所／中文大學（佛學）學位論文〉表及〈新亞書院研究所教授／學者佛學論著〉表得知，由1954年至1992年間，有關佛學之研究專著不下80篇。詳見釋見明：《香港佛教與佛寺》（香港：寶蓮禪寺，1993），頁156。

63　〈經緯書院招生簡章〉，《經緯文藝》，創刊號（經緯書院中國文學會編印），頁28。

64　三輪佛學社資助及學生半工半讀等情況，乃當年之學員黃性行口述。

經緯書院招生簡章

一、科系：
院址：九龍亞皆老街一○八之一一○號　電話：八四一八○○
甲、商學系：分國際貿易學系、商業管理學系、會計、商業管理學系、國際……
乙、文學系：中國文學系、英國語文學系、藝術學系。
丙、附設：商業會計、商業管理……研究。

三、實習生：
1. 各科投考本系者，須高中畢業，或現任中學女教師，或志……
2. ……
3. ……

四、報名：
1. 日期……
2. ……
3. ……
4. ……

五、考試：
1. 日期……
2. ……
3. ……

六、免試入學資格：
1. 中學畢業者……
2. 本校……

七、修業年限：
1. ……
2. ……

八、學費：
1. 國學系……
2. ……
3. ……
4. ……

十九、開學及授課時間：凡本校學生……每晚由下午六時卅分起上課，……其辦法另訂之。

經緯書院招生簡章

　　經緯書院佛學系的創立，是華人地區佛教發展中的創舉。無論由創辦、課程、教授等各方面，佛學系都與三輪佛學社有密切的關係，可以說佛學系是「佛學星期班」的延續。儘管經緯書院只辦五年，但佛學系卻是本地佛學系統步入高等學府的開端，意義與影響深遠。[65] 及後，佛教僧伽聯合會所辦的佛教大學——「能仁書院」，亦是借鏡經緯書院佛學系的經驗而興辦。

二、其他佛學課程之創立

　　隨着三輪佛學社開啟學佛風氣後，其他的佛學院及佛學課亦紛紛成立。僧侶佛學方面，1962年9月，有妙法寺辦內明學院，由敏智法師任院長；1964年11月，中華佛學研究會開辦「天台教義研究班」，逢星期六上課；翌年，大嶼山慈興寺辦「天台佛學院」；尚有東普陀寺亦於1976年

---

65 黃性行口述，佛學系畢業的學員，大多擔任佛學老師，亦有部分出家為僧，各人在不同崗位上宣揚佛教。

開設「中國佛教學院」。三所學院均以教授天台教義為主，但全部因收生困難而停辦。另外，位於港島區堅道的慧明精舍於1972年亦辦「慧明佛學院」，由寬如尼師、寬榮尼師任教。課程約兩年為一屆，開辦三屆後，因兩師先後圓寂而結束。

至於普及性的佛學課程，除了佛學星期班外，尚有法相學會的講經會和明珠佛學社的佛學初階研究班（1972）。另外，佛教聯合會亦為會屬佛學科老師開辦「佛學研討班」共36節，由江妙吉祥主講。

大專教育方面，1963年先有經緯書院開辦「佛學系」，專門培養佛學方面的人才。到1969年，佛教僧伽聯合會開辦「能仁書院」，設哲學系，主要教授佛學科目，是經緯書院的延續。1973年起，佛聯會與香港中文大學校外課程部合作，首開「佛學文憑課程」，由於佛學「進身」大學界，令許多對佛教有誤解的人士亦逐漸改觀。隨後中文大學尚舉辦多屆佛學課程，均顯示社會上對認識佛學的需求有增無減。

三、文化展覽

佛教團體除了興辦教務和社會慈善外，亦注重文化的推廣。佛教文化藝術協會早於1962年4月，便於大會堂辦「古今名家書畫展」，展出多件佛教書畫，其中包括：高奇峰贈與國父孫中山先生之花鳥畫以及弘一大師、太虛大師、印光大師之墨寶，彌足珍貴。

1968年，佛聯會為籌募佛教醫院經費，在大會堂舉行「清代名畫義賣籌款」展覽會，由何善衡夫人贊助，陳佐乾義獻清代進士名畫，為大會籌得10萬元。1969年10月，香港大學的佛學研究會辦「佛教展覽會」，介紹佛教情況。另外，荃灣芙蓉山的果常法師遠赴日本開辦個人畫展，並獲東京上野之全國美術協會購畫二十多幅，可說是將本港佛教書畫輸出國外之第一人。其後，尚有各種畫展、陶瓷展等等，雖然規模不一，目的不同，但反映佛教在文化推廣的發展亦趨成熟。

陳佐乾居士義獻清代名畫展開幕

四、佛教書籍雜誌之出版

六十年代起，佛教社團相繼成立，信眾報讀佛學班之風氣漸熾，促進佛書雜誌的編纂。該段時期，以《佛經選要》最富價值與意義。

（一）《佛經選要》

自佛學星期班開創後，學佛風氣日益增長，信眾在研習時自然對經典佛書的需求大增。然而佛典浩如煙海，崖際難測，令初學者無從入手。於是引發佛教學者編修「佛教聖經」之提議，從佛經中選出扼要經文，擷採精華，彙集成書，以便學習研究，此即為《佛經選要》之編修緣起。

有關《佛經選要》（*The Selected Buddhist Scriptures*）之編纂及印行頗為辛酸。1957年4月，著名佛學家張澄基教授經港赴美，首倡編纂「佛教聖經」。[66] 翌月組成「佛經選要編纂會」，由羅時憲任主編，劉銳之、邢肅芝、江妙吉祥為編纂。以三年為期，分頭蒐集資料。「其中密乘一篇，

66　張澄基教授到港，與本地佛教人士會面時表示：「我們急需要一部佛教『聖經』」。

則因（劉）銳之為此宗學者，於東藏二密皆有師承，原稿由其執筆，而（羅時）憲潤飾之」。[67] 初時以金剛乘學會會址為通訊處，由李世華與吳昆生分擔編纂開支。後因諸方誹議，[68] 吳昆生退出不再捐資，營運資金即告緊張，編纂工作增添阻礙，幸而李世華獨力支持到底，經四年時間，終於在1961年9月分上下兩冊出版，惟銷路困難，乏人問津。[69] 儘管當時的銷情低落，但日後卻逐漸得到僧俗學者的認同與欣賞，將之媲美丁福保的《佛典精華》[70]，足見《佛經選要》的價值和意義無法磨滅。

張澄基博士提出編輯「佛教聖經」（鳴謝金剛乘學會）

該書計有：教主、有情與世界、因緣業果、諸法體義、唯識、真實義、人天乘、解脫道、菩薩行、佛果、淨土、密乘、宗門法要等，另加羅時憲所撰提要一章，合為十四篇。內容涵蓋佛學之主要範疇，加上編纂原則清晰明確，[71] 令該書達至四項功用：「一、初學佛法的人，可以用作讀本；二、研究哲學而非專攻佛家哲學的人，如想要一本有確實根據的佛學概論，本書可被採用（當然有待於今後佛學專家的補正）；三、世務繁忙的佛教徒，可用作隨時翻閱的手冊；四，其他的宗教信徒，如想略知佛

67　羅時憲：〈選輯後記〉，載《佛經選要》，下冊（香港：金剛乘學會，1961），頁1248。

68　自「佛經選要編纂會」成立，即有各方誹議，有云：「由居士主持，有乖佛制」、亦有指選輯工作是「割裂佛經，必墮地獄」等等。詳《金剛乘學會三十五周年特刊》，1988年。

69　《香港佛教》，第14期（正覺蓮社出版），1961年4月，頁31。

70　丁福保（1874－1952），字仲祐，江蘇煬州人，號疇隱居士。生平行醫為業，年三十二始接觸佛學。四十歲皈信我佛，勇猛精進，研讀經典，後感佛典文字艱深，於是發心註釋佛典，著有《丁氏佛學叢書》及編纂《佛學大辭典》，為後人研習佛學提供便利。

71　該書〈全書提要〉：「佛家的經論中有很多地方表面上是互相矛盾的，對於同一名詞，同一問題，在小乘經論中，時有不同解釋，小乘經論與大乘經論的解釋，亦時有不同；大乘中又有密意教與了義教之別（見解深密經二）。本書於小乘教義以阿毗達磨俱舍論所說的為標準；（小乘的各阿含經之間，是不會發生矛盾的），小乘與大乘之間，如有不同的說法，則以大乘教義為標準；大乘之中，又以了義教為標準。」載《佛經選要》，上冊，頁4。

法的大概，本書亦足供參考。」[72]

至於義理系統則「分境、行、果三部分，旁徵博引，條分縷析，以申說之。倘一經不足，別經以補足之；諸經不足，律及論以補足之。於三藏中，加以方便善巧之介紹……使讀者作有系統之研習，此其優點之一；每一章節，分別於經律論中，盡量搜集，應有盡有……而釋尊說法，或空或有，或橫或豎，多采多姿。今則一書在手，等於博覽群書……此其優點之二；每篇都有提要，是將全篇之內容，簡單扼要加以提出，使讀者一目瞭然。先了解其要點，然後細讀，對於領悟，當然事半而功倍，此其優點之三」。[73]

《佛經選要》是香港居士學者智慧、願力、眼光和心血的結晶，反映佛教居士對弘揚和護持正信佛法的責任與決心。同時，亦對傳統認為「白衣說法是末法象徵」的偏見和歧視，以實際的行動，強而有力地釋破。隨着該書的面世，居士佛教發展跨進一步，令六十年代以來的僧俗兩線發展更趨明顯。

（二）其他佛教書籍

其他書籍方面， 1962年，東林念佛堂出版《東林小志》，內容包括該寺沿革、高僧佚事及殿宇概況等，又詳錄創辦人定西法師之言行語錄及圖片多幅；同年，三輪佛學社開辦「佛學星期班」，為配合課程編排，方便學員研習自修，遂由梁隱盦、葉文意執筆編撰《佛學十八講》，凡佛傳教史、大小乘義理，皆扼要講述，是首本接引初基信眾之佛學入門書籍。

1963年，佛瑩尼師出版《新釋八識規矩頌註解》。佛瑩尼早歲畢業於廣州夏葛醫科大學及廣州光華醫學院。後隨虛雲和尚出家，1949年避居香

---

72 同註67。

73 劉銳之：〈贈送「佛經選要」通啟〉，《金剛乘季刊》，第27期（台灣，金剛乘學會），1983年5月，頁7－13。

港。之後以其醫學知識，註釋《八識規矩頌》，特別對於前五識的浮塵根與淨色根部分，以現代解剖學、生理學加以解說，言古人之所未言。全書凡十餘萬言，義豐趣玄，妙契幽旨，出版後風行一時。

　　1960年前後，佛教團體向教育署申請開設佛學科會考，急需編定課程綱要及教案，請江妙吉祥執筆編成《中學佛學教科書》，由東蓮覺苑出版及試用。全書逾六萬字，分為五篇：古印度背景、佛陀生平、印度佛學、中國佛教及佛理綱要，內容完整扼要，且屬本港首本經官方審認之佛學教科書，佛教中學沿用二十餘年。到七十年代，洗塵法師捐資贊助香港中文大學另外出版《佛學》教科書，由霍韜晦教授編撰，內容以引錄佛經章節為主。另外，為便向小學生宣揚佛教精神，梁隱盦及葉文意兩居士再編小學版的《佛學課本》一套共十二冊，內容簡要，加配彩色插圖，頗能引起同學們之興趣。

　　1974年，佛教學者韋達出版英譯《成唯識論》（*Ch'eng Wei-Shih Lun Doctrine of mere-consciousness*）。[74] 全書分十卷，包括：「我執法執」、

小學《佛學課本》

74　韋達（1901－1977），香港大學文學碩士、英國皇家藝術學院院士。英文造詣甚深，曾任爵紳羅旭龢及何東之私人秘書。曾代表香港出席「世界佛教友誼會第四屆佛教大會」。又於1965年與羅時憲等人成立法相學會，專弘唯識，譯有《英譯成唯識論》、《瑜伽師地論英譯》等專著。

「阿賴耶識」、「末那識」、「前六識」、「唯識所變義」、「因果生死流轉」、「有情生死相續與諸業習氣」、「三性」、「聖道」、「五位」、「十地」、「十波羅密」、「三身四智」、「大菩提」、「大涅槃」、「一真法界」等章。請印順法師及羅時憲教授作序，譯者亦親撰自序及導言，並得趙聿修題辭。隨書附有《唯識三十頌》羅馬音文、梵文印本、梵文寫本及中英對照等五種文字版本。

《成唯識論》一書英漢對照，一方面便利讀者翻閱；另一方面，歐美學者非有漢學根底，難於閱讀原本，現譯成英文，流通歐美，使世界學佛者獲得真義，對研究佛學有所增益。

韋達花費二十多年時間，譯成此千多頁之巨著，是港人英譯並出版佛經之第一人，頗受學術界及教界高度重視。[75]

兩年後，佛教聯合會出版《佛教在香港》，以照片彩圖方式簡介香港佛教概況。1977年，又有學者蕭國健編纂《香港之三大古剎》，該書所指之三大古剎即：青山寺、靈渡寺及凌雲寺，文章原刊於報章，後經整理，彙集成書，並請大光法師作序，是研究本港早期佛教史地的專書。

（三）期刊雜誌

1.《香港佛教》

《香港佛教》創於1960年6月，由香海正覺蓮社出版，逢每月1號發行。該刊由覺光法師、元果法師、松泉法師三人共同發起，元果法師擔任主編，松泉法師主責分銷。他們在香港弘法多年，認為「多年來，站在佛教的立場，做着隨分宏法利生的事業，然終感能力菲薄，影響甚微。而在文字的介紹宣揚方面，尤感缺如。因是倡議發刊《香港佛教雜誌》，旨在

---

75 本港世佛會出席尼泊爾的「國際佛學研討會」及斯里蘭卡舉行的「世界佛教領袖和學者大會」，即以此書作為贈禮，旋獲各界好評。見《香港佛教》，第291期，1984年。

英譯《成唯識論》　　　1977出版的《香港之三大古剎》　　　《香港佛教》創刊號

外介紹佛教，導迷啟悟，樹正黜邪；對內聯繫同道感情，相互觀摩，互相取法」。[76] 該刊每期刊登經典義理、佛學文章、教界資訊等，尤以編末的「香港佛教新聞版」報道教界動態，為了解六十年代以來本地佛教情況的重要資料。另外，遇有高僧圓寂或特別紀念日，該刊便以專號出版，增添紀念價值。

該刊創刊以來，經營亦甚困難，每月開支多達800元，均靠十方善信捐資助印。1965年，適值該刊創辦五周年，為籌措出版經費，發起一元運動獻金及廣徵閱戶，「藉以充實《香港佛教》，使其健全起來自力為佛教撒播苗種，使佈教工作得以增進」。當時，即獲楊日霖慷慨助印一百元，此後慘淡經營，總算能挽力維持。

1997年7月1日（第446期）起，交香港佛教聯合會發行，至今已出版超過六百期。

76 〈創刊詞〉，《香港佛教》，第一期（正覺蓮社出版），1960年6月，頁3。

2.《菩提》

1966年元旦，文泉法師組織珠海書院佛教同學會，兩年後出版《菩提》會刊，是本港大專學界首本佛教刊物，但只出版一期。[77]

3.《法相學會集刊》

1966年10月，佛教法相學會出版不定期刊物《法相學會集刊》。該刊以大學學報形式編輯，所發表之文章皆為高水平學術論文，向為學術教育界及佛教界所重視。至今已出版七期，最近一期在2013年底發行。

4.《雷音》

佛教青年協會於1968年7月成立，同年12月出版會刊《雷音》，作為會員發表學佛心得及對外交流之平台。該刊初以月報、雙月報等形式發行，至1989年7月（第69期），始改以書本出版，並定為季刊。

5.《佛友》

1970年2月，世界佛教友誼會港澳分區總會出版《佛友》，為不定期刊物。初以報刊式發行，後改為書本出版。內容介紹世佛會會務及出席「世佛大會」概況為主，頗讓讀者增廣見聞。另附佛教文章及本港佛教發展資料等。

6.《內明》

1972年4月，妙法寺出版《內明》，由敏智法師主編。該刊屬綜合性學術刊物，作風務實，水平甚高，編末亦有報道教界資訊。九十年代中期，敏智法師圓寂，因後繼乏人，故發行至第三百期宣佈停刊。[78]

---

77 該刊主編文泉法師口述。

78 詳《內明》，第三百期（香港，內明出版社），1997年3月1日。

珠海書院佛教同學會出版的
《梵音》會刊

《金剛乘季刊》創刊號

7.《梵音》

1974年3月，廣琳法師重組珠海書院佛教同學會，同年12月出版《梵音》，由蕭國健主編，為本港大專學界佛教刊物之先河。該刊為不定期刊物，每期均由該校師生編寫，當中不乏高水平之佛學文章。至2001年，該會聯合香港大學學生會佛學會合辦活動，又適逢兩校周年校慶，特別合併出版《梵音佛苗聯合特刊》（第五期）。當中除佛學文章外，亦報道由兩會合辦之「台灣佛教考察團」，因該活動是本港大專界佛學會首次出訪外地，饒有紀念價值。《梵音》先後出版六期，最近者為2006年1月出版，兩期皆由鄧健誼主編。

8.《金剛乘季刊》

1926年，有福金喇嘛來港弘揚藏傳佛教，港人始知有藏密法。此後陸續有藏密上師到來，創設道場。惟由本地信士建設管理者，當以1953年成立之「金剛乘學會」為最早。

該會於1979年11月出版《金剛乘季刊》，內容包括：密教義理、修行

指導、會務花絮、經典譯文等等。《金剛乘季刊》由劉銳之任主編、鍾湘棣編排校對,在台灣登記註冊,但以香港弟子集資編印,免費贈予學會弟子及各界善信。

《金剛乘季刊》首兩期以報章式印行,第三期起改以書刊式出版,後來為便流通,每12期結集為《金剛乘季刊合訂本》,先後出版五集。1997年,劉銳之上師圓寂,該刊出版兩期紀念專輯至第75期便告停刊。

9. 其他佛教刊物

時至七十年代,尚有佛教團體出版如下之雜誌刊物:[79]

表16 七十年代佛教團體發行雜誌刊物簡表

刊　名	創刊日期	出版者	簡　介
《青年佛教》	1970年1月	佛教青年中心	約出版半年便停刊
《剃度大會特輯》	1971年7月	佛教僧伽聯合會	為該會每年所辦剃度大會之特輯,已停刊
《佛教雙週刊》	1971年8月9日起	《工商日報》	於《工商日報》之副刊內刊登,每隔一星期出版,長期由暢懷法師主編。已停刊
《三輪·法相·世佛·佛學班同學會會刊》	1973年3月	三輪·法相·世佛·佛學班同學會	該刊為不定期刊物。以短篇佛學文章為主,撰文者皆為該會中堅成員
《香港佛教青少年團團報》	1974年4月	佛教聯合會香港佛教青年團	佛聯會會屬學校內流通
《慧足》	1975年	法相學會	該會較通俗刊物,以報章形式不定期出版。現已停刊

---

79 表中所列刊物,因出版數量較少,流通不廣,故只作簡介。

六十年代以後的宗教交流

甲 參與國際佛教活動

　　自香港世界佛教友誼會成立後，本地佛教積極參與國際活動。六十年代後，國際性的佛教機構漸漸成立，佛聯會、世佛會、僧伽會亦先後加入不同的國際佛教機構成為會員，此後香港與各地佛教的交流更趨頻繁。

一、世界佛教友誼會會議

　　香港世界佛教友誼會港澳分會成立後，各屆「佛教大會」均派代表出席。1961年11月12日，第六屆世界佛教大會在高棉（柬埔寨）金邊（Phnompenh）舉行，本港派出覺光法師、茂蕊法師、馮公夏等代表出席。

世界佛教友誼會周年會議

該次會議又選出馮公夏為世界佛教友誼會副會長，為本港佛教增光。會期後，世界佛教大會副主席馮善甫、馮善敦來港訪問，並在東蓮覺苑演講，順道播映美洲弘法情況。此後尚有下列各次：[80]

表17 世佛會港澳分會出席「世界佛教大會」簡表

日　期	地　點	概　況
1961年11月12日	高棉金邊（Phnompenh）	第六屆世界佛教友誼會大會
1964年11月29至12月4日	印度薩拉斯（Sarnath）	第七屆世界佛教友誼會大會，香港佛教僧伽聯合會獲許加入成為會員
1966年11月6至12日	泰國清邁（Chieng-Mai）	第八屆世界佛教友誼會大會
1969年4月13至20日	馬來西亞吉隆坡（Kuala Lumpur）	第九屆世界佛教友誼會大會
1972年5月22至27日	斯里蘭卡可倫坡（Colombo）	第十屆世界佛教友誼會大會，香港佛教聯合會獲許加入成為會員
1976年2月20至25日	泰國曼谷（Bangkok）	第十一屆世界佛教友誼會大會
1978年10月1至6日	日本東京（Tokyo）及京都（Kyoto）	第十二屆世界佛教友誼會大會
1980年11月21至29日	泰國曼谷（Bangkok）及清邁（Chieng-Mai）	世界佛教友誼會成立三十周年及第十三屆大會

　　除了出席國際會議外，亦經常接待海外來訪的佛教人士，其中以世界佛教聯誼會總會會長潘比絲美公主（Princess Poon Pismai Diskul）來港最為矚目。

　　泰皇皇姑潘比絲美公主曾三度來港，第一次是1965年，當時潘公主出席國際宗教歷史會議，路過香港曾訪問香港佛教文化藝術協會，參觀該會各工作部門及佛教文物院籌備處之陳列室。該會的曉雲法師及佛教仝人等

設齋招待。席間，潘公主亦播放泰國佛教電影、介紹佛教文藝活動等等。[81]

1971年5月10日至14日，潘公主再訪香港四天，並率同世界佛教總會秘書長山華斯、泰國佛教代表安佩女士、錫蘭佛教代表史丹尼威廉士、馬來西亞佛教代表鄭天柱、夏威夷代表美也巴拿等人訪問佛教聯合會、僧伽聯合會。其中，又於13日順道遊覽澳門，15日離港返國。[82]

1973年8月30日，潘比絲美公主在韓國出席會議後，經港返國。潘公主率領世界佛教友誼總會秘書長僧伽華西及財務長楊紫純，一行三人到港。覺光法師、洗塵法師、高永霄、黎時煖及泰國總領使等十多人在機場迎接，潘公主隨即在機場餐廳會晤各人。

潘公主在港期間，先後訪問三間分會：佛教聯合會、佛教僧伽聯合會和世佛會港澳分會，又參觀「佛學星期班」之上課情況。隨後宴談時，潘公主發表講話：「今日舉世洶洶，益覺佛教徒所負責任之重大。吾人之偉大目的，為解除人類痛苦，必須促進互相間之了解，以謀取世界和平。聯合國已承認本會為該國之文化機構之一，共向和平之偉大目的邁進。即本會如有需求，聯合國願加協助，承擔和平之偉大責任，處於『佛教的青年一代』的重要，故吾人應力求鼓勵青年上進。為了保持人類尊嚴，必須重視人權。」又勉籲「香港佛教徒一致，為宣揚佛教之義而努力」。[83]

9月2日下午，潘比絲美公主離港返國，結束三天訪問行程。

二、世界佛教華僧會會議

1966年，台灣的中國佛教會白聖法師組織「世界佛教華僧會」，以團結華籍僧侶加深交流，促進漢傳佛教發展。首屆大會在台灣舉行。香港派出覺光法師、洗塵法師等為代表赴會。經此次會議後，香港積極爭取承辦

81　《原泉》，第37期（香港，原泉月刊社），1965年10月。
82　《香港佛教》，第133期（正覺蓮社出版），1971年6月，頁34。
83　《香港佛教》，第161期（正覺蓮社出版），1973年10月，頁36。

第二屆會議。1970年4月，第二屆大會在香港舉行。為此，香港佛教仝人特別發起「世界弘法大會」，並將第二屆華僧大會會議安排在4月6日，借用荃灣紅棉大廈13樓棲霞新苑召開。大會有八個地區會員代表出席，即台灣代表白聖法師、夏威夷代表悟一法師、新加坡代表竺摩法師、香港代表洗塵法師、菲律賓代表正光法師、馬來西亞代表鏡盦法師、越南代表超塵法師及日本代表清度法師。會中討論三大議案：一、未來僧寶短缺問題；二、設立「世界佛教大專佛學獎學金」；三、創立佛教大學等。[84]

這次是香港佛教界首次舉辦國際性佛教會議。

三、其他

這時期尚有其他國際性宗教活動，表列如下：

1960年香港僧伽訪台

84　見《菩提樹》，第211至215期（台灣，菩提樹雜誌社），1970年6月至8月。

表18　本港佛教團體參加國際佛教活動

日　期	概　況
1960 年 10 月 8 至 26 日	香港佛教觀光團往台灣訪問，由覺光法師、元果法師、法宗法師、宏量法師、應成法師等組成
1963 年 8 月	馮公夏應邀請出席「西德文教大會」。回港後假大會堂報告訪歐見聞
1964 年 11 月至翌年 1 月	香港世佛會代表團過訪亞洲諸國和地區，包括：泰國、菲律賓、新加坡、錫蘭、印度、馬來西亞、日本、台灣
1969 年 12 月	黃允畋偕同夫人，代表佛聯會訪問東南亞多國，邀請佛教大德來港參加世界佛教大會
1970 年 10 月	出席韓國舉行的世界佛教領袖大會
1970 年 11 月 17 日	佛教觀光團赴東亞參訪
1970 年 12 月 24 日	覺光法師、大光法師代表本港四眾出席泰國僧皇奉安典禮
1971 年 12 月 20 至 25 日	黃鳳翎中學學生莫家強代表出席泰國曼谷舉行之「世界佛教青年大會」
1972 年 6 月 1 日	香港青年僧人訪問日韓佛教
1974 年 4 月	寶蓮禪寺代表赴日參加「曹洞宗開山六百五十年大慶典」
1976 年 10 月	覺光法師赴韓國主持「千佛大戒」及出席「世界臨濟大會」
1976 年 11 月 25 至 30 日	覺光法師代表出席新加坡舉行之「亞洲宗教和平大會」
1977 年 6 月 11 日	佛聯會訪問韓國、日本和台灣
1977 年 7 月	出席漢城「港韓佛教友誼締盟」，並成立理事會
1978 年 8 月	在港舉行「第一屆港韓佛教聯席會議」
1980 年 11 月	黃允畋率團訪問北京

乙　舉辦世界佛教弘法大會

　　1966年，世界佛教華僧大會在台灣召開，當時，香港由覺光法師、洗塵法師等人代表出席。會後，香港佛教界積極爭取舉辦，最後定出1970年4月在香港召開第二屆華僧大會。藉着各國代表來港的機會，以及籌備十多年的香港佛教醫院即將落成，香港佛教全人順道召開「世界佛教弘法大

會」，共襄教務。同時舉辦多項活動，以增其盛。

「世界佛教弘法大會」於1970年4月1日至10日舉行，有26國共262位代表蒞港參加。[85]大會為籌募舉辦經費，先於4月1日起，假仍未開幕的佛教醫院啟建「消災吉祥法會」七天，設壇場11個，並特別邀請甘珠爾瓦活佛來港主持密宗壇，供各界善信附薦祈福。大會最終籌得240萬元，以津貼弘法大會開支。

世界佛教弘法大會會議開幕典禮於4月3日上午11時假座香港大會堂舉行。與會者有泰國僧皇、台灣的甘珠爾瓦活佛、白聖法師等各地佛教領袖和代表外，亦有不少官紳名流，計有：英國、印度和巴基斯坦的高級商務專員；美國、越南、日本、韓國、菲律賓、緬甸等國駐港總領事。尚有香港民政司何禮文及中西賢達一千多人出席。

典禮先由泰國僧皇主持祝禱，並勉勵佛教全人盡力為社會服務。接着由覺光法師闡釋是次會議意義，繼由民政司何禮文代表港督戴麟趾爵士

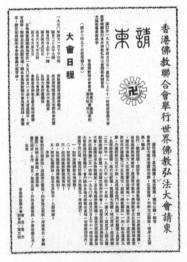

世界弘法大會請柬

世界佛教弘法大會

85　《香港佛教》，第120期（正覺蓮社出版），1970年5月，頁39。

（Sir David Trench）宣讀獻辭，表示「佛教信仰因無界域之分，業已成為世界各國人士間之一項重要連繫。此次大會無論在心靈修養或關懷世俗事務方面均足以加強此種聯繫」，又「對本港佛教善信及佛教團體歷年來為促使本港社會進步而作之種種貢獻，深致謝忱」。[86]

接着各國領使、台灣代表白聖法師等致辭，最後由大會秘書長大光法師致謝。典禮歷時一小時便結束，後招待全體代表至海運大廈用膳。

同日下午3時，大會轉至九龍長沙灣長發街佛教大雄中學召開「第一次大會」，與會各國代表輪流報告所屬地區之佛教情況。其後兩日，與會代表就「如何加強佛教各地聯繫」、「如何促使佛教文化交流」、「如何培植佛教後進青年」、「如何推進各地佛教福利」、「如何弘揚佛法，期求世界和平，人類幸福」等五項議程進行分組討論。[87] 會後，有代表建議將各國之報告翻譯中文，彙集成書，以便各國作發展的參考。[88]

弘法大會期間，香港佛教全人亦安排多項活動，使與會者能深入認識本港佛教發展情況，其中以佛教文物展及第二屆華僧大會會議最堪記錄。

一、佛教文物展

佛教聯合會於弘法大會期間，設置「佛教文物展」供與會各國代表及本港市民參觀。文物展於4月2日至6日，借用佛教黃鳳翎紀念中學舉行，由民政司署政務主任陳漢光主持剪綵。展覽會分八個展室，有：香港佛教教育、香港佛教服務、香港佛教寺院佛社、香港佛教的典藏及活動、佛教禮制儀範、一般佛學詞語淺釋、佛教法器圖像、佛教史跡簡介等主題。其中展出有南宋朝化竹菴尊者及明朝象先法師舍利，泰國僧皇、日韓僧侶送來的佛像等等。當中最令人矚目的展品是明常法師借出的「金龍紫衣」，

86　詳見港督戴麟趾爵士〈世界佛教弘法大會開幕禮獻詞〉。

87　見〈香港佛教聯合會舉行世界佛教弘法大會請柬〉。

88　有關該次「弘法大會」之資料頗多，散見於1970年4月的各大報章。

該件法衣是乾隆皇帝親自賜給棲霞山方丈。此件法衣是棲霞寺代代相傳的
「聖物」，已超過二百年歷史，輾轉交付至明常法師。場館內又另闢兩
室，一邊由金剛乘學會佈置，介紹密乘修持生活和展覽密教文物；另一室
由湛山寺設置水陸道場內、外壇。

二、第二屆世界佛教華僧會大會

　　4月6日，華籍僧人借用荃灣紅棉大廈13樓棲霞新苑召開第二屆華僧大
會，出席者包括：台灣、夏威夷、新加坡、檳城、菲律賓、日本、越南、
馬來西亞及香港之華僧代表。大會集中商討三大議案：一、如何接引青年
為僧，以解決僧眾日少的困境。並討論到漢傳佛教的「還俗制度」；二、
商討由元果法師及悟一法師發起設立「世界佛教大專佛學獎學金」之議
案；第三、重提在台灣創辦佛教大學的議案。[89]

表19　一九七〇年世界佛教弘法大會日程

日　期	活　動	備　註
4月1至7日	啟建消災吉祥法會	籌募大會經費
4月2日下午	參觀「佛教文物展」 地點：銅鑼灣佛教黃鳳翎中學 參觀東蓮覺苑 地點：跑馬地山光道東蓮覺苑	
4月3日上午	世界佛教弘法大會開幕典禮 地點：大會堂	官員、各國佛教代表出席
4月3日下午	世界佛教弘法大會第一次會議 地點：長沙灣佛教大雄中學	各國代表報告所屬地區佛教發展情況
4月4日	世界佛教弘法大會分組會議 地點：長沙灣佛教大雄中學	商討五項議題

89　煮雲法師：〈香港佛教見聞記〉，連載《菩提樹》雜誌，第211至215期（台灣，菩提樹雜誌社），
　　1970年。

（續上表）

日　期	活　動	備　註
4月5日	世界佛教弘法大會分組會議 地點：長沙灣佛教大雄中學	商討五項議題
4月5日晚	表演晚會 地點：長沙灣佛教大雄中學	
4月6日	召開第二屆世界佛教華僧大會會議 地點：荃灣紅棉大廈十三樓棲霞新苑	商討三大議程
4月7日	上午：參觀志蓮淨苑、湛山寺 下午：出席佛教大雄中學開幕禮	
4月8日	自由參觀市區	
4月9日	參觀東普陀寺、東林念佛堂及安老院、妙法寺、青山寺、寶靜安老院、大光中學	
4月10日	參觀大嶼山寶蓮寺、延慶寺、觀音寺	

丙　海外佛教人士來訪

　　隨着本港佛教團體與世界佛教機構加深互動，六十年代以後，各國佛教單位接續來港訪問交流。茲以一表簡述：[90]

表20　六七十年代各地佛教團體來港訪問概況

日　期	來訪者	概　況
1963年9月7至13日	中華民國訪問團	訪問團團長白聖法師、副團長頓賢法師、秘書星雲法師、團員淨心法師及朱斐，一行五人在9月7日到港，留港七天，先後訪問各大道場，並於東蓮覺苑作演講。13日返台
1964年7月11至14日	泰國佛教訪問團	泰國摩訶威拉翁副僧皇率領訪問團到港訪問兩天，除參觀佛教團體外，亦到訪中學及安老院。14日離港往台灣

90　該表以本港報章及《香港佛教》、《內明》等佛教雜誌概括整理而成。

(續上表)

日　期	來訪者	概　況
1964年9月1日	尼泊爾佛教主席阿拿達法師	阿拿達法師道經香港，訪問兩天，於正覺蓮社主持講座，由馮公夏翻譯
1964年11月20日	中華民國佛教代表團	中華民國佛教友誼會代表團出席第七屆大會，先行訪問香港兩天，本港教界同人設宴招待，並進行宗教交流
1965年	泰國皇姑潘公主	過訪香港，訪問佛教文化藝術協會
1965年	日本真宗大谷派訪問	日本淨土真宗大谷派東本願寺管長大谷光暢赴澳紐作親善訪問，順道訪港三天
1970年9月3日起	泰國華宗僧務委員會	應請來港出席佛教醫院門診部啟用典禮
1971年1月12日	中國佛教訪問團	該團出訪越南、泰國、新加坡、馬來西亞等地，道經本港訪問四天並參觀多間道場
1971年4月5日	泰國普淨尊長	佛教聯合會舉行清明法會，泰皇勅派普淨尊長來港主持法會
1971年11月	菲律賓佛教會會長瑞今法師	來港訪問一星期
1972年1月31日	日本佛教總會事務總長麻布照海（Rev. Shokai Azabu）	因兩個月前洗塵法師前赴日韓等地弘法，不少學生爭相拜師，於是來港訪問妙法寺
1972年4月23日	尼泊爾森本嘉納法師	留學日本，學成返國經港訪問兩天，由洗塵法師陪同參觀各道場
1972年4月28日	錫蘭佛教領袖韋馬拉望沙法師	佛教僧伽聯合會接待並訪問多間佛教道場
1972年4月30日	日本佛教東本願寺青年團	團長星谷慶率50多名成員訪港，由僧伽會接待，並訪問妙法寺及內明書院
1972年7月5日	韓國佛教能嘉法師	為成立「大韓佛教圖書館」，而來港募緣贊助
1973年8月30日	世界佛教友誼總會會長潘比絲美公主	訪問佛教聯合會、僧伽聯合會、世佛會港澳分會
1974年4月5日	南洋大學佛教研究會	畢智華團長等18人訪港，出席佛聯清明法會開幕禮及訪問能仁書院和多間中學
1974年10月	泰國副僧皇	泰國副僧皇森達柏叻旺叻律應邀來港，主持荃灣南天竺佛像開光，並訪問佛聯會
1974年12月	日本曹洞宗代表	由管長岩本勝進率120人，訪寶蓮寺「歸宗拜祖」，並舉行「哀悼戰爭死難者法會」

(續上表)

日　期	來訪者	概　況
1975年	錫蘭僧達摩雲士	一行三人訪港三日，佛聯會熱情招待
1976年9月底	日本佛教文化交流團	該團廿餘人訪問佛教聯合會，雙方就兩地弘法情況交換意見
1976年10月29日	英國佛教會會長希華倫禮	訪問佛教聯合會並參觀佛教黃鳳翎中學
1977年4月22日	韓國佛教婦女合唱團	訪問佛教聯合會並進行茶會。事後參觀東蓮覺苑及寶覺中學
1977年5月16日	日本佛教訪問團	團長池田瑩輝率領三十多人到訪佛聯會，並留港兩天
1978年5月	泰國僧伽聯誼團	副僧皇綠拍提拉然目尼率領泰國僧伽訪港，並參觀本港佛教福利事業機構，又交流泰港佛教文化
1978年8月6至12日	韓國漢城佛教信徒會代表團	代表團來港出席「港韓佛教友誼締盟第一屆聯席會議」，並參觀多間佛教團體及學校
1979年3月20日	泰國國王代表	泰國高僧帕丘袍哇那代表泰王贈送泰文、英文、梵文大藏經予妙法寺
1980年6月	中國佛教協會趙樸初會長	趙樸初出席泰國舉辦的宗教會議經港訪問四天，佛聯會盛大招待
1980年10月	港日佛教文化交流協會日方代表團	該團來港與本港佛教人士合組「港日佛教文化交流協會」

1972年尼泊爾森本嘉納法師（二排左四）訪問僧伽會

丁　藏傳佛教領袖來港弘法

　　早於戰前，香港已有藏傳佛教之僧侶來港弘法，惟規模及數量有限，因此未能普遍流行。1953年，金剛乘學會成立後，始有本地的藏密團體作長期弘法，藏密又漸漸為人所熟悉。三年後，東華三院舉辦「萬善緣勝會」水陸大法會，除依傳統形式設置內外各壇之外，又特別設立密宗壇，邀請吐登喇嘛來港主持，為本港所建水陸法會之首創。此後，佛聯會亦相仿傚，在1964年4月的「萬善緣法會」，從台灣邀請甘珠爾瓦呼圖克圖（H. E. Kanjur Khutukutu）主持密宗壇。[91]

　　1961年12月，先有格賴達吉呼圖克圖（H. E. Geleg Rinpoche）來港，為香港市民修法多日，在法會圓滿日，佛教聯合會在東蓮覺苑舉行盛大歡迎會，千多人出席。其後又分別舉行「三自在金剛灌頂」（21日）、「白度母灌頂」（22日）及祈禱法會（27日），法會後又歡迎善信發問，請求開示。[92]

格賴達吉活佛主持灌頂

91　「呼圖克圖」（Khutukutu）乃蒙古僧官稱號之一，是藏傳佛教活佛制度中，受政府冊封之轉生高僧。

92　《香港佛教》，第20期（正覺蓮社出版），1962年1月，頁35。

佛聯會領袖歡迎敦珠法王訪港

　　1964年1月25日，有「國師」之稱的甘珠爾瓦呼圖克圖應請來港。3月22日，香港佛教全人在東蓮覺苑舉行歡迎會，逾千人出席。大會由馮公夏任司儀，優曇法師簡介活佛歷史，由陳靜濤粵語傳譯。會後即舉行「千佛灌頂法會」，由劉銳之擔任翻譯，活佛稱：「今日灌頂法不受哈達（即送禮），如有果金獻奉，願悉數撥為建築醫院經費」，又表示「願意主持四月四日在志蓮淨苑舉行之萬善緣法會密宗壇，所有捐助亦一切撥充建築醫院經費」。[93] 席間所開示之法要，由覺光法師整輯編成筆記，刊於《香港佛教》雜誌，與廣大讀者分享。

　　5月24日，甘珠活佛又再應覺光法師之邀請，假東蓮覺苑舉行「四臂觀音灌頂」。活佛在港弘化四個多月，先後舉行兩次公開灌頂，參加者達二千多人次。活佛於5月30日離港返台。

　　其後，藏傳佛教寧瑪派（Nyingma）的敦珠法王（H. H. Dudjom Rinpoche）亦先後三次訪港，皆由金剛乘學會迎請接待。首次於1972年9月，敦珠法王留港月餘並傳授密法。其間又與佛教聯合會代表會面，法王並致贈舍利予佛教聯合會。[94]

93　《香港佛教》，第47期（正覺蓮社出版），1964年4月，頁35。
94　《敦珠法王訪問香港紀念刊》（香港：金剛乘學會，1978），頁59－60。

大寶法王在觀宗寺主持灌頂

1981年10月，法王再度來港，期間主持兩場公開講座，又舉行「賢劫千佛」等多場灌頂法會，逾千人參加。另外，尚有部分密法只傳予金剛乘學會之會員。

1984年法王第三度來港，本作旅遊，後以香港弟子精進修持與殷切懇求，遂又傳出多項高深密法，並對香港弟子祈許甚深。[95]

繼敦珠法王後，噶瑪噶舉派（Karma Kagyu）的第十六世大寶法王（H. H. XVI Karmapa）亦於1980年11月20日，率領八大弟子來港弘法十天，除參觀多處道場之外，亦於30日上午為觀宗寺主持開光典禮，同日下午在該寺大殿舉行「金剛冠觀音佛灌頂」，有數千人參加。[96] 由於因緣殊勝，信眾們發心協助法王在港籌組「香港噶瑪迦珠法輪中心」，於是白派傳承正式在港弘播。

95　《金剛乘學會三十五週年特刊》（香港：金剛乘學會，1988）。

96　《香港佛教》，第247期（正覺蓮社出版），1980年12月。

戊　宗教交流

　　隨着佛教在社會福利事務的開展，佛教地位和影響力亦逐漸提升，加上七十年代起，香港社會經濟起飛，通訊發達，人與人的交流日益頻繁，宗教亦不例外。七十年代起，香港佛教亦與外地佛教團體和其他宗教有密切的交流。

一、韓港佛教結盟

　　1976年2月，香港佛教代表出席世界佛教友誼會第十一屆大會時，本港代表認識韓國佛教信徒會副會長朴完一教授，並由該會提出促進港韓兩地佛教友誼，希望由兩會結成姊妹會，共同致力發揚佛教文化。於是兩地佛教會積極籌備達一年，於1977年簽訂結盟協議。結盟儀式在韓國舉行，香港佛教聯合會由副會長黃允畋任團長，一行五人於6月29日前赴韓國漢城，抵達時受到當地佛教人士盛大歡迎。

港韓佛教結盟簽約式

　　翌日，代表團先與韓國佛教人士會面，包括：漢城佛教會會長朴完一、副會長韓基詳、佛教青少年教化聯合會會長李龍澤等，並一同拜訪韓國佛教大僧正及曹溪宗宗正西翁大法師，獲大僧正接見。繼訪問全韓國佛教會會長李厚洛。同日晚上又出席當地歡迎酒會，共四百多人出席，當中不少是官紳賢達。當時黃允畋代表香港佛教聯合會致詞表示：「由於國際交通關係，香港與漢城為南北亞的一直線要點，經濟文化，交流頻密，兩地人士往來觀光，貿易經常不少，而韓國僑民住在香港的也有一千人，貴國設有總領事館，與當地人士有良好友誼關係，貴佛教僧侶，更常常訪問香港，和香港佛教聯合會有很密切的聯絡⋯⋯今天，貴我兩地佛教會結盟，自今而後，情同手足，互助互惠，友誼永固，團結力量，共同為佛教事業努力，更進而與各地佛教人士攜手合作，促進世界和平，人類幸福，以貫徹佛陀慈悲普渡，利樂眾生的偉大精神。」[97]

第一屆港韓佛教會議（右起：韓國朴完一會長、
覺光法師、黃允畋副會長）

97　《香港佛教》，第207期（正覺蓮社出版）。1977年8月，頁33－34。

代表團第三天上午拜會韓國國會，與參議長具泰會及參議員崔載九會面，下午則於漢城太平洋酒店禮堂舉行「港韓佛教結盟典禮」，雙方簽訂結盟證書後，隨即依規定成立常任理事會，每兩年輪流在港韓開會。

1978年8月7日至10日，「港韓佛教友誼締盟第一屆大會」在香港舉行。韓國佛教代表來港，由朴完一親任代表團團長，率同四位成員來港，首先拜訪佛教聯合會，覺光法師、洗塵法師、慈祥法師等招待。席間，覺光法師稱：「自兩方簽署結盟之後，韓港佛教友誼有進一步密切關係，預料弘揚佛教將會在雙方合作下得有完美之果實……作為佛教徒一份子，正應負起普度眾生的願念，而個人力量單微，聯結眾人力量，宏大韓港佛教之締盟，實為推廣佛教的好方法。」[98] 接着，韓國朴完一會長致辭後，雙方交換禮品，至為隆重。

二、天主教訪問

七十年代，本港佛教與天主教的聯繫亦漸漸增強。1973年，天主教香港教區代表訪問佛教社團，是與他教正式交流的開始。1976年10月，羅馬教廷派遣非基督教事務部部長畢里多尼樞機主教（Sergio Cardinal Pignedoli）訪問香港佛教團體，由佛教聯合會覺光法師率眾接待，參觀東蓮覺苑並舉行座談。席間樞機主教亦邀請香港佛教人士到梵蒂岡訪問，又表示「藉着宗教間聯繫之敘會，對世界人類會有良好影響，在目前世界似屬物質豐裕，但靈性精神上仍感缺乏，相信兩大宗教，都可為現今未來的一代有較好較大之貢獻」。[99]

1978年3月，畢里多尼樞機主教再度來港，訪問佛教聯合會，覺光法師表示有助兩教交誼，並對樞機主教之友善致熱烈歡迎。

98　《香港佛教》，第210期（正覺蓮社出版），1977年11月，頁35。

99　《香港佛教》，第198期（正覺蓮社出版），1976年11月，頁36。

教廷畢里多尼樞機訪問佛聯會

宗教領袖聯誼（左起：湯國華道長、覺光法師、胡振中主教）

三、香港六大宗教聯誼

自1973年，天主教香港教區訪問佛教社團後，本港各宗教之交流日漸頻繁。翌年，香港之佛教、天主教、基督教、道教聯合舉辦「香港宗教聯誼營」。活動於8月7日下午3時假克頓道5號馬禮遜禮堂舉行開幕，先由四宗教代表主持點炬開幕式。該聯誼營為期三天，有數百人參加，且不少大專界同學參與。營內安排羅香林教授作專題演講，並有四教代表分述該教之歷史簡介，讓營友了解各個宗教的文化。

1974年6月14日，天主教和佛教共同發起「香港宗教聯誼晚會」，假香港大會堂音樂廳舉行，並邀請六大宗教人士出席。當晚由六宗教領袖主持剪綵，並由佛教代表覺光法師致詞道：「今日香港宗教界領袖，發慈悲願心攜手合作，齊集一堂，藉音樂藝術之真善美，促進宗教友誼，互勵互勉。我誠為之歡喜讚嘆尤望今後更能經常合作，各以教義透過視聽效果，勸善規惡，化導人心，淨化社會。以期世界人類，諸惡莫作，彼時和美康樂之大同世界，將可實現矣！」[100] 是晚表現八個節目，都很精彩，各宗教人士聚集一堂和樂融融。

兩年後，覺光法師發起「香港六宗教領袖座談會」，以交換促進社會福利意見。當時，分別由香港佛教聯合會覺光法師、天主教香港教區胡振中主教、香港基督教協進會徐彬牧師、香港道教聯合會湯國華道長、香港孔教學院林仁超博士、中華回教博愛社脫維善主席等組成。自此六宗教領袖座談會均每年定期舉行會議及聯合發表新春文告，至今已近四十年。

---

100 《香港佛教》，第194期（正覺蓮社出版），1976年7月，頁36。

佛教的慈善事業

甲 教育工作

一、中小學教育

　　1978年以前，香港尚未實施九年強迫教育。當時有許多適齡學童或因謀生，或因經濟困難而無法就學。故此不少團體開辦學校，為貧苦學童提供教育的機會。而佛教青年團體亦就各自的資源，開辦學校，接引學子。戰後至1960年，當時的佛教人士主力興辦小學教育凡十一間，而中學亦有三間。自六十年代起，社會對中學教育的需求日增，於是佛教團體增辦十五間新式中學，增長是過去五倍，而新辦小學不下二十所。還有，佛教人士亦開始注意到學前教育的需要，因此亦興辦最少三所幼稚園，這些學校，近乎一半都符合當時的教育標準，可作長期發展之用。

七十年代的林金殿學校

新落成的佛教李澤甫紀念中學校

表 21　1960 至 1980 年香港之佛教學校

日　期	學　校	主辦機構／創辦人	現　況
1961 年 1 月	道慈佛社九龍學校 黃大仙東頭邨 14 座	道慈佛社	已結束
1962 年	佛教大光中學 大埔錦山	大光園慈祥法師	與慈航中學 合併
1962 年	佛教慈恩學校 長沙灣廣利道	香海蓮社	續辦中
1962 年	佛教正覺學校 粉嶺田心村	正覺蓮社	續辦中
1962 年	蓮華夜校 東涌	曉雲法師	已結束
1963 年春	佛教大華學校 葵涌	香港佛教青年會（接辦）	已結束
1963 年	佛教普賢學校 九龍老虎岩 18 座	中華佛學研究會	已結束
1963 年	佛教慧泉學校 石硤尾新區	佛教文化藝術協會	已結束
1963 年	佛教慧人學校 官塘新區	佛教文化藝術協會	已結束
1963 年	佛教寶靜學校 黃大仙東頭邨 12 座	香海蓮社	已結束
1964 年 3 月	佛教青年會學校 葵涌新區第 38 及 39 號 7 樓	香港佛教青年會	已結束
1964 年 9 月	道慈佛社張祝珊學校 柴灣新區 5 至 6 座	道慈佛社	續辦中
1964 年底	佛教南洋中小學暨幼稚園 正校：北角渣華道 42 號 2 至 5 樓 分校：春秧街 126 號 2 樓	元果法師	已結束
1966 年 9 月	佛教悉達幼稚園 銅鑼灣東院道 11 號	佛教聯合會	續辦中
1966 年 9 月	佛教內明學校 九龍咸田新區 2 座	佛教聯合會	已結束
1966 年	道慈佛社張祝珊第二小學 慈雲山新區 29 座	道慈佛社	續辦中

（續上表）

日　期	學　校	主辦機構/創辦人	現　況
1967年	內明幼稚園創校 屯門	佛教聯合會	已結束
1967年冬	慧海中學 沙田	佛教文化藝術協會	已結束
1968年	佛教慈敬學校 牛頭角新區	佛教聯合會	遷址續辦中
1969年	佛教青年會夜中學 九龍窩打老道63號	香港佛教青年會	已結束
1970年4月	佛教大雄中學 長沙灣長發街	佛教聯合會	續辦中
1970年9月	佛教李澤甫紀念學校 葵涌梨木樹第四座	佛教聯合會	續辦中
1970年11月	佛教中華學校 華富村瀑布灣道2號	佛教聯合會	遷址續辦中
1971年9月	林炳炎紀念學校 荃灣德士古道大凌街33號	佛教聯合會	續辦中
1971年	佛教陳式欽學校 九龍白田邨5座	佛教聯合會	續辦中
1971年	道慈佛社辦佛教楊正培學校 葵興新邨	道慈佛社	續辦中
1972年9月	佛教鄭金幼稚園（後改名真如幼稚園並遷往東涌） 屯門	佛教聯合會	續辦中
1972年9月	佛教林金殿紀念學校 葵芳邨第4座	佛教聯合會	續辦中
1972年	佛教喜寧中學 荃灣和宜合道	錢世年	已結束
1973年9月	佛教金麗幼稚園 藍田康雅苑9、10座地下	佛教聯合會	續辦中
1973年12月	佛教善德英文中學 葵興興盛道5號	佛教聯合會	續辦中
1974年	妙法寺劉金龍英文中學 屯門藍地	妙法寺	續辦中

（續上表）

日　期	學　校	主辦機構/創辦人	現　況
1975年	佛教英文中學 荃灣九咪半	佛教僧伽聯合會	已結束
1975年	佛教普賢書院 元朗	暢懷法師	已結束
1976年	佛教覺光書院 深水埗大埔道口	覺光法師	已結束
1977年9月	佛教何勵峰紀念學校 荔景麗瑤邨	正覺蓮社	續辦中
1977年9月	佛教慈航中學 西灣道70號	佛教聯合會	與大光中學合併
1978年7月	筏可紀念中學 大嶼山大澳	佛教聯合會	續辦中
1978年9月	佛教沈香林紀念中學 屯門大興邨第1座	佛教聯合會	續辦中
1978年9月	佛教葉紀南紀念中學 青衣長青邨第1座	佛教聯合會	續辦中
1978年9月	佛教劉天生學校 屯門大興邨第3座	佛教聯合會	續辦中

二、大專院校——能仁書院

　　1969年，佛教僧伽聯合會倡辦「能仁書院」，是香港佛教全人首創的大專院校，亦是中國佛教歷史上第一所現代式教育之佛教大學。

　　1967年，僧伽會基於戰後的香港滿目瘡痍，百廢待興，佛法式微，亟需興教辦學，培植人材，於是倡議成立能仁書院。當時，對於「創佛教大專院校」，反應不一，或以經費籌措不易為難，亦有認為僧人不宜辦學為由，總之阻力叢生。翌年，僧伽會假妙法寺舉行水陸法會，為能仁書院籌措辦學經費，得款30萬元。1969年，租用九龍福華街居禮書院四間課室，充當教學之用，至此書院正式成立。當時由洗塵法師任校監、另請前香港政府助理教育司黃國芳任院長。該校又以「溝通中西學術，發揚中國文

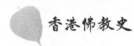

能仁書院首兩屆畢業照

化，培養社會建設人材」為辦學宗旨。[101]「草創伊始，雖設備簡陋，然以管教嚴謹，師資優良，頗獲家長信賴，負笈來學者日漸增多」。[102]

翌年，僧伽會再於荃灣弘法精舍啟建水陸法會，所得善款，於深水埗醫局街176號購置校舍六層，將大專部擴大為九系，並增設附屬中學。1972年11月，能仁書院向台北的教育部申請立案，並核准設立六系招生，即：中國文史學系、英國語文學系、工商管理學系、社會教育學系、藝術學系、哲學系。1972年4月，又建第二座校舍於荔枝角道325號，經一年裝修後，於1973年秋間落成啟用。

1979年再成立哲學研究所，另於元洲街購買單位一層，作研究所校舍。

能仁書院的成立，意義深遠。七十年代是香港經濟發展起飛的時期，無論工商金融，都需要大量的人材，這時，佛教在原有的中小學教育的基礎上，運用教界內僅有的力量，創辦大專院校，直接參與高等教育事業，為香港培養專上人材，承擔了社會責任。同時，亦將過去興辦佛學院的精神，透過現代管理的大學教育方式來延續和發展。

---

101 《內明》，第12期（內明雜誌社），1973年12月，頁50。
102 見《能仁書院創校碑記》，1974年立，仍藏於該校大堂門口旁。

乙　醫療救濟

一、贈診與安老

香港佛教早期之醫療事業，多屬贈診施藥方式，規模較小。如1945年秋，香港佛教聯合會開設西醫贈診所，是戰後最早的醫療服務。其後，多個佛教團體亦因應自身能力開設醫藥服務。1956年起，正覺蓮社於每年夏天，為貧苦大眾提供中醫藥義診服務，解救暑熱所引起之疾病。同年，般若精舍的宏賢師倡辦「慈光西醫贈診所」，為沙田、火炭、粉嶺、上水等區村民提供醫療服務。診所由西醫主診，凡掛號、打針、配藥等工作，皆由精舍內之尼眾擔任。此後，尚有是幻法師辦的「大慈醫舍」及中華佛教青年會的「醫療所」等等，都提供不同程度的贈診服務。

安老服務方面，繼五十年代中期，般若精舍、志蓮淨苑及慈航淨院開辦安老院後，1961年，寶蓮禪寺開設「大嶼山佛教療養院」，為大嶼山僧侶及昂平居民提供免費診療。[103] 到1964年，籌建多年的「志蓮淨苑何貴榮

寶蓮禪寺的筏可療養院

---

103 據妙容法師所述，當年寶蓮寺請來梅窩駐診之西醫每星期來山一次，為昂平村民及山中僧侶診症。後來，大嶼山各區居民紛紛來山應診，因開支太大，先改為兩星期駐診一次，後來更因負擔太重而結束。

位於粉嶺的寶靜安老院

夫人紀念安老院」終於落成啟用。其他如：正覺蓮社辦的「寶靜安老院」
（1966）、「寶靜護理安老院」（1970）；東林念佛堂辦的「東林安老院」
（1970）；般若精舍的「療養院」（1970）；湛山寺辦「佛教慈德安老院」
（1976）等相繼成立，在各區收容老弱長者，使其老有所依，安渡晚年。

二、佛教醫院

　　1958年，佛教聯合會有鑒於香港社會貧病者眾，為本佛陀慈悲精神，
解除眾苦，遂發起籌建佛教醫院，並成立「籌建佛教醫院發起人小組委員
會」，推選倓虛法師、筏可和尚、覺光法師、優曇法師、茂蕊法師、洗塵
法師、慈祥法師、宏賢法師、智林法師、達常法師、寬靜法師、吳蘊齋、
馮公夏、黃允畋、陳靜濤、沈香林、馬廣尚、李銘慈、李世華、張玉麟、
楊日霖、黃鳳翎、曾璧山、林楞真、鄭黃廣茂，方慧淨等二十七人為小組
委員，負責起草提案。至1960年，改以「佛教醫院籌建委員會」統籌興建
事宜。先向政府申請撥地作為院址，同時又得沈香林捐出沙田60萬呎土地
轉送佛教聯合會經營，轉售後得款近200萬元作為「建院基金」。

　　當時估計建院造價需要1240萬元。於是佛聯會不斷展開籌款活動，前

佛教醫院動土典禮

後歷時七年，連銀行利息212萬元，始籌足所需款項。當中以七次大型活動
所投入之人力和資源最多：

日　期	活　動	概　況
1964年清明節	萬善緣法會	佛聯會於志蓮淨苑啟建法會七晝夜。大會開設內外六大壇場，又請得甘珠活佛主持密宗壇。法會總收益為200萬元
1964年6月 26日	紅伶義唱籌款大會	假座香港電台舉行。大會邀得新馬師曾、鄧碧雲、麥炳榮、林家聲等十多名紅伶義務演出。是夜大會籌得50萬元
1966年11月	福田獎券	佛聯會發行福田獎券三星期。開獎禮於動土日舉行，並請紅伶新馬師曾、梁醒波等開獎。活動共籌得15萬元
1967年3月 27日	《觀世音》義映	邵氏兄弟影業公司為新拍成之電影《觀世音》舉行慈善首映，將所得門票收益，全部撥捐佛教醫院基金。首映禮由華民政務司憲何禮文為大會贊助人，何善衡夫人為義映大會主席。是夜不少官紳名流出席支持，為大會籌得15萬元
1969年4月	己酉年清明大吉祥法會	法會於黃鳳翎中學舉行。收益中將40萬元撥充基金，餘款撥作興建經費
1969年5月 30日	清代名畫義賣	陳佐乾捐出家藏清代禮部梁于渭名畫，假座大會堂舉行義賣畫展。又大會開支由怡安泰寶號及陳志民兄弟包銷。大會籌得善款共10萬元
1970年4月	世界佛教弘法大會暨庚戌年清明法會	是年清明節舉行清明水陸法會七天，得款190萬元

1964年佛教仝寅為佛教醫院籌款舉辦萬善緣法會

籌建佛教醫院福田獎券開獎禮

　　這七次公開籌款，共籌得474萬元。期間尚有不少善長人翁聞風響應，
隨緣樂助，包括：英皇御准香港賽馬會捐資200萬元等，總數亦得712萬
元。

　　另一方面，政府對於佛教醫院的興建亦予以支持。1965年4月，批准給
予補助，合計為普通病床經費三分之二。1966年7月，又免費批出九龍老
虎岩街公地11,2440呎，供建院之用。翌月，改街名為「杏林街」。1969年
2月，佛教醫院舉行奠基禮。翌年，醫院建築基本完成。9月，門診部及第
一批共178張病床投入服務。

　　佛教醫院花費無數人力、資源和心血，經歷十多年，終於在1971年
3月12日落成，由港督戴麟趾爵士主持開幕。醫院樓高九層，設置病床350

張，外科手術室三間、門診部另置外科手術室三間。住院的專科、輔助醫療部門全部齊備，醫療儀器均屬第一流新型設備。每年施診逾十數萬人次，對地方病者提供服務，貢獻非淺。

佛教醫院是世界上首間由佛門人士開辦之醫院，充分體現佛教慈悲入世的精神，意義重大。醫院雖以佛教命名，但服務對象，以方便各界貧苦大眾為根本，並不限於佛教人士。

三、賑災

除了贈醫施藥、安老療養外，對於寒暑風雨所帶來的災難，佛教人士

剛落成的佛教醫院

港督戴麟趾爵士主持佛教醫院開幕禮

菩提學會派米活動
（拮摘菩提學會）

亦本着同體大悲的精神，為清貧大眾施以救助。救濟活動以施衣、派米，
解決當前衣食困難為主，如下表所列部分救濟行動可見一斑：

表22 六七十年代佛教團體賑濟活動簡表

日　期	賑濟概況
1961年1月7日	正覺蓮社於大埔及港島施衣1000件、毛毯1000張
1961年7月15日	普慶念佛社於深水埗派米
1962年1月31日	十方大佛寺派寒衣、白米，千餘人受惠
1962年1月	正覺蓮社派毛氈八百張、派米8000斤
1963年冬	慈濟中醫診所於白花崗、昇平村、飛鵝嶺新村等地派發白米及寒衣
1964年1月15日	中華佛教青年會與十方大佛寺冬賑派米、棉被冷衫，千人受惠
1964年1月19日	佛教僧伽會於黃大仙徙置區冬賑，派出白米2500斤、衛生衣、棉被、白花油等500份
1964年1月	佛聯會於灣仔及鵝頸橋冬賑
1971年	正覺蓮社贈棉被、白米
1972年	十方大佛寺、中華佛教青年會、慈濟中醫贈診所、正覺蓮社，分別濟助木屋區居民及老弱者，施予衣服、白米
1973年1月	慈濟中醫施診所於慈雲山冬賑

丙 其他慈善事業

一、佛教墳場

六十年代初，佛教聯合會籌建佛教墳場。1963年獲政府批出柴灣哥連臣角公地作墳址，該會隨即發起募捐，首期建築費需90多萬元。翌年初，墳場建築基本落成，並獲政府准許局部開放，接受佛教信眾及其親友預先登記。[104]

繼首期工程完竣後，第二期之骨庫及骨灰塔工程亦告展開。當時為完善管理，另組管理委員會，由筏可法師任主席，覺光法師、馮公夏為副主席，司理黃允畋、委員黃國芳等多人。訂出墓穴以七年為期，收費500元。

1967年，墳場墓穴、骨灰塔不敷應用，於是又於1967年在原址後邊山坡加建骨庫兩座及新闢墳地。

現在，墳場設有永久葬棺穴3184個；非永久葬棺地372個；金塔地281個；靈骨龕3900個及靈灰龕818個，可同時為8300多名佛教人士提供百年安息的居所。

佛教墳場碑記

二、佛教青年營

六十年代佛教興起以「夏令營」方式進行青年活動，到七十年代中期，已成為普遍風氣。因此佛教聯合會因應需求，於1976年興辦「佛教青年營地」，後得政府撥出東涌官地4877平方米，是年動工，耗資330萬元，經三年完竣。

該營設有各種康樂設施，凡營舍套房、泳池、圖書館、影視室、射箭場、燒烤場等，應有盡有。營內備有素葷膳食，供營友選擇。除佛教團體外，亦有不少機構人士前來租用，以舉辦活動或歡度假期。

小 結

隨着各種佛教事業的興辦，佛教已深入香港社會，尤其是幾次大型的佛事活動，為佛教作出無形的宣傳。另一方面，佛教人士的慈善活動，對當時的社會亦有相當的承擔和貢獻。因此佛教的影響力和地位也日益擴大。這可從以下多方面觀察。

甲 文教事業之提高

一、各層級學歷之佛學課程

六七十年代，佛教文教事業有很大的發展。

首先，1959年，香港考試局通過自1960年起的中學會考課程增設「佛學科」，並公佈課程及考試範圍。內容共分四章：一、佛出世時之思想背景；二、佛之生平事略；三、佛滅後印度佛教思想；四、佛教在中國傳播

之情況。[105]

　　佛學被編入會考課程，標誌着佛教學校教授佛學的正常化與認受性。

　　另外，1973年秋，香港中文大學校外進修部首度開辦「佛學文憑」課程，為期兩年，分四學期，每星期上課三堂，合共六小時。內容包括印度哲學、佛學邏輯、梵文研究、中觀學派、梵文與佛典解讀、佛教文獻學、隋唐時代之中國佛教等等，共約400小時。學費每期350元，中學程度以上方可報讀。繼後於1979年9月起，香港中文大學校外進修部再度開辦「世界佛學」課程，由吳汝鈞教授主講。其後陸續開辦各種佛學課程。翌年，能仁書院亦增辦哲學研究所，課程不少為佛學科目。這些反映各界對佛學研究的需求有增無減，並希望向高層次領域深造。

表23　1979至1981年香港中文大學校外進修部所開辦佛學課程

日　期	課　程	堂　數	講　者
1979年秋	世界佛學	十二堂	吳汝鈞
1980年春	中國佛學	十四堂	吳汝鈞
1980年春	現代人看佛學	約十二	吳汝鈞
1980年秋	現代人讀經（二）：維摩經	十四堂	吳汝鈞
1980年秋	佛學概論	十二堂	吳汝鈞
1981年春	佛教華嚴哲學	十二堂	吳汝鈞
1981年夏	梵文入門	十二堂	霍韜晦
1981年夏	佛學概論	十六堂	吳汝鈞
1981年夏	現代人讀經（一）：維摩經、心經	十六堂	吳汝鈞

二、佛教人士學歷提高

　　東蓮覺苑的賢德法師，自1958年起留學日本六年，先後考獲日本佛教

---

105 見香港考試局公佈之佛學科課程內容。

大學學士、龍谷大學碩士學位。1964年12月，再考入東京大正大學修讀博士課程，是本地佛教僧人考入日本高等學府研究生之第一人。

其後，不少佛教僧俗信徒如：文泉法師、瑞洪法師、果德法師、永南法師、善提法師、廣琳法師、演慈法師、繼賢法師、繼禪法師、照彝法師、果慧法師、李潤生、趙國森等先後考獲珠海書院的各系學士學位，部分如：廣琳法師、演慈法師、葉文意、黃家樹等更繼續深造獲碩士、博士學位。另外，七十年代初永明法師考獲英國愛丁堡大學哲學博士學位，成為香港首位考獲英聯邦哲學博士資格的僧人。

當時，一批又一批具有高等學歷的佛教人士在社會上以現代手法弘揚佛法，佛教不再被定形為求神拜佛、不問世事的宗教，無形中佛教的義理亦漸漸受到社會的重視，於是令佛教的形象及整體地位得以提升。

乙　佛教婚禮之興起

1963年11月21日，電影明星丁皓與夫君林子照在正覺蓮社舉行佛化婚禮，是戰後首次公開舉行的佛教婚禮。當日，邀請佛教聯合會會長筏可和尚主持福證，為一對新人曉以佛理並作祝福。[106] 自此以後，佛教人士舉行佛化婚禮亦日漸增加，而且儀式日趨成熟。1971年，佛教青年中心的一對情侶，以佛教儀式舉行婚禮，希望提倡此一風氣。當時，請得佛聯會會長覺光法師及佛教青年中心主席保賢法師作主持人。儀式頗見隆重，程序凡八項：

一、鳴鐘齊集

二、就位

三、拈香升座

---

106 《香港佛教》，第44期（正覺蓮社出版），1964年1月，第37頁。

筏可和尚主持丁子霖伉儷的佛化婚禮

四、唱三寶歌

五、新人禮拜家長

六、新人互拜，結為佛侶

七、法師説法

八、禮成

儘管佛教婚禮不是法定認可婚姻儀式，新人均要在政府婚姻註冊署補行註冊，以取得合法地位，但不少佛教徒和社會人士亦舉行佛化婚禮，顯示都市佛教漸為人所熟悉與接受，對出世、落後的形象也有所改變。

丙　教界參與社會活動

佛教在社會慈善事業及宗教活動的擴大，亦漸為現代人所接受。1965年，英女皇訪問香港，港督設宴歡迎，並發帖邀請佛教代表出席。十年後，英女皇再度訪港，洗塵法師應邀主持「港九各區街坊福利會歡迎英女皇金龍大會」點睛開光禮。

香港童子軍總會每年舉行的「聖佐治日」（St. George's Day Parade），亦邀請佛教代表主持宗教演講及祈福禮，而個別的童軍單位亦不時邀請佛

教人士主持各類典禮的宗教儀式。

1974年8月19日，全港儲水量最大的萬宜水庫啟用，由水務局長黎嚴烈主持「通龍」禮，同時邀請佛教聯合會派員作宗教祝福儀式。是日，由元果法師主持灑淨，並為水庫通龍說法。凡此種種，皆顯示佛教深入社會，為各界所認同。

丁　佛教人士獲勳

戰後，不少佛教信徒本着佛陀的慈悲精神，盡己之力為佛教和社會大眾謀取福利，或救濟、或教育、或醫療⋯⋯對社會有莫大貢獻，因此先後獲得香港政府頒贈勳章，以作肯定和鼓勵。

一、曾璧山

曾璧山（1890－1986），廣東番禺人，受學於康有為弟子陳崇蘭。1923年為紀念師恩，於跑馬地開辦崇蘭女子學校。當時有學生十數人，經過長期經營後，到1968年，學生已達1600名。該校由小學開始，後來增辦中學，因校風純良，培養出不少傑出人士。在戰時，學校一度停辦，但戰後即獲校友支持，在短時間內復辦。

曾氏篤信佛教，曾皈依虛雲老和尚、諦閑法師，又親近寶靜法師。因與寶靜法師的因緣，在香港創辦「香海蓮社」，請其領導住持。1940年，寶公突然圓寂，曾氏得長期領導會務，多次舉辦賑災贈醫、助學濟貧等慈善活動。1964年7月，香港政府以其對教育及慈善貢獻良多，奏請英女皇頒贈英帝國員佐勳章（M.B.E），作為表揚，是本港最早獲此殊榮的佛教人士。

1967年，香海蓮社接管大埔半春園，曾氏遷住該園潛心修佛，至1986年逝世，終年九十六歲。

二、黃允畋

　　黃允畋（1920－1997）乃本港殷商黃梓林之公子。三十五歲已膺任東華三院總理，翌年任首總理，對院務出力甚多。後出任佛教聯合會副會長，親手創辦中小學達十餘間，收容學生逾萬人。[107] 1958年起，先後出任孔教學院主席、華人廟宇委員、戒毒會信託人、香港中文大學聯合書院校董、香海蓮社副董事長等。1964年7月，榮獲英女皇頒贈英帝國員佐勳章（M.B.E），表揚他對社會的貢獻。事後，本港佛教七十多個團體聯合舉行宴會慶祝。[108] 同年底，再獲港督委任為太平紳士（J.P.）及華人永遠墳場委員。

　　七十年代起，黃允畋曾多次代表佛教聯合會出訪世界各地，其中最為重要者有：1970年訪問東南亞，邀請各國佛教領袖出席香港舉辦的「世界弘法大會」；還有1977年與韓國締盟以及1980年率團訪問北京等。1983年，再獲英女皇頒贈英帝國官佐勳章（O.B.E）。

三、慈祥法師

　　慈祥法師（1911－1999），廣東順德人。十七歲來港旅遊，隨喜參加大埔蘭若園佛經講座，事後有所領悟而決心出家，三日後在元朗凌雲寺剃度。此後七年到各地參學，二十四歲時依止大嶼山海仁法師，易號「慈祥」。

　　慈祥尼師於大埔錦山購地自修，名「大光園」。香港重光後，百廢待舉，慈祥尼師有鑒於兒童失學嚴重，無所事事，將大光園祖堂闢為課室，傾己所有，購置教具，招收失學兒童，提供免費教育，當時收生五十人，採取複式教學。兩年後，獲政府資助，改為津貼小學，但學生每月二元之

107　《香港佛教》，第56期（正覺蓮社出版），1965年1月，頁35。
108　《香港佛教》，第51期（正覺蓮社出版），1964年8月，頁37。

學費，依舊由大光園代為支付。1956年因應地區需要，向政府申請增建中學，讓適齡少年可以繼續升學，不致淪落街頭，荒廢學業。此後不斷增建校舍及設備，使學校教育日趨完善。

慈祥尼師本慈愛之心為教育事業付出畢生心血，是佛教人士中，於鄉村興辦教育之表表者，貢獻良深。1978年8月，獲英女皇頒贈英帝國員佐勳章（M.B.E），以示表揚，是本地首位獲勳之僧人。當時，慈祥尼師表示「希望她這次獲勳，能引起社會人士的正視，不要再以為出家人即等於出世，不問世事」。[109]

四、王澤長

王澤長（1922－1988），廣東潮安人，生於香港。乃佛教聞人王學仁之子，自幼隨父學習佛法，皈依受戒，嗣後屢任佛教團體要職。早年畢業於香港大學電器工程再轉讀經濟及政治，後深造法律，先後考獲香港及英國

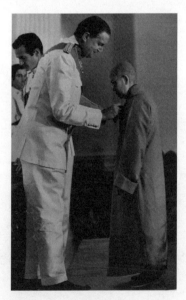

慈祥法師獲勳（鳴謝大光中學藏供）

---

109 《香港佛教》，第213期（正覺蓮社出版），1978年2月，頁34。

之律師資格。1958年開設王澤長律師行，因熱心社會公益，1970年獲政府委任為非官守太平紳士（J.P），又先後出任律師公會會長、立法局議員（1976）及行政局議員（1986）。王澤長長期參與社會公職，貢獻良多，先後獲得英女皇頒授英帝國員佐勳章（M.B.E）、官佐勳章（O.B.E）及英帝國司令勳章（C.B.E）勳銜。

王澤長曾任佛教聯合會秘書長兼法律顧問、佛教醫院管理委員會委員、天壇大佛籌建委員會主席，期間策劃領導，護持佛教事業，不遺餘力。[110]

五、黎時煖

黎時煖乃綢緞業鉅子，歷任佛聯會常務董事、學務委員會主席，長期推動佛教辦學，先後任沈香林中學、劉天生學校、筏可中學校監，佛教醫院管理委員會主席。另外亦擔任東華三院主席、香港童軍總會宗教事務委員會主席、油麻地民政區東分區委員會主席。因熱心社會事務，1971年獲香港政府委任為非官守太平紳士（J.P），1979年再獲頒英帝國員佐勳章（M.B.E）。

回歸後，升任佛教聯合會副會長（1997）至今。2005年再獲特區政府頒贈銅紫荊勳章（BBS），以表揚他對社會的長期貢獻。

六七十年代，本港佛教得到長足的發展，固然是四眾全寅的努力，艱辛經營的成果。但必須指出，就港英政府而言，那些出家僧尼在教界內的資歷與德望如何崇高，港府都不會認識和信任。所以，無論創立寺院或興辦各式慈善事業，既需要居士們樂捐善款，同時也要仰賴護法的社會地位，出面向政府爭取認同。當中，以羅文錦爵士、黃允畋、王澤長等從中

---

110 《華僑日報》，1987年1月3日。

協調，出謀獻策，成功爭取開辦官發津貼的佛教學校，以至佛學會考、佛
教醫院與墳場等等，奠定了佛教在社會的地位。這些名流居士成為了佛教
界與政府溝通的橋樑，同時讓政府意識到「本港佛教善信及佛教團體歷年
來為促使本港社會進步而作之種種貢獻」（戴麟趾總督，1970），理應受到
尊重和信任。單從上述的獲勳名單的僧俗比重，反映官方對香港佛教的認
識，焦點集中在這群名流居士身上。他們對推動本地佛教發展的重要性不
言而喻。

附：六七十年代香港佛教大德群像

覺光 (1919－2014)	遼寧營口人 1939年來港，原擬入讀弘法精舍佛學院，戰時避居桂林 1945年回港接收粉嶺靜廬和組織正覺蓮社，並任佛聯會董事 1960年，與元果及松泉兩師合辦《香港佛教》雜誌 1961年創辦佛教僧伽聯合會 1965年接任佛聯會會長
洗塵 (1920－1993)	遼寧復縣人 1956年，在中區創設妙法精舍 1960年，在屯門興建妙法寺 1966年膺選佛教僧伽聯合會會長 1969年創辦香港佛教書院，註冊為專上學院，提供學位課程，據稱為全球首間佛教大學，後改稱能仁書院 1970年成功爭取在港舉辦「第二屆世界佛教華僧會會議」，兼任香港區代表 1971年舉辦「短期出家」活動，影響深遠 1972年創辦《內明》雜誌
元果 (1929－1988)	福建南安人 1957年創辦福慧蓮舍 1960年與覺光、松泉二師創辦《香港佛教》 1964年辦佛教南洋中小學既幼稚園
松泉 (1920－2002)	江蘇海安人 1941年來港，隨緣渡眾 1958年，創立法雨精舍，兼營佛學書局 1960年與覺光、元果二師創辦《香港佛教》
楊日霖 (?－1982)	香港淪陷時期創辦道慈佛社 1952年興辦多所佛教義學，自任校長 1960年起，倡辦佛教人士慶祝母親節大會，改變社會對佛教落後無情的觀感 任佛聯會董事

（續上表）

敏智 （1909－1996）	江蘇武進人。常州天寧寺住持 1949年來港隱修 1953年任大埔正心佛學院教務長 1955年在東涌自辦內明學院，教育尼眾 1961年，內明學院遷入屯門妙法寺，後來增辦幼稚園及英文中學 1963年，任經緯書院佛學系教授 1972年創辦《內明》雜誌，任主編
羅時憲 （1914－1993）	廣東順德人。大學教授，佛學名家 1949年避居香港，任教多所院校。 1957年聯同劉銳之上師、江妙吉祥等編輯《佛經選要》 1962年，創辦三輪佛學社，開辦「佛學星期班」，推動本地居士講授佛學風氣 1963年，興辦經緯書院佛學系，任系主任及教授 1965年另成立法相學會，專弘唯識學。又出版《法相學會集刊》 1979年任能仁書院哲學研究所所長
永惺 （1926－	遼寧人 1948年來港，入讀華南學佛院 1962年購寺興建西方寺，歷十一年始得落成 1964年創辦菩提學會 1966年起任佛聯會董事
葉文意 （1929－2014）	廣東惠州人。佛教學校校長 1962年與梁隱盦校長合編《佛學十八講》及《小學佛學課本》 1973年創辦三輪‧法相‧世佛學班同學會
明慧 （1907－1972）	廣東南海人，自號半角僧。寶蓮寺首座 戰前執教嶼山佛學院 1963年，任經緯書院佛學系講師 1965年，毅然下山於九龍創辦明珠佛學社，專力弘揚佛學
劉銳之 （1914－1997）	1963年，任經緯書院佛學系教授 1972年，迎請藏傳佛教敦珠法王來港訪問弘法，是首次有藏密領袖來港
黃允畋 （1920－1997）	廣東人。著名商人，社會賢達 香海蓮社副董事長等 1964年獲MBE勳章及太平紳士銜 1968年起，出任佛教聯合會副會長，創辦中小學達十餘間 1969年，代表香港佛教出訪各國，聯絡各地佛教領袖出席香港舉辦之「世界佛教弘法大會」 1977年代表香港與韓國締結佛教聯盟 1980年率領香港佛教代表訪問北京

（續上表）

寶燈 （1917－1997）	蒙古古豐人。倓虛法師門人 1949年來港，入讀華南學佛院 1965年創辦西貢湛山寺，營建倓虛大師舍利塔 1968年膺選僧伽會副會長
韋達 （1901－1977）	廣東中山人。著名佛教學者 1965年成立法相學會，專弘唯識 1974年，用十年時間，譯成《瑜伽師地論英譯》及《英譯成唯識論》
高永霄 （1924－2012）	廣東三水人。著名佛學導師 三輪佛學社社長 1965年創辦法相學會 1965年掌理世界佛教友誼會港澳分區總會，任會長多年
*潘比絲美公主 （1917－1997）	泰國皇姑，世界佛教友誼會總會長 1965年首度訪港，參觀香港佛教文化藝協會 1971年率團訪問港澳四天，拜訪佛聯會 1973年過訪香港，隨道參觀佛聯會、僧伽會及世佛會，推動本港國際佛教交流
嚴寬祐 （1924－2014）	國內「文化大革命」時期，向大陸收購「紙漿原料」，從中搜集經書，挑出明版《南藏》及《北藏》，再加工出版
江妙吉祥 （1924－	著名佛學導師，佛聯會中文秘書 東蓮覺苑任教佛學，兼任法會翻譯 編撰佛學會考課程內容及評審文件 編著中學佛學課本
佛瑩尼 （1912－1970）	廣東廣州。醫學士 虛雲老和尚門人，身兼雲門、曹洞、臨濟宗嗣 戰後於荃灣老圍築建幻跡山林佛堂 以醫學解剖原理編撰《新釋八識規矩頌》
*敦珠法王 （1904－1987）	西藏人。藏傳佛教寧瑪派領袖 1972年應香港金剛乘學會邀請來港弘法，是首位訪港的藏密領袖。期間訪問佛聯會，又傳授多種密法 1981年及1984年再度訪港
吳汝鈞 （1946－	廣東南海人。著名佛學教授、哲學家 1973年起，推動香港中文大學開辦佛學課程 1978年起出版佛學、哲學專書達五十餘種
永明尼 （1917－1997）	香港首位獲英聯邦哲學博士學位之尼師

*並未在港長駐弘法

第 五 章

新時代・新機遇

——一九八〇年以來的香港佛教

第一節

外地宗派之傳入和發展

　　六十年代起，香港佛教在道場創建、慈善事業、佛學教育、弘法方式等方面的發展更為迅速，在社會的地位和影響力與日俱增。加上八十年代初，中英兩國展開香港前途談判，至1984年12月，兩國簽訂《聯合聲明》，確定香港主權於1997年7月1日歸還中國，香港社會產生了根本性的改變，「後過渡期」的政治環境令佛教人士參與社會事務的機會大增。[1]另一方面，隨着科技和通訊的發達，香港與世界各地的聯繫和交流有增無減，不少海外佛教團體來港設立分會，令本已成熟的香港佛教，帶來新的思維與衝擊。

甲　藏傳佛教傳入與興起

　　藏傳佛教是指約公元八世紀，將流行印度的「秘密佛教」（密宗）傳入西藏地區的大乘宗派。當時，由吐蕃王赤松德贊（King Trisong Detsen）於唐開元二十六年（738）迎請天竺密教宗師蓮花生大士（Padmasambhave）入藏弘傳密法。[2]後來，來自大唐的高僧（時稱「大乘和尚」）與密教教義有

1　如「後過渡時期」，中央政府先後成立「基本法起草委員會」及「香港特別行政區籌備委員會」並兩度委任覺光法師為委員，又於1992年委任其為「港區事務顧問」，為主權移交提供意見；香港主權移交後，智慧法師兩度當選為第九屆及第十屆「全國人民代表大會港區代表」。

2　西元八世紀，印度佛教發展至「密教時期」。其後回教入侵印度，不少高僧遷錫尼泊爾等地。同一時期，西藏王赤松德贊迎請蓮花生大士入藏弘揚密法，逐漸發展為藏傳佛教；由於西藏之佛教大多信奉密教，故「藏傳佛教」一詞亦有專指西藏密宗之意，而金剛乘、密教、密宗、密乘、藏密等皆屬同義。

分歧，兩派經過爭論後，大乘和尚敗陣，西藏地區確立以密教（藏密）為主的信仰模式。

隨着西藏本土的政治變化，藏密分為「前弘期」和「後弘期」，許多新興支派紛紛成立。加上中國歷朝的邊疆政策，經常冊封藏密領袖為「國師」、「法王」等等，將政治力量伸延至西藏地區，令藏傳佛教不單在宗教上領導信眾，政治上亦控制藏民。

藏傳佛教以寧瑪派、噶舉派、格魯派（Gelugpa）[3] 及薩迦派（Sakyapa）為主流，其中格魯派的「達賴喇嘛」（H. H. Dalai Lama）和「班禪喇嘛」（H. H. Panchen Lama）長期控制西藏的政教大權，對藏區影響力最大。及至二十世紀中期，西藏地區發生政治動盪，第十四世達賴喇嘛及不少僧侶流亡印度、尼泊爾等地，又經常往世界各地訪問，以弘法連繫和鞏固各地信徒。於是六十年代起，世界各地的藏密弘法中心紛紛成立，藏傳佛教在歐美等地迅速興起，吸引不少外籍人士皈信。其後，如寧瑪派的敦珠法王（H. H. Dudjom Rinpoche）和噶舉派的大寶法王（H. H. XVI Karmapa）亦先後到世界多國弘法，並曾經來港舉行灌頂法會及講座，更建立弘法中心。

1953年，劉銳之在港成立「金剛乘學會」，是二戰後首個弘揚藏傳佛教的團體。該會屬於寧瑪派一脈[4]，經常舉辦法會，又開辦「毘盧七支靜坐法」及普傳密法等活動。該會又出版有關寧瑪派教法的書籍，加深了信眾對藏密教理的認識和理解。七十年代以後，金剛乘學會三度迎請敦珠法王來港弘法。敦珠法王是寧瑪派的最高精神領袖，地位等同格魯派的達賴喇嘛，因此是歷來到港弘法的最高地位的藏密領袖。

法王在港期間又為弟子親身傳授「四級名詞灌頂」、「阿闍黎灌頂」

3　格魯派，藏密四大派之一，因僧侶穿戴黃衣黃帽，故俗稱「黃教」。該派由宗喀巴（Tsongkhapa）所創立。格魯派的兩大活佛：達賴喇嘛及班禪喇嘛，向來擁有西藏地區之政教控制權，為藏傳佛教之主流。

4　寧瑪派（Nyingma），古舊之意。公元八世紀中葉，蓮花生大士入藏弘法，建立藏傳佛教。因該派之最高成就為「虹光身」，故俗稱「紅教」。又傳該派僧人穿紅色法服，故名。

1981年敦珠法王主持灌頂（鳴謝金剛乘學會授權刊登）

等法，也是本港首次由法王傳授的高級層次灌頂。[5]

　　1980年12月，噶瑪噶舉派（Karma Kagyu）的第十六世大寶法王率同八名弟子來港，[6]並應請在粉嶺觀宗寺舉行灌頂法會。大寶法王是噶舉派之最高精神領袖，本名「噶瑪巴」（Karmapa），相傳第一世噶瑪巴是「轉生制度」的始創者，此後各派爭相仿傚，對藏傳佛教有極大影響。

　　大寶法王來港，本港弟子發心協助籌建「佛教噶瑪迦珠法輪中心」，成為香港首個白派傳承的道場。

　　自兩位法王來港後，四派傳承之上師（Guru）、寧波車（Rinpoche）亦先後蒞止，或主持講座、或舉辦灌頂傳法、或進行放生、火供，總之形形色色，頗吸引廣泛信徒之興趣，隨喜參與者與日俱增。部分團體更建立道場，立足香港，本地信徒修習密教頗成風氣。

5　劉銳之：《敦珠寧波車訪問香港》（香港：敦珠精舍香港金剛乘學會，1978）。

6　噶瑪噶舉，略作噶舉派（Kagyupa），通稱「白教」，乃藏密四大派之一。該派以大寶法王噶瑪巴活佛為最高精神領袖，而該派以修持「大手印」（Mahamudra）法為主。

一、香港佛教噶瑪迦珠佛學會

國際聞名的藏密噶舉派領袖第十六世大寶法王，於歐美澳加及東南亞等地弘揚該派密法，先後設置「法輪中心」三百多處。1980年底，法王來港弘法，應信眾要求而決定設立「香港佛教噶瑪迦珠法輪中心」。翌年購置銅鑼灣雲景道46號萬德閣5樓A1及A2單位作為會址，並附設「香港佛教噶瑪迦珠佛學會」，籌備多時，終在1982年9月12日落成啟用，邀請大寶法王之繼承人夏瑪巴寧波車（H. E. Shamarpa Rinpoche）來港主持開光典禮。[7]

該會以弘揚噶舉派教法為主，以大寶法王為最高之精神領袖。該會又經常邀請中國、印度、尼泊爾、歐美等地的噶舉派上師前來舉行佛學開示、灌頂、傳法、火供等佛事。後來皈信者日眾，會址不敷應用，遂遷灣仔活道42號華都樓3樓現址，該處佔地六千餘呎，可容納超過四百餘人，屬於本港最具規模和歷史最悠久的噶舉派道場。[8]

二、大圓滿心髓研究中心

「大圓滿心髓研究中心」由根造上師創立於1987年。

根造上師為廣東潮陽人。二十三歲出家，1948年與同修密顯師到康藏地區，跟從督噶呼圖克圖、札巴降澤堪布、德童仁怎悟色多傑林巴、卡魯寧波車（Kalu Rinpoche）等學習藏文及密法。三年後回上海建「常樂精舍」專弘寧瑪巴教法，後再到西康登柯縣，於昂藏寺甲色寧波車處求受「大圓滿心髓灌頂」。因其修學精進，受到寧波車的器重，傳以「瀉瓶灌頂」，並授為大圓滿心髓法脈第五十四代傳人。

1985年，應香港信眾之請，偕同密顯師來港，傳授「大圓滿心髓

7　第十六世大寶法王於1981年11月6日在美國圓寂。其法統則交予弟子泰錫度寧波車（Taisitu Rinpoche有譯作「大司徒」）、夏瑪巴寧波車等弟子。

8　香江梵宇出版委員會編：《香江梵宇》（香港：《香江梵宇》出版委員會，1999），頁72，噶瑪迦珠（香港）佛學會一條。

法」，二人在香港籌組「大圓滿心髓研究中心」，兩年後正式成立。惟根造上師於1986年起前赴美國紐約弘化，於是該會會務進展緩慢。

　　1992年根造上師以健康衰退返回香港休養，又接受在家弟子楊釗的供養。至翌年6月1日，在香港養和醫院示寂。至今，該中心仍時有活動。[9]

三、大乘佛學會／慈悲寺

　　「護持大乘法脈聯合會」乃一國際性藏密組織，在全球設有分會逾一百間。1989年，在香港創立「大乘佛學會」（慈悲寺），以「利益有情眾生，致力護持和傳授大乘佛法」為其宗旨。同年獲香港政府認可為註冊慈善團體。[10]

　　該會由護持大乘法脈聯合會總部派遣格魯派格西來港領導信眾，以教授格魯派教法為主。近年發起於印度籌建巨大彌勒佛像。

四、佛教顯密研修院

　　1995年，屬於格魯派的祈竹寧波車（Khejok Rinpoche）與其弟子在香港創立「佛教顯密研修院」。祈竹寧波車自1986年起到澳洲弘法，並於各地設立佛法研修中心，部分更附設西藏醫學院提供贈醫施藥之服務。1995年到港弘揚宗喀巴祖師傳承，初設址於銅鑼灣，翌年遷入北角英皇道377號成明閣7樓。

　　該院定期舉行免費佛學講座、共修法會及興趣小組，並定期迎請祈竹寧波車及其他高僧大德來港舉行佛事。又該院現歸入「佛教國際聯盟」，屬於旗下分會之一，與各地分會經常保持聯繫。[11]

9　于凌波撰〈根造上師〉一文，出版資料不詳。
10　見大乘佛學會之宣傳單張。
11　見佛教顯密研修院之宣傳單張。

五、密乘佛學會

「密乘佛學會」由港人談錫永創立。1993年，該會最先在加拿大多倫多成立，翌年在香港籌備分會，1996年在港註冊。據稱該會之成立，主要是為了出版「佛家經論導讀叢書」及「甯瑪派叢書」，「使佛教正法正見得以流傳推廣，讓佛教徒以及對佛學有興趣的人，能夠有一個正確的輔導」。[12]

該會由馮公夏、羅時憲、李潤生、談錫永組成編輯委員會，並請本港多位著名佛學家編撰，出版「佛教經論導讀叢書」兩輯共二十種，對研習佛學者確有引導之功效。近年改由台灣書商出版，部分書籍更印行多版，足見研習者大有人在。

「佛教經論導讀叢書」書目

佛教經論導讀叢書　第一輯		佛教經論導讀叢書　第二輯	
書　名	著　者	書　名	著　者
《般若波羅密多心經》	羅時憲	《唯識二十論》	李潤生
《能斷金剛般若波羅密多經》	談錫永	《十地經》	劉萬然
《唯識三十頌》	李潤生	《雜阿含經》	黃家樹
《大乘成業論》	屈大成	《密續部建立廣釋》	釋吉如
《異部宗輪論》	高永霄	《阿彌陀經》	羅錦堂
《妙法蓮華經》（兩冊）	釋素聞	《楞伽阿跋多羅寶經》	釋素聞
《四法寶鬘》	談錫永	《大般涅槃經》（兩冊）	屈大成
《解深密經》	趙國森	《維摩詰經》	葉文意
《因明入正理論》（三冊）	李潤生	《中論》（兩冊）	李潤生
《八千頌般若經對讀》（兩冊）	羅時憲	《菩提道次第略論》	釋吉如

---

12 見《密乘佛學會》簡介。

其後再由談錫永主編「甯瑪派叢書」，分「見部」、「修部」及「外編」三部分，主力編印甯瑪巴教法之典籍，已出版17冊。近年再編輯「大中觀系列」等書。

六、佛國密乘中心

1997年，另一個噶舉派的團體成立，名「佛國密乘中心」。該會目的是弘揚噶舉派之「大手印」及相關修法，中心除有定期的共修、開示外，也有特定的金剛法會、薈供、放生、火供、煙供及放風馬等活動。每年也邀請甯波車到中心傳法及舉行大手印禪修閉關等。

該會設於港島灣仔洛克道402號樂中樓3樓A室，由嘉生喇嘛住持，仁青喇嘛（Lama Rinchen Dorje）協助處理中心事務。[13] 2011年因應發展需求，遷至荔枝角億利工業中心1014室，又於南丫島開設分社，供信眾閉關靜修。

七、敦珠佛學會

「敦珠佛學會」於1998年由原日金剛乘學會劉銳之上師之法統繼承人陳建強博士創立。屬甯瑪巴一派，致力弘揚紅教之「敦珠新寶藏」及「大幻化網」（Guhyasamaja）等教法。該會於1999年起出版《蓮花光》會刊、《蓮花海》雙月刊等，又發行各類佛學講座之影音光碟，產品甚多。

該會招收會員頗為嚴格，會員分「因乘」和「果乘」兩類，入會者須參聽其出版之所有佛學光碟，並經面談考驗方得入門。另外，又規定學員需每月參加「布薩」[14]及每日修持「四加行法」等。由於少作公開灌頂等佛

13　見佛國密乘中心之宣傳單張。

14　「布薩」或稱說戒、誦戒。佛制每月朔、望之日，弟子當齊集誦戒，反省過去半月之行為是否合乎戒律，若有違犯，則於會上當眾懺悔。

事，加上收生嚴格，頗能豎立修學模範。[15]

八、其他密宗道場

成立年份	道　場	宗　派
1990	香港密宗寧瑪派白玉佛法中心 佐敦柯士甸路18號僑豐大廈四樓	寧瑪派
1992	宗南嘉楚（香港）佛學會 現址銅鑼灣百德新街51號9樓A	噶舉派
1996	妙境佛學會（菩提道佛學中心） 現址柴灣利眾街24號東貿廣場16樓D－E室	噶舉派
九十年代中	創古密宗佛教中心 現址觀塘成業街華成商業中心912室	噶舉派
九十年代中	殊利大手印佛學會（香港） 現址新蒲崗五芳街27號永濟工業大廈12D室	噶舉派
九十年代末	金龍密宗佛學會有限公司（天龍基金會） 灣仔告士打道50號馬來西亞大廈7樓	竹巴噶舉
2000	佛教金剛乘慈善基金會 http://www.vajrayanacf.org.hk/action/action_main.html	
2003	噶瑪禪揚香港佛學中心 現址旺角砵蘭街280號11樓	噶舉派
2004	蘇曼噶舉佛學中心 九龍太子道西170號德興大廈一字樓	蘇曼噶舉
2005	薩迦大悲圓滿佛法中心 觀塘成業街19－21號成業工業大廈1209室	薩迦派
約2005	佐欽熙日森秋林（香港）佛學會 大埔林村塘上村130A號二樓	寧瑪派
約2005	樂善基金 荃灣麗城花園二期商場227A	噶舉派
約2005	寧瑪巴噶陀龍稱顯密佛學會 彌敦道240號立信大廈5樓	寧瑪派

15　見敦珠佛學會之宣傳單張。

（續上表）

成立年份	道　場	宗　派
約2005	華藏正覺學會 沙田大圍道風山路58號	直貢噶舉
約2005	香港佛慈慈善基金 元朗水車館街80興旺大廈地下	寧瑪派
約2005	香港康囊佛學中心 上環機利文新街28號二字樓	格魯派
約2005	甘露鼓佛學會 九龍彌敦道739號金輪大廈13A室	
約2009	佐欽五明佛學會 九龍馬頭角道116號新寶工商中心2期1樓11室	寧瑪派
約2009	菩薩行基金會 灣仔國華大樓四樓	寧瑪派
約2010	依旺佛學會 油塘茶果嶺道610號三利工業中心9048室	寧瑪派
2010前	香港顯密弘法中心 大角咀櫸樹街15－21號華源工業大廈3樓21室	
2010	德噶香港禪修中心 北角渣華道8號威邦商業中心1字樓01－06室	噶舉派
2010	貝斯林金剛乘佛學會 太子長榮大廈14樓J室	寧瑪派
2013	孫達基金會有限公司 http://www.songda.org/	寧瑪派
未詳	噶瑪巴千諾基金會 天后流星街三號二樓	噶舉派
未詳	香港當卡菩提佛學中心 銅鑼灣利園山道70號鳳鳴大廈17樓C室	
2012	文成公主國際基金會 銅鑼灣渣甸坊54－58號8D室	寧瑪派
未詳	香港喇榮三乘法林佛學會 www.larong-chuling.org	寧瑪派
未詳	佛教法光中心不丹竹巴噶舉 上環永樂街130號恆樂大廈2樓	竹巴噶舉
未詳	天龍（竹巴）香港 火炭坳背灣街27－31號協興工業中心5樓C室	竹巴噶舉

（續上表）

成立年份	道　場	宗　派
未詳	菩提道綠度母佛學中心	
未詳	德欽香秋林禪修中心 荃灣海盛路TML廣場D座30樓01室	寧瑪派
未詳	騰龍（香港）佛教中心 土瓜灣旭日街15號順煒工業大廈8樓B座	寧瑪派
未詳	巴金大手印佛學禪修中心 荃灣青山公路123號紅棉大廈5樓A室	噶舉派
未詳	蔡巴噶舉協會	蔡巴噶舉
未詳	鄔金貝瑪佛學中心 新蒲崗	寧瑪巴
2012前	噶瑪祈願國際 香港天后留仙街3號雅景樓2樓	噶瑪噶舉
2014	噶慈佛學會 http://www.ka-citta.com/	噶瑪噶舉
未詳	吉祥香巴大乘佛學會 九龍太子廣東道1143號協和工業大廈二樓	噶瑪噶舉
未詳	明智佛舍 銅鑼灣怡和街一號香港大廈六樓D室	噶瑪噶舉
未詳	貢噶大印法林 上環修打蘭街16號榮興商業大廈19樓	噶瑪噶舉
未詳	波卡具大悲佛法中心有限公司 九龍旺角通菜街93號宏安大廈七樓75號室	噶瑪噶舉
2013前	日佩多傑基金會（香港）	噶瑪噶舉

　　上表由傳單資料及學會網頁資訊整理編成，尚未計算未註冊或正在籌組之藏密團體，可見本地藏密發展亟為迅速，尤以噶舉派各系最為活躍。

　　藏密信仰之興起，經常舉辦灌頂、火供等佛事，加上法器事相繁多，雖能吸引信眾，也易執著於儀軌表相。另一方面，諸如財神法、長壽法……等「事業法」灌頂和各種的法物：甘露丸、財寶瓶、除障風馬旗……等，許多信眾一知半解，多迷信於上師加持庇佑，視修法為消災求財工

具。這樣，信眾不單未能「息滅貪嗔癡」，反而加深對世間福樂的追求，障蔽了修行原意，本末倒置，長此下去，亦實為本地佛教發展的一大隱憂。再者，綜觀近三十年來本地密宗發展，許多道場並無上師長期駐足，只間中蒞港弘法，會務多委派本地在家弟子打理，一則欠缺完整教學規劃，會務疏散難於維繫信眾；二則，部分道場實為海外法教事業籌募善款而設立，道場收納的善款，多被匯至海外，固然涉及財務監管，而大量善款並非用於本地弘法或社會事業，這對本港佛教無論是資源分配，以至運作模式也帶來了變化；三者，藏傳佛教在教理、禮儀與文化上差異極大，早於民初時期，漢藏佛教之間已有相當衝突。隨着近年信仰密宗的熱潮現象，也「凸顯一個問題：就是現時的傳統佛教禮儀和教理內涵的空洞化，無法滿足、攝受、契應信徒的根機，否則他們何須另向他求？」因此，筆者認為這些隱藏已久的衝突與矛盾勢必激化，「甚至有對漢傳佛教抗衡、割裂之可能性」。[16] 如此種種，都值得教界全人深思。

乙　外地佛教團體來港開設分會

　　除了流行於西方社會的密宗團體外，韓國、日本、台灣、東南亞等地的佛教團體亦相繼來港建立道場，其中以台灣團體的規模和影響最為深遠。考其原因，最重要是日本曾經在台灣殖民統治達五十年，日本佛教善於組織和管理的風格深植當地。二戰後，佛門人士接收日僧寺產之餘，亦承襲其管理方式，於是對佛教內部發展提供了優良的土壤。六十年代起台灣社會漸趨穩定，教育文化日益蓬勃，基於這兩種有利條件，對當地佛教帶來長足的發展，並且將力量伸延至世界各地。

16　惠空法師：《台灣佛教發展脈絡與展望》（台北：太平慈光寺，2013），頁63。

一、佛香講堂與香港佛光協會

台灣高雄縣之佛光山，由星雲大師於1967年創立，並先後在世界百多處地區建立支系道場，大力推動「人間佛教」精神，對當代世界佛教發展有舉足輕重的影響。1983年先在香港何文田設立「佛香精舍」，至1991年遷至窩打老道冠華園二樓，改名「佛香講堂」，三年後註冊為非牟利慈善團體。該處最初只設大殿及小齋堂等，後來毗鄰之桌球室結業，講堂將之購入，於是擴展至今日之規模。目前講堂佔地二萬六千平方呎，是本港規模最大的都市道場，除原有各殿外，又增設禪堂、會議室、佛光緣書局等。書局內附設「滴水坊」，提供台式飲品素齋小食，將彼處的生活文化移入本地佛教。

宗教弘播方面，佛香講堂提供多元化佛學及興趣課程，包括都市佛學院、兒童班、青少年班、青年團、金剛護法會、長青會等。慈善委員會則負責於本港推行展能、贈醫施藥等，並在大陸地區興建多所希望小學。信眾亦可參與傳統的佛門共修活動，如每週念佛共修及各類法會等等。

星雲大師有鑒於佛教僧侶與居士對弘法有各別的功能，於是在轄下道場，附設一個由佛教信眾組織的團體——「佛光協會」，實行寺院由僧人

香港佛光協會成立典禮

管理，協會交居士營運，彼此互補互助。1991年2月，「中華佛光協會」在台灣創立，旋即受到海內外各方的高度重視。同年6月，佛香講堂亦響應其事，一群熱心的居士發起組織，並註冊為非牟利慈善團體。該會之宗旨是：提倡人間佛教、建設佛光淨土、淨化世道人心、實現世界和平。[17]

為履行宗旨，該會舉辦各式活動，例如每年佛誕節於維多利亞公園舉辦「浴佛節嘉年華」；定期到懲教署探訪囚友以及每年之重頭活動——「星雲大師佛學講座」等等，對香港佛教來説都是充滿現代氣色的新穎弘法活動，同時亦讓本港教界帶來弘法技巧方面的啟發和衝擊。

現時，除佛香講堂外，另於港九設立香港文教會館（灣仔）、港佛光道場（九龍灣）等，便利各區信徒參與活動。此外，佛光協會亦先後資辦「羅陳楚思老人中心」、「仁濟醫院佛光協會展能中心」及「香港中文大學人間佛教研究中心」等，無論於佛教宣揚或是社會慈善，均有重大貢獻。

二、法鼓山文教基金會香港分會

法鼓山由聖嚴法師所創立，以倡導農禪佛教、培養僧材為主。

聖嚴法師原為軍人，後出家依止東初法師，曾到日本留學攻讀博士學位。回台後，與台灣大學合辦「中華佛學研究所」，對培養台灣高等教育佛學學者有極大貢獻。後來組織法鼓山及「法鼓山文教基金會」，並在世界各地設立分會。

1994年，法鼓山在港成立「法鼓山文教基金會香港分會」，當時由其皈依弟子倡辦，最初只租借一個小房間作辦事處。兩年後遷至灣仔，隨着本港信徒求法日多，各類弘法活動亦相應增加，經過一再發展，遷至九龍荔枝角永康街23號安泰工業大廈3樓現址。該址佔地五千餘呎，是兼具講堂、禪修中心的都市道場。

17　見香港佛光協會之宣傳單張。

1997年，正式註冊成為非牟利慈善團體，以倡導「提昇人的品質，建設人間淨土」為使命。該會曾舉辦的重要活動有：聖嚴法師弘法講座、參展香港書展、法鼓山香港合唱團表演等等；另外每月亦舉行禪坐共修、太極班、讀書會、普通話班、大悲懺法會、誦戒法會等等，頗多元化。[18]

三、慈濟功德會

「佛教慈濟慈善事業基金會」於1966年由證嚴尼師創辦於台灣花蓮縣，是立足台灣、宏觀天下的慈善團體，近五十年來在台灣致力於社會服務、醫療建設、教育建設、社會文化等志業，在台灣及海外之知名度不亞於紅十字會等組織。

九十年代中後期，「香港慈濟基金會」成立，最初設於九龍塘沙福道。該會服務包括：探訪醫院、社區救濟等。另外又參加每年書展，除了宣揚「大愛」精神外，亦推廣慈濟的佛學書籍。

該會成員，每有活動必穿著整齊制服，而面對信眾或被服務者，例必以平等之心，恭敬有禮，殷勤接引。不但顯出群體精神，亦令成員放下我慢，立己修德，提升修養；另一方面，受者亦感到被尊重與關懷。因此慈濟的「大愛」精神，頗能感召信眾發心支持。[19]

四、香港禪中心／秀峰禪院

「香港禪中心」，是國際觀音禪院第110所分院，乃韓國的崇山禪師倡建於1992年。

崇山禪師（Ven. Seung Sahn），韓國人，早年參加韓國獨立地下工作。戰後，因聞《金剛經》而出家，未幾開悟，成為韓國曹溪第七十八祖，當

---

18 見法鼓山文教基金會香港分會之宣傳單張。
19 見慈濟功德會之宣傳單張。

崇山禪師及秀峰禪師
（拮摘秀峰禪院網頁）

時的禪師只有二十二歲。1975年，禪師到美洲弘揚禪法，並建立多所禪修中心。1990年，崇山禪師來港弘法，兩年後成立「香港禪中心」並指派弟子秀峰禪師（Rev. Su Bong）擔任中心導師。時至1994年7月，秀峰禪師在中心主持坐禪，席間與一名女童小參後，禪師竟於座上安詳示寂。該會為紀念秀峰禪師，便於1995年易名「秀峰禪院」。[20]

　　該院專門弘揚禪法，是本港少有之禪學中心。自該會成立提倡以後，本港修學坐禪者亦有所增長。

五、真言宗光明王寺

　　台灣高雄僧人悟光法師於1969年往日本求取失傳多時「金胎兩部密法」。經過多年努力，最終學成兩部傳承，得傳真言宗第五十五代傳法阿闍黎資格。其後日本真言宗鑒於悟光法師在台灣傳法佈教有功，先後贈與「大僧都」、「少僧正」職銜，是日本佛教史上首位獲得此榮銜之「外國」僧人。

　　悟光法師回到台灣，在高雄建立「中國真言宗五智山光明王寺」，又

20　見秀峰禪院之宣傳單張。

真言宗光明王寺

先後創辦多所分會。約1990年，派遣弟子徹鴻法師來港，於灣仔軒尼斯道
（鵝頸橋附近）設立「真言宗光明王寺」傳揚密法。該寺設有定期共修法
會，又辦護摩法、火供、灌頂等法事。惟作風低調，加上傳法講求緣份，
故平日來參與佛事者不多。[21]

六、香港內觀靜坐中心

　　內觀禪是印度最古老的自我觀察方法之一，是對治煩惱的良藥，向來
流行於南傳佛教地區。九十年代，一批曾於東南亞修學內觀禪的信眾，將
禪坐方法傳入香港，並成立「香港內觀靜坐中心」。初時只租借康樂營舍
作短期禪修，後來參與者眾，便購置上水坑頭藝苑新村之村屋作禪修中
心。[22]

　　該會經常開辦禪修課程，每次以十天為一期，內容包括教授內觀的基
本方法及實習。課程免費提供膳食及住宿，經費由舊生捐獻。他們在完成
課程後，體驗到內觀所帶來的利益，因而希望其他人亦有機會受惠。

21　資料乃該寺主持僧徹鴻法師口述。
22　見香港內觀禪中心之宣傳單張。

七、其他

九十年代中後期尚有下列佛教團體來港設立分會：[23]

團體名稱	總會源地	香港地址	概　況
宣隆內觀禪修會	緬甸		1987年，本港善信李蘇芳迎請緬甸高僧維那耶大師（Sunlun Shin U Vinaya）傳法，事後建立中心，傳授宣隆禪法
葛榮禪修同學會	斯里蘭卡		葛榮居士乃國際知名佛教禪修大師，1995－1999年間，五次來港主持活動。1995年，其弟子在港成立「同學會」推廣禪法
印順導師基金會	台灣	上環永吉街	宣揚及流通印順法師之佛學著作為主
佛陀教育協會	台灣	尖沙咀中間道	1998年成立，專宗淨土念佛法門
淨宗學會	台灣	尖沙咀中間道	1998年成立，專宗淨土念佛法門
福智慈善基金會	台灣	葵涌業成街	1997年成立，主力推廣《菩提道次第廣論》
南傳禪修學會		尖沙咀香檳大廈	2000年成立，由比丘Ajahn Samahito領導，以傳揚南傳禪修為主
台灣靈巖山寺妙蓮老和尚香港紀念堂香港佛慈淨寺會	台灣	現址上環干諾道西高富大廈二樓	1999年設港分會，專宗淨土念佛法門
靈鷲山香港佛學會	台灣	灣仔道230號19樓	2001年成立
無憂精舍			傳揚南傳佛法為主，辦有短期出家活動
淨土真宗西本願寺派香港法雷念佛會	台灣	天后廟道3號2樓A	2000年成立，專志念佛法門
本願山香港念佛會	台灣	土瓜灣上鄉道29－31號5樓	專志念佛法門
中台山普廣精舍	台灣	現址北角堡壘街	2003年設立精舍，專志禪修
地藏禪寺（祥德寺）	台灣	筲箕灣東大街	九十年代設址於九龍上海街，2008年遷現址
真言宗普賢流生命教育學會	台灣	大角咀	2009年成立，專門傳授真言宗教法

23　另有不少本着佛教名義，實則是混淆民間信仰或招搖撞騙的團體，佛教內稱之為「附佛外道」，本文從略。

（續上表）

團體名稱	總會源地	香港地址	概　況
國際法身寺香港分會	泰國	灣仔軒尼詩道385－391號一樓	泰國皇室認可，傳揚南傳佛教
慧律法師佛經流通處	台灣	觀塘開源道72－80號701室	慧律法師設立，推廣自家影音產品
戒定慧講堂	加拿大	觀塘大業街31號8樓	國際佛教觀音寺住持觀成法師設立香港弟院，推廣自家影音產品
韓國佛教香港協會	韓國	尖沙咀	自修為主
泰國寺	泰國	大埔	傳揚南傳佛教
泰國廟	泰國	元朗攸潭尾西華路	泰國皇室認可，傳揚南傳佛教
太和寺	泰國	太和石古壟村	泰國皇室認可，傳揚南傳佛教
大棠寺	泰國	元朗大棠路水蕉新村	約2005年成立，乃泰國皇室認可，傳揚南傳佛教
慧觀禪修會	緬甸	大嶼山地塘仔法航精舍	傳揚南傳佛教禪修法
觀佛寺		元朗崇山新村35A	傳揚南傳佛教，2006年成立
聞思修禪佛法中心	緬甸	元朗攸潭尾村西區505號	傳揚南傳佛教

　　綜觀八十年代至今，來自海外的佛教團體超過五十個，連同本地原有或新創辦的佛教團體，數量之多，可謂冠絕全球。究其原因，固然與香港佛教已發展成熟有關，更重要是香港沒有宗教法規，所有的寺院或團體均以《公司法》註冊，與一般私人公司無異，手續極其簡單。他們只須向稅局申領「免稅」或核發「慈善團體」牌照，便可向公眾人生收取捐款，而政府根本不會評核申辦者是否宗教人士或具有認可的資歷，換言之，任何人士均可自由註冊開設佛教社團（包括海外的佛教寺院），形成現今「百花盛放」的局面，但同時讓不法騙徒及商業公司乘此漏動，藉佛教名義，誘騙信徒捐款等，該等負面新聞亦時有聽聞。

本地佛教的弘播概況

八十年代起，承着過去的基礎，香港佛教內部在文化方面亦有更大的發展。而佛教的弘播方式亦見多元化，茲分列數項，以探究二十世紀末香港佛教之概況。

甲　新成立之佛教團體

年份	佛教團體
1980年4月5日	「香港大學學生會佛學會」成立
1980年10月2日	「港日佛教文化協會」成立
1981年1月23日	「中文大學學生會佛學會」成立
1981年	果通法師、陳家寶等於荃灣沙咀道270號廣發大廈三樓成立「普明佛學會」
1983年	仇淨芬於銅鑼灣利園山道70號鳳鳴大廈三樓辦「淨基佛學會」
1984年	泉慧法師於新界屯門青山村144號開設「楞嚴學處」
1985年	暢懷法師、淨空法師等於旺角砵蘭街338號二樓辦「佛教護生會」
1985年	Nancy Nash創「佛教環保覺行」
1986年	吳永雄創「佛教法輪會社」
1986年	慧瑩法師等組成「妙華佛學會」於北角英皇道368號榮馳大廈三字樓
1991年	隆敬法師成立「正法蓮社」，位漆咸道21號3字樓
1992年3月	衍慈尼於彌敦道242號立信大廈四字樓設立「佛教律儀淨苑」
1992年	堅明法師、道平法師於荃灣青山道119號蘊崇大廈10樓設立「天童精舍」。現已遷往元朗水車館街，更名「普門寺」
1993年	演慈尼師成立「愍生法師基金會」，初址新蒲崗，後遷往北角英皇道，易名「佛教愍生講堂」

（續上表）

年　份	佛教團體
1995年	文康廉等成立「香港失明人佛教會」，專為本地視障人士服務及製作粵音點字版佛經
1995年6月28日	「香港佛教文化資訊中心」成立
1998年	戒晟法師將「淨基佛學會」改為「香港佛學會」
1998年	寬濟法師接任青山「佛潤園」主持，更名「尸羅精舍」，並成立「佛教法界學會」
1999年	常通法師於旺角上海街433號興華中心1103室成立「萬德學會」，現已遷至塘尾道60號403室
2001年	衍空法師成立「覺醒心靈成長中心」
2003年12月	淨雄法師創辦「佛教三德弘法中心」，位英皇道441號漢宮大廈三及四樓，經常辦有法會活動
2005年	理工大學職工及同學等申辦「理工大學佛學會」
2005年9月	「香港居士林」成立，由香港大學佛學研究中心畢業生組成，宗旨是不分宗派，給市民介紹佛學義理
2009年	衍陽尼師成立「大覺福行中心」，於醫院、老人院開展關懷服務及心靈輔導
約2010	寬運法師在葵涌和宜合道增辦「觀音講堂」，經常辦有法會
2012年1月	暢懷法師於屯門青山創建的「圓明寺」落成開光，定期辦有各式活動
2012年	「心慧修持中心」，以寺院學校化的理念為社教藍圖
未詳	龍永揚、岑寬華等成立「彌勒佛學社」，辦有佛學講座及課程
未詳	「佛教大勢至菩薩慈善基金」成立，全由居士經營，辦有佛學講座及慈善活動，亦於廣東汕頭籌建「圓通聖殿」
未詳	「佛教中諦學會」位軒尼詩道258號8字樓，辦有佛學講座
未詳	「華藏學苑」由一班熱心服務社會的佛教徒組成，現由依訓法師、僧璩法師帶領，辦有社會服務
未詳	影藝人袁振洋出家後，在尖沙咀建立「導航精舍」，弘揚佛法。再於東涌石門甲村籌建「般若禪寺」
未詳	「瓔珞講堂」成立，辦有課程並積極推廣社會服務
未詳	學愚等學者成立「中國佛教學會」，致力於中國佛教研究及國際學術交流
未詳	法忍尼師創辦「法性講堂」，辦有法會、課程

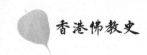

1981年港大佛學會弘法週紀念刊

乙 影音科技之輔助

一、電子傳媒廣播

香港之電台佛學節目始於1961年，當時由佛教文化藝術協會之曉雲法師向香港電台申請播放佛教節目，以每六節為一輯，逢星期六下午廣播。至1964年，合共廣播四輯凡六十多節，後因曉雲法師離港赴台，便告終止。

至1981年7月5日，香港電台第五台再次播放佛教節目——「空中結緣」。該節目由三輪·法相·世佛·佛學班同學會主辦，葉文意、甘雪雄主持。最初，逢星期日上午9時15分在第五台播放，後來反應熱烈，又於同日下午6時15分重播（後來再改為星期六下午6時15分在第一台重播）。[24] 內容包括佛學講座、佛化故事、信箱問答三部分。以簡單和富趣味性的情節，向廣大聽眾介紹佛教義理。佛化故事一環，由葉文意以佛教經典故事和生活問題取材編撰，邀請電台藝員參與播演，故事富有時代氣色，集生

24　《香港佛教》，第258期（正覺蓮社出版），1981年11月，頁36。

活、趣味與教育於一體;至於信箱問答,則以佛教立場解答聽眾生活或佛理之疑難,予以指導。

此外,自1981年起「空中結緣」亦聯同三輪‧法相‧世佛‧佛學班同學會及香港電台組成步行隊伍,參加每年之「公益金百萬行」,為大會籌措善款,造福萬千貧苦老弱。還有,「空中結緣」亦舉辦旅行參觀和遊藝晚會等等,實行與眾同樂,共結善緣。

節目自1981年7月首播以來,每星期持續廣播,風雨無改,至今已逾三十年,播放超過一千五百集,每集收聽率逾七萬人,深受佛教徒及市民歡迎。

2001年4月,正覺蓮社資助有線電視推出《正覺人生》佛教節目,逢星期日上午十一時半在有線A台及當日下午六時在娛樂台播出。該節目請得金像獎導演方育平執導、楊智深編劇,「內容有以佛教觀點討論時事或社會課題的座談會、有老少咸宜及富啟發意義的布偶劇、有由專人講解示範佛教禮儀、本港寺院特色和活動等,其中更有人物專訪,介紹佛教徒的生活、學佛體驗及對社會的貢獻,內容可説是多采多姿」。[25] 為普及起見,另

有線電視製作的《正覺人生》

25　《香港佛教》,第493期（香港佛教聯合會出版）,2001年5月。

請黃霑、顧家輝及張學友製作主題曲〈做個正覺自在人〉，製作可謂嚴謹（節目現已結束）。2004年1月11日，另有萬德佛學會的常通法師在新城電台客席主持《覺海清泉》節目，逢星期日下午播出，以討論人生為主旨（節目已結束）。

可惜的是，《正覺人生》和《覺海清泉》等影音節目均已結束，可能基於製作成本，亦可能是都市人生活模式迅速轉變，啟播以後並未引起廣泛關注。無論如何，這些都是《空中結緣》節目的延續和發展。近年，佛門網開設《B頻度》，邀請法忍尼師等主持直播的網上佛學節目，筆者深信網台頻度將會成為影音弘法的新主流。

隨着資訊科技發展，市民吸收資訊的方法已不再局限於電台、電視，網絡視頻、交友平台以至電話應用程式等已相當普及，隨手一部手提電話均有拍攝與發佈的功能。筆者預料佛教影視發展，必轉向於民間大眾的自發創作，反之傳統的電台、電視台製作的長期節目將漸漸淘汰。

二、電影與舞台劇

早於1967年，邵氏兄弟影業公司拍攝《觀世音》電影，是戰後首部佛教題材之電影。七十年代中期以後，香港社會經濟起飛，市民生活安定，娛樂事業如電影、電視等已全面普及至各階層。佛教題材的節目亦愈來愈多，諸如電視廣播有限公司於1986年製作《觀世音》（趙雅芝飾演）及《達摩》（呂良偉飾演）等電視劇集，雖非佛教節目，但觀眾在欣賞之餘，亦會接收到止惡行善的訊息，無形中亦加深了對劇中人物的認識和崇敬。

此後，不少佛教徒亦嘗試透過歌舞影視方法來推廣佛教。1994年，袁振洋電影製作公司拍攝電影《達摩祖師》，並於2月19日舉行慈善首映禮，設茶會招待各界人士，不少佛教人士應邀出席。該電影講述中國禪宗初祖——達摩祖師之事跡，由其少年是王子至出家、由天竺西來中土渡生傳法

等，都經過考究，細緻描述。該片的問世頗受佛教人士所讚嘆。[26]

九十年代中期，亦有部分佛教題材的外語電影，如：《Little Buddha》（小活佛）、《Kundun》（達賴傳）等在港上映，引起市民對佛教之興趣。至今，間中仍有佛教題材之影視節目上演，但由於佛教內部缺乏提倡和相關的培訓，只有少許的影視從業員因興趣而自資製作，因此以影視弘法至今仍未成風氣。

舞台劇方面，1996年底有新加坡劇團來港上演《聖僧鳩摩羅什》舞台劇，公演當日佛教四眾雲集，並邀請佛教聯合會會長覺光法師主持剪綵及致詞，他表示要促進佛教文化藝術交流活動，其本人亦先後六次到場欣賞。[27] 2001年10月，來自台灣的金色蓮花表演坊在香港演藝學院上演《唐三藏》舞台劇，頗引起注意。近年，亦有本地劇團與佛教人士合作，以佛經內容為題創作音樂劇。如2007年，「進念‧二十面體」邀請僧徹法師及衍空法師為創作顧問，聯同胡恩威、林夕、張叔平等演藝專家組成團隊，以《華嚴經》為宗旨編排了「華嚴經」、「華藏世界」、「心如工畫師」、「菩提心願」四幕音樂劇，「透過法會儀式與佛教藝術形式，結合

華嚴經音樂劇宣傳單

26　《香港佛教》，第406期（正覺蓮社出版），1994年3月，頁36。

27　《人間佛教》，第47期（香港佛教文化協會），1997年1月。

多媒體和現代舞台藝術，進行一次藝術與宗教互動的實驗。」[28] 音樂劇演出後好評如潮，讓觀眾對艱澀難解的佛教義理有新的認識和體會。該劇先後在港、台兩地增演，又推出《華嚴經3.0之普嚴行願品》等劇作。筆者相信若能在專業的影藝人協助推動下，以影視方法傳播佛教是有寬闊的發展空間和傳播效果。

三、佛教視聽製作中心

約1994年，信仰佛教之演藝人曾志偉、林敏驄等人籌組「佛教視聽製作中心」，宗旨以影視作為推廣佛教的媒介，曾出版多種佛教影音產品：[29]

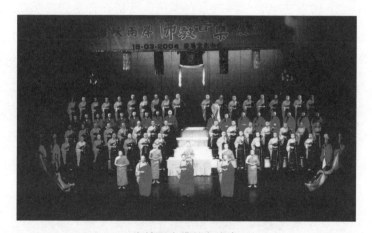

海峽兩岸佛教音樂會

產品目錄	主講/主演	類型
佛學龍門陣——業力與人生	心定法師	義理
佛學龍門陣——樂土何處尋	陳家寶	義理
佛學龍門陣——超凡脫俗	趙國森	義理
佛學龍門陣——天龍八部	願炯法師	義理

28　參見《華嚴經》音樂劇宣傳單張。
29　見佛教視聽製作中心產品名錄。

佛學龍門陣——想入非非	廖垣添	義理
佛學龍門陣——有求必應	李樹榮	義理
佛學龍門陣——誰主浮沉	聖演法師	義理
佛學龍門陣——西藏小子與密宗之謎	馬少雄	義理
六祖壇經初探（一套四盒）	願炯法師	義理
學佛之道（一套四盒）	願炯法師	義理
觀音心咒（一套二盒）	願炯法師	梵唄
瑜伽思想探究（一套五盒）	李潤生	義理
中觀思想探究（一套五盒）	李潤生	義理
南傳佛教法義探究（一套四盒） ——法 ——四聖諦 ——十二緣起 ——八正道	佛使尊者	講座
南傳佛教禪定探究（一套四盒） ——安般守意 ——十八界 ——生活禪 ——巴利文念誦	佛使尊者	講座
星雲大師講演集——佛教對命運的看法	星雲大師	講座
星雲大師講演集——佛教對神通的看法	星雲大師	講座
星雲大師講演集——佛教對知見的看法	星雲大師	講座
星雲大師講演集——佛教對行為的看法	星雲大師	講座
星雲大師講演集——佛教對因緣的看法	星雲大師	講座
星雲大師講演集——佛教對輪迴的看法	星雲大師	講座
星雲大師講演集——佛教對時空的看法	星雲大師	講座
星雲大師講演集——佛教的忠孝觀	星雲大師	講座
心理學與佛學——以四攝法處理親子關係	楊泳漢博士	講座
心理學與佛學——以四攝法處理婚姻關係	楊泳漢博士	講座
志偉問智慧答	佛使比丘、曾志偉	義理
心經	群星	佛歌
四句偈	香港佛光合唱團	梵唄
心裏的淨土	蓮蕊兒童合唱團	兒歌

該處出品包括：佛教音樂、佛教講座、佛學義理、兒童歌劇等各類。在眾多產品之中，以佛教歌曲《心經》最為人所熟悉。該碟鑒於《般若波羅密多心經》為廣大佛教徒所認識，於是由作曲家重新編曲，將嚴肅的佛理配以現代音樂，邀請譚詠麟、梅艷芳、張學友等三十位本地歌星演繹，各人風格不同，富有強烈的時代氣色，感覺煥然一新。

另外，佛教視聽製作中心與蓮蕊兒童合唱團合作出版的音樂光碟《心裏的淨土》也值得推介。該碟收錄五首原創兒歌，先由藝人黃愛明以故事形式講解西方極樂淨土以及阿彌陀佛、觀世音菩薩、大勢至菩薩的故事，各段則以一首兒歌分隔。運用童話故事方式介紹莊嚴國土的情況，以簡單的言語巧妙地將深邃難明的佛經道理灌輸給小童，既迎合現代社會，又能起教化的作用。

佛教視聽製作中心曾數度參展香港書展，推廣佛教影視資料，頗受歡迎。未幾，因人事紛爭而結束經營，殊多可惜。

九十年代起，影音科技發達，過去的錄音帶與CD、VCD等方式，亦由MP3所取代。加上電腦科技應用日漸普及，互聯網亦為現代資訊交流的重要媒介，不少佛教團體順應社會潮流，製作網頁或電腦光碟，令佛教資訊傳播更為廣泛迅速。

四、網絡弘法

近十年來，網絡發展之快超乎相像，現今已發展至手機上網的階段。對都市人而言，隨時隨地「上網」已佔生活時間的大部分。本港佛教道場與團體亦隨時代發展，製作網頁，藉以宣傳活動。部分先進團體更利用時興的臉書（Facebook）和youtube等免費的網絡媒界作為宣傳平台，分享資訊。團體將講經影片或活動花絮定時上載到網絡，省時便捷，又能在廣大公眾群組中傳播訊息，甚至轉載到「討論區」、「留言板」加以表述，引起網民「讚好」和討論，擴大瀏覽效果。

　　亦有佛教團體認識到網絡發展的重要性，着力開發。例如《佛門網》
（Buddhist door），可謂將定期雜誌的概念「虛擬化」，製作成《明覺》電
子報刊，利用網絡無遠弗屆的特性，將佛法傳播世界。其他道場在網頁內
上載影音電子書等，情況亦屬類同。另外，寬濟法師開辦的「圓融佛學
院」，更設立專門網站，專力以網絡傳揚佛法，不但將一般的佛經講座影
片上載，任君瀏覽；對於一向以秘密傳授的真言宗密法，亦普傳不諱；更
首創網上皈依、傳法，「讓未能親身到學院在法師座下受皈依及受戒的信
眾，按照本學院所拍攝的皈依儀軌影片之指示，在自己身處的地方完成皈
依及受戒。」該「網上皈依和受戒是為一個方便，一個開緣，請發心皈依
受戒者自行於佛像前及影片前如法完成儀軌」[30]，然後在網站內填報皈依表
格，待院方核准後發回「電子皈依證」及修學編號。此後，學員即可依次
第收到院方電郵寄發的「電子法本」，並在網站內收看相關的教學影片，
在家自習，相當方便。

　　平情而論，本港佛教社團作風普遍保守。究其原因，主事人多屬中老
年階層，而接受新事物往往意味舊有的習慣要被改變或淘汰，在缺乏安全
感的情況下，對新興的科技和創意事物多採觀望或抗拒態度。觀乎佛教團
體的網頁，大多流於死板地發佈資訊，甚至多年沒有更新者，比比皆是。
能與瀏覽者有互動聯繫（如：佛學查詢系統、數位資料庫、佛學問答討論
等），更屬少數，正與現今的資訊世界成強烈對比。

　　當網絡已發展成生活必需品時，佛教團體仍以後知後覺的保守態度處
理的話（其他管理運作的情況更自不待言），不但難令社會大眾產生共鳴，
更難於招攬年青一代，所引伸的斷層問題，影響極為深遠。因此，圓融佛
學院網站的「網上皈依、傳法」是否世上首創，筆者未敢輕斷，但寬濟法
師察覺到時代潮流趨勢，敢開破禁忌，其創新的思維在本地教界來說實在

30　參見圓融佛學院網頁http://www.buddhatuhk.org/index.php/onlinegy

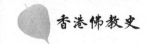

稀有難得，亦值得教界仝寅的參考。[31]

丙 文教事業

一、佛學課程

六十年代，佛教團體舉辦佛學班，開啟了研究佛學的風氣。1973年，香港中文大學校外進修部首辦「佛學文憑」課程，其後又續辦多個佛學課程，反映信眾對深造佛學的需求日增。然而，大學校外課程對報讀者有一定的規限，加上學費高昂，名額有限，因此許多有志深造者不得其門而入。有鑒於此，部分佛教學者便組織以研究佛學為主的團體。

（一）法住學會

1981年，香港中文大學的霍韜晦教授「深感要將佛教現代化，乃艱巨任重之事，故漸萌廣結同道、共弘法事之願」，於是先組織「法住出版社」，開展弘法工作，並計劃出版《世界佛學名著譯叢》。[32]

翌年，出版社同人察覺到佛教現代化之事業任重道遠，人才物力需求甚大，故不能獨倚一出版社之力，由是組織「法住學會」，參加者擴大為十二人，絕大部分均為霍韜晦在香港中文大學的學生，經半年籌備，於5月註冊為合法社團。

法住學會之架構有會員大會、董事會、會長、副會長，其下另設文書部、財政部、法義部、講座部、出版部、圖書部、智修部、發展部、會員部、總務部，分頭從事文化事業工作。並訂定「目的為推行現代化之佛學

---

31 參拙文〈香港佛教團體應用電子互聯網系統弘教之概況〉，香港亞洲研究學會第十屆研討會發表論文，2015年3月。

32 《奮迅十年》（香港：法住學會，1992），頁41。

研究，以現代語言註釋及講解古奧之佛教經典。採用哲學、宗教學、文獻學、歷史學及社會學等多元進路，作廣泛研究，為現代人提供新視野、新資料」。[33] 該會成立後，旋即與志蓮圖書館合辦「初級佛學班」。

1984年，法住學會開辦第一期收費式秋季進修課程，科目有：中國哲學概論、西方哲學、印度哲學、思考方法，參加人次共118人，同年10月又開辦研究課程，錄取12名研究生。

翌年，因參加人數不斷上升，便於彌敦道開設行教部，科目增至二十多項，新增科目包括：梵文、心理學、篆刻入門、國畫入門、美學、神話研究、命理學、普通話、日文、太極拳等，報讀者達三百人次。

1987年，遷址窩打老道，面積達一萬二千尺，成立「法住文化書院」，提出三大宗旨：「一、繼承傳統民間書院精神與現代自由教育之方式結合使學員在遼闊的知識世界中知所抉擇，具有高瞻遠矚的能力；二、專力開發東方古老智慧，認真了解西方文化之優點，古今通頫、東西融和，為現代人提供全面視野，健全其生活態度，俾能適應現代社會；三、在上述基礎上，加強專業訓練，以重建當代學院，為東方學術文化與佛教儲備人才，亦為香港及中國之未來儲備人才」，胸襟弘大。[34] 為加強教學質素，學會邀請多名海內外知名學者來港任教及出任顧問，[35] 自此，所辦科目增至七十多項。1989年研究課程部原與山東大學簽訂協議，合辦碩士及博士課程，後因「六四事件」而被北京當局取消。至1992年，法住文化書院正式向政府註冊開辦大專課程，設有人文學系、中文系、佛學系、管理系、會計及財務系等各科。九十年代末又與廣州中山大學合辦佛學課程，邀請該校之教授來港授課，凡學員完成指定課節及論文者，可攻讀中山大學之碩士、博士學位。

---

33 見法住學會之小冊子簡介。

34 《奮迅十年》，頁42。

35 該會學術顧問，皆為學界知名學者，包括：牟宗三、胡菊人、章國璋、陳紹棠、李大任等等。

　　法住學會又經常舉辦各式研討會，邀請海內外人士學者大德來港參與，發表研究成果。自1988年起所辦研討會有：

1988年唐君毅思想國際會議

1989年太虛誕生一百周年國際會議

1990年佛教文學國際會議

1991年安身立命與東西文化國際會議

1992年東方文化與現代企管國際會議

1993年中國文化與中國醫學國際會議

1994年佛教的現代挑戰國際會議

1995年第二屆唐君毅思想國際會議

2001年新經濟時代中之領袖及管理研討會

　　該會並將部分研討會論文結集出版，繼有：《唐君毅思想國際會議論文集》（一至四冊）、《太虛誕生一百周年國際會議論文集》、《安身立命與東西文化論文集》、《東方文化與現代企管論文集》、《中國文化與中國醫學國際會議論文集》等多種，對促進佛教文化的深層研究有推動作用。

　　該會逢星期日舉辦講經會，由霍韜晦親身主持，講題有：《四十二章經》、《勝鬘經》、《金剛經》、《涅槃經》等；又定期辦公開講座，以佛學為主，亦有教育、社會、哲學、文學等題材。另外，該會又成立「喜耀書屋」，販售自資出版之書籍及講座影音產品，範圍包括：佛學、人文、哲學、中國文化等多方面。

　　法住學會自成立以來，即出版《法燈》月刊，當時稱為「法住通訊」，五年後易名為《法燈》。該刊以四頁的報章形式刊行，「以闡明學會的理想和工作為題，一方面強調法住的歷史使命，一方面進行佛學現代化工作」，每期皆由創辦人霍韜晦撰文討論社會時事、文化，具有深度與

啟發性。[36]

　　現時，法住學會業務不斷擴張，並提供各式各樣課程，便利有志於文化事業者進修。

（二）志蓮淨苑夜書院

　　繼法住學會之後，志蓮淨苑亦成立文化部，以研究及推廣佛教文化。

　　志蓮淨苑於1934年由覺一法師及葦庵法師創建，致力推動宗教、文化、教育、福利等事業的發展。1995年成立文化部，聘請七名研究員，專注於佛學研究，包括：因明學、唯識學、根本佛教與初期大乘、唐密、中國佛教思想、藏密及中觀、南傳禪修等。另外又出版多項研究書籍：

志蓮夜書院招生章程

36　《奮迅十年》，頁48。

書 名	著 者
《陳那觀所緣緣論之研究》	陳雁姿
《中論析義》（上／下冊）	李潤生
《巴利文字典》	Kakkapalliye Anuruddha Thera, Ph.D.
《十二門論析義》	李潤生
《緣起與空性》	劉宇光
《實踐主體與道德法則》	盧雪崑
《金剛般若觀音羅漢合璧》	志蓮淨苑文化部
《山西佛教彩塑》	中國佛教文化研究所
《嘉言書法集》	中國佛教文化研究所
《釋迦世尊善財童子》	中國佛教文化研究所
《大乘論疏略述》	釋隆蓮
《解深密經·分別瑜伽品略釋》	韓清淨
《唐代變文》（上／下冊）	梅維恒（VICTOR H. MAIR）著 楊繼東、陳引馳譯
《芯芻學處》	宗喀巴大師講·法尊法師譯
《法尊法師譯文集》（上／下冊）	呂鐵鋼、胡和平編
《解深密經講義》	唐仲容
《大乘阿毘達磨集論科文》	韓清淨
《緣起三經科釋》	韓清淨
《慈氏學九種譯著》	韓鏡清
《敦煌學佛教學論叢》（上／下冊）	方廣錩
《大乘阿毘達磨集論別釋》	韓清淨
《攝大乘論科文/般若波羅密多心經蠡測》	韓清淨
《羅時憲全集》（十二冊）	羅時憲
《房山石經》（一套三輯）	呂鐵鋼
《佛學文史論叢》	蘇晉仁
《四百論釋》	任杰
《易越石篆刻》	志蓮淨苑文化部編
《北宋傳法院及其譯經制度》	梁天錫
《扶抱及移轉》	志蓮安老院
《失智症照顧手冊》	失智症照顧手冊編輯小組

　　同年又與新亞文商書院哲學系合辦專上課程，成立「志蓮夜書院」。該院以「發揚佛學培育弘法人才、匯通中西哲學文化精要、開廓學子廣博思考胸襟、激發自我追求真實人生」為宗旨，「為有志從事佛學研究或對佛學作專題研究的學人，提供全面基礎性及進而較深入的研習訓練」[37]，首年開辦課程有：

課程名稱	講授者	堂　數
中觀學通論	李潤生	16
中觀學論典選讀	李潤生	16
先秦哲學	梁瑞明	32
基礎日本語（一）	彭日新	24
密教典籍選讀	馬少雄	32
瑜伽學通論及論典選讀	陳雁姿	32
原始佛教通論與雜阿含經選讀	陳瓊璀	32
解深密經研究	趙國森	32

　　該院課程內容廣泛，並以專上水平提供四年制（本科）佛學文憑、哲學文憑和一年制（選科）證書課程。收生資格訂明，凡出家僧侶報讀者，皆豁免一切學費報名費，並提供膳食與住宿。如入讀四年制文憑課程，學員需具中五學歷及對佛學有基礎認識，並須於四至六年內修滿128學分，才獲頒畢業文憑。至於選科生，則可按個別興趣自由報讀。該課程於晚上及星期六、日上堂，方便在職人士在公餘時間進修，因此自開辦以來，有不少善信前來報讀。

37　見志蓮夜書院之招生簡章。

香港大學佛學研究中心圖書館開幕

(三) 香港大學佛學研究中心

香港大學佛學研究中心隸屬香港大學社會科學院,由2000年籌辦,翌年正式成立,先為本科生開設了佛學課程及通識教育課程,反應異常熱烈。

2002年開辦首屆佛學碩士課程,本着「把佛教理論應用到臨床心理、調解、心理輔導等範疇,強調實用、入世,彰顯佛法與生活的密切關係,以及佛法對解決心靈種種問題的究竟效用,因此深受現代人的喜歡」。[38]是年共收生46名,此後每年亦有數十人報名,反映社會大眾對就讀高等佛學教育有相當的冀盼。

(四) 香港中文大學人間佛教研究中心

2005年,台灣的佛光山文教基金會與香港中文大學合作開辦高等教育課程,在文化及宗教研究系成立「人間佛教研究中心」,「致力於人間佛教相關學術研究、交流及推廣」,加強佛學人才培養和文化推廣。[39]

---

38   《香港佛教》,第520期(佛教聯合會出版),2003年6月。

39   詳人間佛教研究中心網頁:http://www.cuhk.edu.hk/arts/cshb/about.html

香港中文大學人間佛教研究中心揭幕

　　研究中心設定五項工作目標，包括：推動佛教學術研究；開辦碩博士課程及佛教文憑、高級文憑課程，培養佛學研究人才；定期舉辦學術研討會，促進學術交流；籌辦各式佛教文化活動，包括參訪道場，進行田野調查等，以推廣佛教文化；出版佛學研究有關之學術刊物。

　　自2006年起，每年舉辦「青年佛教學者學術研討會」，事後發行《論文集》，另外又出版《人間佛教研究》期刊及多種佛學專書。

　　自法住文化書院及志蓮夜書院成立後，不單讓有志於深造高等佛學的學人能深入佛法大海，同時為日後香港佛教在公營大學開辦正規佛學課程奠下基礎。2002年及2005年，香港大學及中文大學相繼成立「佛學研究中心」，標誌着本地的佛學研究發展，由基本的佛學班到進修的文化書院，繼而於大學深造碩、博士學位等，已完成一套層層遞進的修學系統，顯示香港佛教由單純宗教向文化方面發展的形勢亦趨成熟。

二、藏經與書刊

（一）佛教大藏經

1980年前後，泰國、緬甸及北京先後贈送珍版藏經，備受世界注目。

1979年初，妙法寺落成，泰國佛教界鑒於妙法寺住持洗塵法師對教育發展之貢獻，決定贈送珍貴之泰文、英文及梵文大藏經各一套作為賀禮。此三套藏經被奉為泰國國寶，並經泰皇批准贈予，於3月20日派高僧帕丘袍哇那率領護送團送來香港。[40]

翌年，緬甸駐港總領事參觀妙法寺，見該寺藏經豐富，特贈緬文大藏經，以供佛教文化研究之用。該套藏經亦是緬甸國寶，經緬甸政府特別批准，於11月9日由駐港總領事送予妙法寺，同時表示將再贈英文大藏經一套，以便研究。[41]

1982年6月，北京的中國佛教協會決定贈送清刻版大藏經予寶蓮禪寺。[42] 該套藏經乃清雍正十三年至乾隆三年（1735－1738），由朝廷設藏經館，派兩位親王管理館務，並率120位高僧及學者監修，經歷五年才編纂完畢，計共7240卷，經板79036塊，並於乾隆四年（1739）印行一百套，頒賜天下寺院供奉。因該套藏經於乾隆年間刊世，通稱《乾隆大藏經》，略稱《龍藏》。

中國佛教協會贈送《龍藏》紀念牌額

40　《內明》，第84期（內明雜誌社），1979年，頁44。

41　《香港佛教》，第247期（正覺蓮社出版），1980年12月。

42　《成報》，1982年6月21日特稿，香港。

1982年10月20日，中國佛教協會由副會長巨贊法師率領「護送龍藏代表團」來港，將72箱藏經贈予寶蓮禪寺。同日，寶蓮寺特別安排百餘人到機場迎迓，隨赴富麗華酒店設歡迎齋宴，並接收佛經。10月24日，寶蓮寺於富麗華酒店舉行「佛教龍藏經展覽會」，供各界人士參觀。展覽會後，全套藏經運回寶蓮寺藏經閣作永久供奉。[43]

香港先後獲得多套珍版藏經，對佛教教理與文化研究本有促進作用，惟本港寺院於佛學研究之發展比較於都市的佛學團體相對地緩慢，亦缺乏系統的研究方法，於是《藏經》只作「供奉」珍藏之用，而參閱者寥寥無幾，頗為可惜。

（二）佛梅電子大藏經

隨着電腦科技進步和普及應用，部分佛教人士亦提倡網絡弘法。1995年，道平法師響應佛教聯合會覺光法師之建議成立「佛教文化資訊中心」，表示要以電子資訊弘揚佛法。該會先後製作「佛教資訊電腦」，內容包括：佛教經典、佛教人物、佛教名剎、佛教概況、佛教團體名錄、佛教藏書目錄等，凡八千萬字，公開給信徒瀏覽。[44] 翌年，該會先後聘請三十多位學者和技術人員，發起信徒參與「電腦抄經」活動，預計以兩年時間，將近三千部佛教經典全部電腦化，以便信徒利用現代科技研習佛法。

參加抄經活動者，須熟悉中文打字，並自備「486」以上電腦，在家中「抄打」佛經和自行校對，而會方則提供佛經及技術支援，完成後製成電腦光碟。該會最先於1996年中，出版首張佛經光碟——《妙法蓮華經》，免費流通，與眾結緣。

該會表示要以完整化、規範化、系統化、普及化的原則整理佛教藏

---

43 《香港佛教》，第270期（正覺蓮社出版），1982年11月。
44 《人間佛教》，第41期（香港佛教文化協會），1996年7月。

《佛梅電子大藏經》

經,並彙集為《佛梅大藏經》。該「藏經」共有八張光碟,以鍍金燒製,內容除佛經外,尚有佛教圖片、梵唄等資料,聲色俱備,於1999年1月面世,限量發行一千套,邀請十方信善發心捐助,以贈送國內佛教道場。

《佛梅大藏經》的製作投入大量的精神、金錢、時間和人力資源,將近三千部佛典進行電腦文字輸入,至於選輯原則、校釋研究及藏經數量等方面,遠不如日本和台灣製作的佛藏電子光碟及數位資料庫之嚴謹與豐富。[45] 該一千套《佛梅》出版後,亦未見有後續發展,如發行普及版作廣泛流通等,殊感可惜。但就當時的發起者而言,以其對新潮電子科技有限的認識,而發起電子佛經的製作工程,無疑是對本港佛教團體應用電子、網絡等媒介弘法起了帶頭的作用。

事隔十多年,該會於2012年在網絡開設「閱藏平台」,除於網絡上載當年發行的佛經外,又編定「藏經音義」系統,便利讀者翻查古字音義及文言文句,輔助研讀佛經。另外,又推出《佛梅電子大藏經》手機程式,讀者可利用網頁上Google Play及蘋果Apps Store免費下載,以便隨時隨地利用手機閱讀佛經。

45　杜正民:〈從佛典電子化探討兩岸佛學資訊的異同——網路「真實虛擬」的宗教文化觀初探〉,載《兩岸佛學教育研究現況與發展研討會論文專集》(台北:中華佛學研究所出版,2002)。

2013年，該會啟動《佛梅電子大藏經‧雲計劃》，表示要發起第二次編修計劃，但詳情如何，仍有待公佈。

（三）佛學書籍

1980年中，霍韜晦撰寫《安慧「三十唯識釋」原典譯註》，是漢語學界第一本運用原典學方法，直接從梵文譯出，並加以詳細研究的佛學著作。此書不但格量了玄奘大師的舊譯，而且亦補充了唯識宗的經典著述《成唯識論》的不足，因《成唯識論》當日雖是依據十家的資料排比選譯，但由於玄奘的立場緊依護法大師之見解[46]，對其餘九家之疏漏與誤解甚多，而此書的譯出，對傳說中之諸義即可有一比較與釐清的作用，是唯識學研究的一大突破。

1989年是近代中國佛教改革先驅太虛大師誕生一百周年，法住學會特別舉辦「太虛誕生一百周年國際會議」，是香港首次舉辦世界性佛學會議，大會邀請海內外著名學者，包括藍吉富、楊惠南、王堯、方立天、賴永海、高永霄等三十多人。同年年底將會議內發表的論文結集成《太虛誕生一百周年國際會議論文集》，內容涵括太虛與時代、太虛的人生佛教、太虛的思想體系、佛教運動與中國現代化、太虛的佛教教育與政治等多項，是研究太虛對中國佛教近現代發展的重要參考書籍。[47]

1993年12月29日，大嶼山昂平的天壇大佛開光，同日寶蓮禪寺出版《香港佛教與佛寺》，以寺院與時代為經緯，為香港佛教歷史發展作綜合的記錄，是一部扼要的香港佛教史。四年後，菩提學會出版《香江梵宇》，該書走訪本港八十七間佛教道場和團體，並紀述其開創辛酸、發展沿革及弘法貢獻。因該書以寺院團體為脈絡，正可補充《香港佛教與佛

46　護法（Dharmapala），六世紀之南印度人，乃唯識學派十大論師之一，精通大小乘義理，三十二歲圓寂。生平著有《成唯識寶生論》、《大乘廣百論》、《觀所緣緣論釋》等。

47　詳霍韜晦主編：《太虛誕生一百周年國際會議論文集》（香港：佛教法住學會，1990）。

寺》編年式的不足。

隨着出版技術的普及，佛教界的出版事業更為興盛，大小道場團體除印贈佛經，免費派贈外，亦多有編輯書籍刊物，涉及義理、儀規、傳記、歷史、文藝、素食等各個範疇，數量繁多，不勝枚舉。當中最值一提的是佛教漫畫的出版。1999年，佛學班同學會的葉文意老師有感都市人生活緊張繁忙，在事業知識之外，需要精神調劑，而佛教義理艱深難明，令人望而遠之，於是聯想到閱讀圖書，可以頤養性情，鬆弛神經。於是約同黃燕雯主席合作，出版《釋迦傳畫冊》，由黃主席撰作文字，請馮元熾先生繪畫佛傳圖畫，共三十章節，並於是年佛誕日發行，免費結緣，以紀念香港首次實施佛誕公眾假期，同時《畫冊》亦是首本純本地創作的佛教漫畫，意義特別重大。自《畫冊》出版後，好評如潮，於是促成了《釋迦傳畫冊續集》（2001）及《維摩詰經摘要漫畫》（2006）的面世。此後，2003年，寶蓮禪寺與著名漫畫出版商文化傳訊簽定合作協議，出版一套五本的《觀世音》漫畫集，嘗試以新穎的題材來展現觀音菩薩的慈悲事蹟，藉漫畫宣揚美善，意念相當新穎。

2011年，又有法忍法師出版「開心佛學漫畫」系列，名為《法忍法施》，以卡通漫畫手法講述專題故事，藉以傳輸佛教義理，至今已出版四冊，除紙本外，部分可於網上下載。

《法忍法施》漫畫

（四）佛學雜誌

二十世紀末，資訊發達，加上印刷技術日趨完善，便利了佛教雜誌的出版。茲列一表以簡介：

名　稱	出版情況	創刊日期	出版者	概　況
《明心》	已停刊	1982年3月	能仁書院明心佛學社	由該校同學編製，乃報章形式出版之不定期刊物
《法燈》	月刊，繼續發行	1982年11月	法住學會發行，霍韜晦主編	以報章形式發行，文章多由該會導師及學員撰寫。而霍韜晦教授每月均撰文討論時事、文化，甚具學術價值，免費派贈
《此岸彼岸弘法大會特刊》	不定期，已停刊	1983年	各佛教團體	乃香港各佛教團體舉辦此岸彼岸弘法大會之特刊，內容類近場刊，故佛教文章不多。是刊出版超過十一期
《與化》（學報）	不定期，已停刊	1983年7月7日	東方學術研究所出版，馬定波主編	該刊乃馬定波自資出版之刊物，只兩期。內容為高學術水平文章，唯數量極少，不為人所知
《能仁學報》	不定期，繼續發行	1983年	能仁書院	能仁書院之學術刊物，各期內容均有多篇佛學研究文章，亦具學術價值
《普明》	已停刊	1984年2月	普明佛學會	為報章式刊物，每期由法師、居士撰寫佛學文章，內容討論生活問題，頗切合現代佛家弟子的生活需要
《慧燈》	雙月刊，繼續發行	1985年1月1日	佛教愍生講堂	以小報形式出版，集基礎佛學、該會通訊的功能
《法言》	季刊，已停刊	1986年1月	法住學會	出版至總31期（1992年12月）便停刊
《菩提》	月刊，繼續發行	1986年3月15日	永惺法師創辦，菩提學會出版	初為月報，後改為書本形式出版。內容介紹菩提學會及西方寺活動為主，亦有佛教文章、教界資訊等，為結緣品，現改為發售
《法藏》	雙月，已停刊	1987年1月	法藏寺	乃報章式雙月刊，結緣品

（續上表）

名　稱	出版情況	創刊日期	出版者	概　況
《法輪》	月刊，已停刊	1987年3月	法輪會社	乃報章式月刊，結緣品
《人間佛教》	月刊，已停刊	1993年3月15日	天童精舍，秦孟瀟主編	十六開本印刷，介紹當代佛教資訊為主，結緣品
《一念三千》	日刊，已停刊	確實日子不詳	《新報》	《新報》副刊，邀請佛學學者撰文，並報道佛教團體活動
《溫暖人間》	週刊，已停刊	確實日子不詳	《星島晚報》	為該報獨立副刊，後《星島晚報》結束，轉為日報獨立副刊出版，同樣為每週一期。該刊初以佛教資訊為主，漸漸變為綜合性宗教資訊副刊。後以廣告收入不敷而停刊
《蓮花光》	不定期	1999年2月17日	敦珠佛學會	介紹該派「敦珠新寶藏」傳承為主。已出版三期
《溫暖人間》	雙週刊，繼續發行	1999年9月2日	溫暖人間慈善基金，吳兆標主編	原為《星島晚報》副刊，停刊後由原編輯陳雪梅、吳兆標、馬慧儀發心籌措復刊。其以「佛法與生活」之風格辦刊，屬大眾化佛教資訊刊物。該刊每期之佛教道場活動資訊最為本地佛教徒所留意
《蓮花海》	雙月刊，繼續發行	2006年1月	敦珠佛學會	以科學演繹佛法及密宗教理。在香港及台灣公開發售。2012年改為電子版，免費下載
《明覺》	週刊，已停刊	2006年7月	《明報》	由東蓮覺苑獨立編輯和運作，每星期三附刊於《明報》。2009年轉為電子版，不定時上載文章
《覺海清泉》	月刊，繼續發行	未詳	常通法師創辦	附屬於萬德學會的刊物，除佛學文章，亦有學會活動介紹，免費派贈
《智悲》	月刊，繼續發行	2010年7月	智悲文化有限公司	全書以密宗為主題，刊印經論文章，亦涉及漢傳及南傳教義。免費派贈

三、佛教圖書館及書店之設立

五十年代，倓虛法師在界限街設立「中華佛教圖書館」，是本地佛教圖書館之濫觴。時至八十年代，由於研習佛學的風氣盛行，因此許多團體亦設立圖書館，便利信眾參閱，茲列一簡表：

年　份	圖書館概況
1972年11月	東普陀寺成立圖書館，請台灣的仁舟法師管理
1979年7月	溫胡佩芳在佐敦庇利金街61號5樓自設「日光佛學圖書館」
1979年12月13日	法藏寺於彌敦道452號A設「法藏寺圖書館」
1981年	志蓮淨苑開設圖書館，可供各界人士借閱
1983年4月2日	松泉法師在法雨精舍內開設「香港佛學書局」
1988年	菩提學會成立「菩提圖書館」
1993年	「佛哲書舍」設立於太子洗衣街，此後不斷擴張，於中環、元朗、銅鑼灣及台灣開設分店，是本地佛教重要的經書流通處
1995年6月	道平法師成立「香港佛教文化資訊中心」，同時設立「圖書館」
約1999年	佛香講堂附設「佛光緣書局」
約2014年	摩利臣山道80－82號12樓開設「一念書店」，以經營佛教二手書為主，亦辦有活動。現已結業

法藏寺圖書館

丁 大型佛教活動

二十世紀末，香港佛教的弘法方式已十分多元化和普遍，除了一般的佛學講座、法會、佛學班、展覽、遊藝表演會等室內的活動外，亦開始步出道場，走入市區舉辦大型和公開的弘法活動，主動與社會大眾接觸，令佛教傳播更為快速。

一、「此岸彼岸」弘法大會

「此岸彼岸弘法大會」是本港首次由多個佛教團體聯合舉辦的大型綜合性弘法活動。大會由菩提學會、佛教青年協會、普明佛學會、明珠佛學班同學會、能仁書院明心佛學研究會、中文大學佛學會、香港大學佛學會及大光中學佛學會、華夏書院哲學系學會一同合辦。[48]

首屆大會於1983年2月舉行，分綜合展覽及佛學講座兩部分。綜合展覽於2月18日至20日在大會堂低座展出三天，場內有藏經版展、書展、幻燈片放映、書籍售賣、紀念品小賣部等五個區域，以藏經版展最為矚目。

藏經版展展出九套不同地區和時期的藏經：

一、宋代的《磧砂藏》

二、韓國的《高麗大藏》（略稱《麗藏》）

三、清代的《清刻版大藏經》（略稱《龍藏》）

四、《大日本校訂訓點大藏經》（略稱《正字藏》）

五、《靖國紀念大日本續藏經》（略稱《續字藏》）

六、《頻伽精舍校刊大藏經》（略稱《頻伽藏》）

七、日本的《大正新修大藏經》（略稱《大正藏》）

八、《民國增修大藏經》

---

48 詳見各屆此岸彼岸弘法大會特刊。

九、《西藏文大藏經》

當中的《磧砂藏》、《頻伽藏》等都是宋代以來的藏經，存世數量不多，彌足珍貴。佛學講座方面，則由2月15日至28日舉行，分「佛法與人生」及「佛家學術思想」兩大門類：

A 佛法與人生講座

　　2月15日　佛教真面目的揭示　泉慧法師

　　2月26日　人間佛教的建立　葉文意

　　2月28日　佛法與人生的關係　愍生法師

B 佛家學術思想講座

　　2月19日　真諦與俗諦　羅時憲

　　2月21日　佛説「我」與「無我」觀念的剖析　李潤生

　　2月23日　教與禪　霍韜晦

此岸彼岸弘法大會是首個大型開放性綜合弘法活動，其重點在於「聯合」和「綜合」，因此不但是佛教界的盛事，大會亦受到社會各界的注視。在「聯合」方面，弘法大會開始了佛教團體之間團結與共享資源的合作模式。首屆舉辦時，有九個團體參與，至1987年第二屆時，參與團體達十八個，此後數屆參與團體亦有增加。由於參與的團體眾多，因此往後的活動亦更多元化，如：流動展覽、大型講座、電視節目等，其綜合性和宣傳效用亦較大。

經過數屆的弘法大會之後，[49] 除令各界人士認識佛教外，亦讓佛教界人士對弘法的技巧帶來不少啟發，對日後本地佛教的弘揚有促進的作用。

九十年代中期以後，許多佛教團體亦自行舉辦嘉年華會、講經會、展覽、表演等大規模的弘法活動，因此弘法大會的參與團體便逐漸減少。這段時期以來的弘法大會，名義上是香港各大團體合辦，實則由菩提學會統

49　此岸彼岸弘法大會自1983年首辦後，至1987年及1989年舉行第二和第三屆，此後便每年舉辦。

理。正因參與團體少，資源有限，故所辦的規模不大，只以講座活動為主。

這時期的弘法大會將多個佛教團體的定期講座等活動納入「大會活動」之中，因此在數量上頗為可觀，卻缺乏了聯合舉辦的大型公開活動，可見聯合與綜合的意義漸漸退失，反響亦自然不及首兩、三屆之盛。1992年，高永霄等人以「此岸彼岸」名義註冊為慈善團體，並繼續舉辦活動，但其規模及號召力卻不及當年。

儘管如此，弘法大會是現今大型弘教活動的濫觴，啟發了佛教團體的弘法技巧，變得多元化和更有成效。同時亦令佛教進一步脫離出世、消極和被動的山林氣色，成為配合現代社會的宗教。

二、星雲大師佛學講座

自佛陀時代的經會，到佛寺內的高僧說法，乃至近世的教學式講座，都證明口授佛法的形式由來已久。1920年，太虛大師來港主持佛學講座，是本地以現代式講座方法演播佛法的濫觴，此後更成為主要的弘法方式。

九十年代開始，最為人熟悉的佛學講座，莫過於來自台灣的「星雲大師佛學講座」。

1987年，星雲大師首次在港作公開演講，翌年應請在法住學會主講《心經》。1989年3月，香港佛教青年協會再邀請大師來港主持講座三天，講座於油麻地梁顯利社區會堂舉行，講題為「五戒十善」，慕名前來參聽者極眾，因場地細小，不少信眾席地而坐，連大會工作人員亦要到台上圍繞講台而坐，其踴躍程度可想而知。其後佛教青年協會的導師暢懷法師在講座後宣佈「將會再請大師來港，在沙田大會堂舉辦講座」。因此成就了八個月後的另一場講座。經過這兩次講座後，星雲大師覺得因緣成熟，便由早前於香港設立的「佛香精舍」統籌舉辦大型的佛學講座。

經過多番申請後，終於定於1990年11月23日至25日，假紅磡香港體

1989年星雲大師在梁顯利社區會堂主持佛學講座

育館舉行「星雲大師佛學講座」。是次講題共三節：一、佛教財富之道；
二、佛教長壽之道；三、佛教人我之道。

　　該次講座引起本港佛教信眾及各界人士所哄動。一方面，星雲大師是
國際知名的當代高僧[50]；二來因為香港體育館是當時本港最大型的表演場
所，最多能容納12000名觀眾，自香港體育館開幕以來，只舉辦體育或明星
演唱會等，但舉行佛教活動尚屬首次。因此，講座的宣傳消息一傳出，便
引起各界注目，購票入場者極多，12000多個座位皆無虛席，是本港有史以
來最大型和最多人參與的佛學講座。

　　場內搭建一座新穎講台，講台中間設立法座，當大師登座後，四邊有
百多名出家弟子圍繞禪坐，善信從陡斜的觀眾席往下觀望，極具視覺效
果。大師以生動的技巧主持講座，又安排弟子作逐句翻譯，內容深入淺出
又與生活息息相關，令聽眾深獲法益。講座尾聲，又舉行祈福廻向，將場
內燈光關上，萬二名善信舉起大會派發的蓮花燈，同聲念佛祈禱，令場館

50　星雲大師（1926－），十二歲於南京棲霞寺出家。國共內戰後期赴台弘法。1967年於高雄創立佛光
　　山，此後於世界各地弘法，建立道場，對台灣乃至世界佛教發展有極重要之影響。1989年初率領百
　　人「弘法團」訪問大陸，曾與當時國家領導會面，交流宗教意見，是兩岸分治以來佛教界首次正式接
　　觸，備受矚目。

內充滿濃厚的宗教氣氛和感染力。

　　由於紅館的講座反應熱烈，於是佛香精舍（後來改為「佛香講堂」）每年均邀請星雲大師來港主持大型佛學講座，每次均有過萬名聽眾參與。1996年在講座之外，另辦「梵音海潮音音樂會」，將傳統佛教的梵唄重新整理編曲，部分配以現代音樂作演繹，為聽眾帶來新的視聽感受。此後各屆亦時有舉辦音樂會或展覽等活動。時至2006年，星雲大師宣佈「封人」，將舉行最後一次世界巡迴演講。同年12月，大師再度假坐香港體育館主持大型弘法講座，作來港弘法二十年紀念劃上完美的句號。茲列出歷次「星雲大師佛學講座」資料：

香港體育館舉行的星雲大師佛學講座（1996年）

日　期	講　題	地　點
1988年	《心經》	法住學會
1989年3月	1. 勝鬘夫人十大受 2. 普賢菩薩十大願 3. 因果報應十來偈	梁顯利社區中心
1989年11月	1. 禪心與人心 2. 禪師與禪詩 3. 禪道與禪法	沙田大會堂

（續上表）

日　期	講　題	地　點
1990 年 11 月	1. 佛教財富之道 2. 佛教長壽之道 3. 佛教人我之道	香港體育館
1991 年 11 月	禪淨律三修法門	香港體育館
1992 年 12 月	1. 身與心 2. 空與有 3. 教與用	香港體育館
1993 年 8 月	《金剛經》大義	香港體育館
1994 年 12 月	《維摩經》大義	香港體育館
1996 年 4 月	《阿含經選講》大義 梵音海潮音音樂會	香港體育館
1997 年 11 月	八識講話 梵音海潮音之佛法頌	香港體育館
1998 年 11 月	《佛光菜根談》 梵音樂舞	香港體育館
1999 年 11 月	《六祖法寶壇經》講話 大悲懺法會	香港體育館
2000 年 12 月	《六祖法寶偈頌》講話	香港會議展覽中心
2001 年 11 月	1. 我們需要佛法的教育 2. 我們需要另類的財富 3. 我們需要大我的生命	香港體育館
2002 年 11 月	1. 我一生弘法的心路歷程 2. 修行人的一天 3. 古德示教悟道詩	香港體育館
2003 年 11 月	禪、淨、密三修唱誦講座	香港體育館
2004 年 11 月	1. 佛教生命學 2. 佛教生死學 3. 佛教生活學	香港體育館
2005 年 11 月	1. 佛教看管理 2. 佛教看素食 3. 佛教看環保	香港體育館
2006 年 12 月 2 日	人間音緣講唱	香港理工大學
2006 年 12 月及 2007 年 1 月	「覺有情」星雲大師墨跡世界巡迴展	香港中央圖書館及 香港大學藝術館

(續上表)

日　期	講　題	地　點
2006年12月	1. 人間佛教的戒學 2. 人間佛教的定學 3. 人間佛教的慧學 人間音緣音樂會	香港體育館

三、佛誕嘉年華及浴佛會

　　浴佛節即是佛教創始人釋迦牟尼的誕生日，寺院向來都有慶祝活動。早於五十年代，佛教聯合會便舉辦公開浴佛會，讓信眾參加。大會除浴佛外，又邀請佛教學校學生表演話劇和音樂。時至九十年代，香港佛光協會於維多利亞公園舉辦大型活動——「佛誕嘉年華」，以嘉年華會形式推廣佛法，與眾同樂。大會設置多個浴佛壇讓公眾隨喜參加，又有遊戲攤位、義賣攤位、素齋小食攤位，晚上則有文藝表演和祈福法會等。明顯地嘉年華形式集宗教與歡樂於一體，讓本來嚴肅的宗教活動變得親和，更易於為人所接受，亦令未廣為人識的浴佛節，真正做到普天同慶的節日。

佛光會浴佛嘉年華（拮摘佛光會網頁）

香港回歸後，特區政府通過自1999年起，將佛誕日列為法定公眾假期。是年起，佛教聯合會統整全港各區舉辦佛誕浴佛會，邀請各區佛教僧侶及地區士紳主持，又安排學生表演，實行與眾同樂。浴佛會每年都舉辦，已成為佛教徒慶祝佛誕的指定活動。

戊 佛教事務

九十年代，香港佛教有多項大型活動舉行，其中天壇大佛的落成和佛誕日列為法定假期，不特是佛教徒的盛事，並與全港市民生活有重大關連。

一、天壇大佛

六十年代末，寶蓮寺的法師出席國際佛教活動，參訪世界各地佛教名勝，其中從台灣的彰化大佛和日本的鎌倉大佛引發構思，擬於寺前小山興建天壇大佛，在遠東上鼎足而三，亦供香港市民朝禮瞻仰。[51]

1972年，寶蓮寺趁着港督麥理浩（Sir Murray Maclehose）來訪參觀時，表達了對籌建大佛的嚮往與盼望。隨後得王澤長太平紳士及胡仙太平紳士分任籌建委員會主席及副主席，又邀得布政司鍾逸傑擔任首席贊助台銜，於是展開籌備建造工作。1974年，政府以最低地價，將寺前木魚峰全山售與寶蓮寺，作建造大佛之用，為籌建大佛踏出重要的一步，隨後便着手建築藍圖。

1981年底，寶蓮寺舉行天壇大佛動土灑淨典禮，標誌建造工程正式展

---

51 1970年，寶蓮寺新建大雄寶殿落成開光，由關祖堯爵士剪綵及致詞，講詞表示：「……在寺前興建天壇大佛一尊……將與日本之鎌倉大佛、台灣之彰化大佛，在遠東上鼎足而三，誠為舉世佳話……。」詳《雷音——寶蓮禪寺開光特刊》（香港：佛教青年協會，1970）。

港督麥理浩探訪寶蓮禪寺

開。開初，大佛擬用鋼筋混凝土建造，後經過一比五仿造工序後，發現技術困難，加上昂平天氣變化無定，保養及維修等問題難以解決，於是另邀香港理工學院重新研究，最終決定以青銅鑄造佛身。1986年議定交由中國航天工業科學技術諮詢公司承包建造工程，預計三年建成。同年9月4日假香港海港酒店簽署建造合約，由布政司鍾逸傑主持簽署儀式。[52]

大佛工程經費預計6800萬元，由1970年發起建造以來，已籌得近四千萬元，為籌措所餘經費，於是發起多次籌募活動：

(一) 海會雲來集藝演

1986年12月7日，寶蓮寺假紅磡香港體育館舉辦「海會雲來集藝演」，邀請本港演藝明星表演歌唱節目。活動由陳齊頌任籌備主席，並邀請新馬師曾、鄧碧雲、譚詠麟、沈殿霞、鄭少秋等明星義務演出。同日，馬來西

---

52 《星島月刊》，第133期，1986年12月。

亞政府電視台現場轉播，另外，新加坡、泰國、婆羅乃等地，亦先後轉播
晚會盛況，讓外地善信亦能參與善舉。大會共籌得170餘萬元，並於同月21
日由承辦機構負責人張耀榮代表，將善籌交予寶蓮寺。[53]

（二）海會雲來名廚齋宴

1987年10月21日寶蓮寺又於香格里拉大酒店舉辦「海會雲來名廚齋
宴」，由梁玳寧任召集人，邀請香港十八間食府及來自巴黎、墨爾本、紐
約、新加坡的名廚，攜手合作，筵開三十二席，每位席券一千元。為使齋
宴「不沾帶葷味，香格里拉酒店，因而特別購置一批新廚具，經過灑淨儀
式，然後使用，用後則永久收藏，留作紀念」。[54]

是晚出席齋宴者，除佛教人士外，亦有首席贊助人布政司鍾逸傑、行
政局議員王澤長、星島報業主席胡仙，以及政商名人、演藝明星和其他宗
教人士等。齋宴獲社會各界熱心支持，共籌得約50萬元善款，全數撥作大
佛工程基金。[55]

（三）海會雲來名家書畫展

為配合天壇大佛工程的進度，寶蓮寺於1988年12月1日籌組「海會雲來
名家書畫展委員會」，由岑才生任召集人，專責統籌展覽會及監督工作。
展覽會於1989年11月4日至6日假大會堂低座舉行，得到三百多名書畫家贈
送書畫，或揮毫義展，為大佛籌措經費。展覽結束後，全部展品永久珍藏
於大佛基座二樓，供善信遊人瞻禮大佛之餘，亦能欣賞當世書畫名家的珍
貴墨寶。

53　《星島晚報》，1986年12月22日，及該月各大報章。

54　《內明》，第187期（香港，內明雜誌社），1987年10月。

55　《明報》，1987年10月。

大佛名家書畫展籌備會

　　大佛工程由中國航天工業科學技術諮詢公司承造，經過模型試嵌等測試後，將大佛銅片、鋼架、鋼材、焊接工具等物料分批運港，然後逐步焊接。1989年9月14日，最後一塊的佛頂銅片裝嵌完成，寶蓮寺舉行圓頂灑淨，標誌銅鑄大佛部分的工程完成。

　　翌月便着手基座裝飾等工程，首先邀請印度的維普拉那莎拿法師（Ven. M. Wipulasara Thero）來港為基座大堂繪畫四幅佛陀故事油畫，內容描述釋

天壇大佛石膏模放樣；大佛銅片焊接工程

迦牟尼的出生、悟道、傳教、涅槃等事蹟。二樓則計劃展出「海會雲來名家書畫展」的作品。

　　1992年10月，斯里蘭卡的摩醯央伽那寺特別贈送佛陀舍利予寶蓮禪寺作永久供奉。寶蓮寺組織180人的「迎請佛陀舍利團」，由佛聯會會長覺光法師及寶蓮寺住持聖一大和尚帶領，親赴斯里蘭卡迎請，哄動一時。

　　1993年，運輸署完成昂平道擴闊工程。寶蓮寺定於同年12月29日舉行開光典禮，儀式歷時四小時，分灑淨、安奉舍利、開光及剪綵四部分。早上七時先由僧侶作閉門誦經，約十時便由海內外十三名高僧主持開光儀式，[56]繼由港督彭定康（Sir Christopher Francis Patten）、中國佛教協會會長趙樸初、新華社香港分社社長周南及大佛籌建委員會主席胡仙一同主持剪綵，同日下午正式開放予公眾參觀。當日雲集各地僧眾及善信達二萬人，[57]電台、電視台作現場報道，盛況空前，是本港最盛大的佛教活動。[58]

天壇大佛開光剪綵盛況

56　《星島日報》，1993年12月29日。
57　《香港時報》，1993年12月30日。
58　參考開光當日及翌日之各大報章。

天壇大佛由構想到落成，經歷廿五年，就寶蓮寺而言亦四易住持，連發起人筏可和尚及忍慧法師、籌辦人王澤長等也先後謝世，當中投入之心血精神、人力物力，難以估量。天壇大佛的落成，是社會各界萬眾一心的成果，對佛教人士來說固然能生起無比的崇信；對於社會各界而言，大佛亦成為香港的重要地標，是詳和安定的標誌。

籌建天壇大佛大事簡表 [59]

日　期	工　作
約1968年	構思建造天壇大佛
1972年	成立「天壇大佛籌備委員會」
1974年	以低價購入木魚峰作為建造基址，並着手設計
1981年12月29日	天壇大佛動土禮
1982年初	「天壇大佛籌建委員會」成立
1983年	聘請福圖設計公司為工程總監 邀請香港理工學院重新研究建造方案，最終決定改以青銅鑄造
1986年9月4日	建造天壇大佛簽署儀式
1986年12月7日	籌款活動——「海會雲來集藝演」
1987年6月	大佛頭像模型完成，寶蓮寺派出僧眾到南京舉行灑淨
1987年10月	天壇大佛基座完成
1987年10月21日	籌款活動——「海會雲來名廚齋宴」
1988年	銅片、鋼材、焊接工具分批運港，進行焊接
1988年12月1日	成立「海會雲來名家書畫展委員會」
1989年9月14日	天壇大佛圓頂，舉行灑淨法會
1989年10月	大佛基座展館裝飾
1989年11月4－6日	籌款活動——「海會雲來名家書畫展」
1990年12月15日	監院智慧法師獲政府頒發「社會服務獎章」
1991年3月	大佛基座展館刻鑿紀念碑

59　本表參考各大報章之資料整理而成。

（續上表）

日　期	工　作
1992年10月	迎請佛舍利團
1993年12月19－26日	舉行開光紀念水陸大法會
1993年12月29日	舉行天壇大佛開光大典
1996年1月1日	監院智慧法師獲政府頒發M.B.E.勳章

二、佛誕假期之落實

香港佛教聯合會為啟導社會、改善風氣，在六十年代開始向香港政府申請將農曆四月初八日之佛誕日列為法定公眾假期，並曾發起「十萬人簽名運動」，呼籲全港佛教徒及社會各界簽名支持，是香港佛教全人向政府爭取佛誕列為法定假期之始。

三十年來，佛教人士努力爭取、提倡，惟未得政府批准。1994年1月，佛聯會會見政府教育統籌司，並將所集得的簽名信當面遞交，以表達佛教徒之訴求，政府表示會詳加考慮。覺光法師表示，「現時香港仍然是英國統治，所以預料九七年前將佛祖誕定為法定假期的機會不大，但他有信心九七年後此要求將能實現……若果經過一段時間後，政府仍沒有回應，佛聯會可能在今年佛祖誕後，再次收集和遞交簽名，同時亦不排除遊行請願、前往北京向港澳辦反映意見，以及接觸預委會的可能」。[60]

其後，佛教聯合會放棄與香港政府交涉，改向「港澳辦公室」、「特區籌備委員會」及其委員發出意見書，請求當局及有關人士支持落實佛誕假期，並先後獲得54名籌委、38名「臨時立法會」議員及本港六大宗教領袖書面支持，而梵蒂崗教廷亦致函佛聯會，代表教宗約望·保祿二世（Pope John Paul II）對香港爭取佛誕假期表示關注和支持。

60　《人間佛教》，第12期（香港佛教文化協會出版），1994年2月。

佛教聯合會出版香港首次實施佛誕假期
紀念郵封

1997年,特區政府通過自1999年起將每年農曆四月初八佛誕日定為法定公眾假期。佛聯會為隆重其事,特別向國務院申請,請出供奉於北京西山靈光寺之「佛牙舍利」來港,在紅磡香港體育館展覽七天,供信眾瞻禮結緣。七天會期,白天開放予公眾參觀,場外另設「中國佛教二千年」展覽,晚上則舉行禮懺法會。大會先後吸引逾四十萬人次的善信入場參觀。

佛誕假的實施,不但圓滿了佛教徒爭取近四十年的心願,同時令港人在這天享受假期之餘,亦漸漸對佛陀的精神和佛教道理有潛移默化的教育作用,對社會的淨化有重大意義。

三、法定佛教婚禮

傳統以來,佛教強調出世離欲的修持生活,對於在家信徒的婚姻生活,甚少指導。因此,本地佛教對佛化婚禮未有積極提倡,加上香港法例的限制,只有少量佛教信徒禮請法師主持佛教婚禮儀式,請求祝福,顯然佛化婚禮未成風氣。

隨着佛教深入社會,大德先進也意識到將教理融入家庭倫理的重要性,而家庭建基於婚姻,透過提倡佛化婚禮,宣播佛教的倫理教育,對信徒以至社會風氣,均別具意義。儘管佛教婚禮不是法定認可的婚姻儀式,新人均要在政府婚姻註冊署補行註冊,以取得合法地位,但不少信徒仍樂於奉行,顯示佛教文化漸為社會大眾所熟悉和接受,一向以為佛教出世、

落後的形象也有所改變。

香港回歸以後，隨着政府實施佛誕假期，亦有信徒爭取官方認可佛教婚禮。林志達律師搜集佛教經典理據，證明佛教的教義與香港奉行的「一夫一妻」的婚姻制度並無相違，經過多番努力，香港政府於2004年初認可佛教婚禮，批准觀宗寺為合法婚禮場所。同年3月20日更舉行首次佛教婚禮，由覺光法師主持儀式及簽發結婚證書。

四、其他佛教活動

（一）志蓮淨苑仿唐建築群

志蓮淨苑位處九龍鑽石山，原為富商陳七之別墅。1934年以廉價轉售覺一法師及葦庵法師。二戰後，志蓮淨苑確定為「女眾十方叢林」，此後興辦義學（1948）、安老院（1957）及佛教圖書館（1981）等慈善志業，為區內老弱人士提供服務。

1980年，政府重新規劃鑽石山區，志蓮淨苑藉機重修。當時的監院瑞融尼師乃採納宏勳尼之建議，「集中華扶桑古建築專家作統籌，仿唐代木構，營造藝術之精華，重興慧炬高臺，精塑莊嚴法像」[61]，於是決定興建一座仿唐寺宇。經過十年之研究規劃，並得到各方贊助，乃於1990年向政府遞交圖則，申請重建，翌年開始清拆舊有建築物，隨即興建安老院。至1994年1月舉行奠基禮，同時發起「一瓦一願」募捐活動，祈各界同襄善舉，集腋成裘。此外，又得到不少演藝人如：譚詠麟、曾志偉、梅艷芳等鼎力支持，他們在電視台義務表演，於是一呼百應，響應者絡繹不絕。

1996年4月，志蓮淨苑與興協建築有限公司締約，同年9月28日舉行「大雄寶殿金柱崇樹典禮」，為唐式木構建築工程正式揭起序幕。

寺宇採取「三進三重門一院」式佈局，經兩年之工程，定於1998年1月

61　吳立民撰〈香港志蓮淨苑重建唐式梵宇碑〉，1998年元月。現藏於寺內。

依照唐代模式興建的志蓮淨苑大殿

6日舉行「重建完成佛像開光典禮」，標誌着志蓮淨苑重建部分的工程經已完竣。接着，便着手於殿前蓮園之建造。2000年5月18日，苑方舉行開幕儀式，由政務司司長陳方安生、佛教聯合會會長覺光法師、民政事務局局長藍鴻震、經濟局局長葉澍堃、康樂及文化事務署署長梁世華、民政事務總署署理署長呂孝端及建築署署長鮑紹雄等主持，典禮後正式開放予各界人士參觀。

　　志蓮淨苑的重建和開放對香港社會具有特別意義，淨苑的唐式建築，除了表現出香港作為中西文化交匯點及亞洲國際城市的特色外，亦是社會詳和、團結和友善的象徵。這座富有中國建築特色的梵宇，亦成為本港的地標之一，為旅遊業增添吸引力和色彩。[62]

（二）慶祝回歸祈福大會

　　根據《中英聯合聲明》所定，自1997年7月1日起，英國租借新界期滿之日，中國政府收回港九新界全部土地之主權與治權，成立「香港特別行

62　陳方安生：〈志蓮淨苑暨蓮園開幕典禮致辭〉，香港特別行政區新聞公佈，2000年5月18日。

政區」，結束英國對香港的155年殖民統治。因應「後過渡期」的發展，本港佛教領袖參與政制事務的機會增加，其後更發起「香港佛教界慶祝回歸祈福大會」。大會的意義，乃「藉着佛教善信的真誠，祈禱佛光普照，香港繁榮安定」，同時反映佛教人士對社會事務的關心。

活動由佛教聯合會統籌，組織本港各大佛教團體參與。大會租借政府大球場作為活動場所，又動員六千名信眾當義工、六千名中小學生及數十名歌影視明星參與各項節目表演，經費達千萬元，是有史以來，投入最多人力、財力、物力的佛教活動。

祈福大會在7月1日下午三時舉行，近四萬名信眾參與。先由佛聯會會長覺光法師致開幕辭，其後由特區行政長官董建華主禮，接着舉行誦經迴向。最後在連串的節目表演後，大會圓滿結束。

（三）佛舍利瞻禮大會

五十年代，香港曾舉辦佛陀舍利瞻禮活動，由於舍利是珍貴聖物，在佛弟子心目中，「見舍利如見佛陀」，相當殊聖。1999年，因香港特區政府實施首次佛誕公眾假期，佛教聯合會為隆重其事，特別向中國國務院申請，迎請「佛牙舍利」到香港供各界善信瞻禮。法會假紅磡香港體育館舉行，為期七天，吸引逾四十萬人次的善信入場參觀。

2004年，因香港經歷「沙士」疫災，佛聯會起度發起「迎請佛指舍利瞻禮祈福大會」，呈請中央政府迎請西安法門寺的佛指舍利及佛教文物到港供奉及展覽。活動於5月25日起，一連八天假灣仔會議展覽中心舉行。佛聯會表示，希望藉此殊勝大會，祈願香港繁榮穩定、世界和平、人民安樂。會後，佛指舍利運送到澳門繼續展覽。[63]

時至2012年，香港回歸將屆十五周年，佛教人士特別在香港召開「第

---

63 《香港佛教》，第529期（佛教聯合會出版），2002年。

香港佛教界慶祝回歸祈福大會（右
起：行政長官董建華、覺光法師）

佛牙舍利瞻禮大會

佛指舍利祈福大會

三屆世界佛教論壇」暨「佛頂骨舍利瞻禮大會」，以增盛光。活動假紅磡
香港體育館舉行，除公開瞻禮，場中亦有佛教信徒誦經祈福，先後有三十
萬人次入場瞻禮。

（四）主辦第三屆世界佛教論壇會議

世界佛教論壇，是由北京的中國佛教協會和中華宗教文化交流協會主辦的世界佛教界高層的交流平台，預定每三年舉辦一次。自2006年成立以來，至今已舉辦三屆。

首屆在浙江杭州及舟山舉行，共有三十七個國家及地區的佛教僧侶、學者出席，一連四天圍繞「和諧世間，從心開始」的主題作討論，會後將論壇討論內容結集成書，供眾參閱。第二屆原擬在香港舉辦，後改由大陸與台灣共同主辦。是屆論壇定於2009年3月28日起假無錫靈山梵宮及台北小巨蛋舉行，會期五天，以「和諧世界，眾緣和合」為主題。

2012年適值香港特區成立十五周年，特別安排在香港舉行第三屆世界佛教論壇。是屆論壇由香港佛教聯合會承辦，會期由4月25日至27日開展，假荃灣如心廣場舉行，主題為「和諧世界，同願同行」，邀請了六十餘國及地區之佛教領袖、學者蒞港參與。並按七項題目作分題演講與交流，包括：1、佛教弘法的現代模式；2、佛教修學與現代生活的提升；3、佛教典籍的整理、保護和詮釋；4、佛教教育的傳統、現狀與發展；5、佛教慈善的理念與踐行；6、佛教文化的繼承與弘揚；7、南北傳佛教的交流與展

香港代表出席世界佛教論壇

望。會後將討論內容翻譯為漢文、英文,並結集成書,分贈與會大眾。

舉辦論壇以外,佛聯會亦同時發起「佛頂骨舍利瞻禮大會」,特別向中國國務院迎請新近出土的「佛頂骨舍利」到港作展覽,藉此高僧雲集之際,共同祈禱世界和平、眾生吉祥。

小 結

八十年代以來,外地佛教團體紛紛傳入,同時引入了形形色色的弘播方法,對本地佛教帶來新的衝擊。另一方面,隨着多元化的發展,佛教團體之間各自爭取發展資源,彼此造成無形競爭,「山頭主義」的氣氛十分熾熱。

另外,本地僧侶與居士以各自的優勢興辦佛教事業始自二十年代,僧侶的互動推動了本地佛教發展,但同時也引伸出種種的問題,時至千禧年前後已趨向明顯的地步。我們試從佛聯會出版,釋衍空編撰的香港中學會考佛學科教科書——《正覺的道路》的課文來詳細討論:

八、九十年代的香港佛教,可算是一個柳暗花明的時期。從客觀因素而言,一方面由於西方文化價值觀在香港深受追捧,相對中國文化和宗教便被視為落後和迷信。從內部問題分析,當時香港弘法人才不足,有青黃不接的現象。另外,山上過着農禪生活的出家人,卻被視為消極避世,僧人做佛事超度亡者,亦被視為不祥,於是,佛教便出現形象的問題,再加上經書流通不廣,而至當時佛教在香港發展受到很大的限制。[64]

64　釋衍空編:《正覺的道路》,下冊(香港:香港佛教聯合會,2005)。

衍空法師代表佛教聯合會編撰中學教科書，因此可以推論書中的論點也代表了廣泛佛教人士的意見。首先，他們認為八十年代以後的香港佛教是一個「柳暗花明」的時期。究其原因，可歸納為四點：

一、香港人吹捧西方文化價值觀，視傳統文化和宗教為迷信。

二、佛教高僧相繼圓寂，內部弘法人才不足。

三、僧侶出家修行和從事法事，被視為避世消極，因此出現「形象問題」。

四、當時經書流通不廣，而且經文深邃難明，不易傳播。

他認為從七十年代後的一段時間是香港佛教發展的衰落時期，但從客觀的資料顯示，該段時期的香港佛教發展蓬勃，如：大專界的佛學會、法住學會等新式佛教團體，以及大學開設佛學課程、電台佛學節目廣播、「此岸彼岸弘法大會」、星雲大師佛學講座等大型弘法活動，均能吸引善信及有志探究佛學的人士參加。至於歸咎「經書流通不廣」，亦有商榷之處。當時都市佛教團體林立，而且大多自行印發免費的雜誌刊物，又出版多種佛學書籍。另外，電台節目「空中結緣」，打破了印刷及文字的局限，透過電子媒介弘揚佛法，據統計每次播放平均超過七萬人收聽，至今風雨未改；還有，八十年代起佛教團體先後舉辦多項大型展覽會，如：1983年首辦的「此岸彼岸弘法大會」，是備受社會各界所重視的佛教活動。可見，當時的香港佛教亦非書中所講般「衰落」。

當我們細心探究，不難發覺那些發展蓬勃、廣為大眾接受的活動，絕大部分在都市舉行，而且不乏由都市團體及居士所主持策劃。因此，所謂的「衰落」似乎是指以郊區為主的山林佛教。由於寺院地處偏遠，交通不便，信眾的參與度自然不及市區的佛教團體。另外山林佛教的修持方式，少與社會接觸，而所提倡的修持，如：農禪清修、坐禪念佛等，未能直接

和普及地解決現代人的生活需要。[65] 加上僧侶長期從事經懺法事，往往與超幽渡亡掛鈎形成教科書所講的「形象問題」，讓傳統式的山林佛教瀰漫落後僵化的氣氛，同時凸顯僧俗人士在弘揚佛法的「身份」與程度諸方面，磨擦已達到尖銳化的地步。[66]

由於該段時期的山林佛教較為沉寂，寺院亦發展出兩種情況：少數僧侶察覺到佛教現代化變革的需要，在原有的佛寺外，與市區的佛學社團聯結，以貼近生活化的新穎方式，實行平日在都市接引信眾，假日在寺院靜修，[67] 這是山林佛教就社會變化作出的適應措施；另一類寺院，則頻頻開辦經懺、渡亡法會，又發起興建新式殿宇，或大型佛像等等，以維持善信數量和寺方經濟。

綜觀八十年代，因都市佛學團體的居士推動的弘法方式新穎，配合現化社會潮流，廣受信眾和社會人士接受。與此同時，這些團體較着重佛學義理的探討，尤能吸納高知識的信眾，促進本港佛教在義理和文化方面的發展。

65　諸如近年佛教團體提倡「人間佛教」、「生活佛教」等主張，正是明顯的反映。

66　香港佛教僧侶與居士分道發展源自二十年代，當時如陳靜濤、張蓮覺、林楞真、黎乙真等，因社會地位的關係，對佛教傳播有顯著的貢獻。日治時期，又有周壽臣、羅旭龢等名流勉力維護原有佛教。至香港重光，組織「佛教聯合會」的日僧宇津木二秀離港前，將寺產全部交予陳靜濤、林楞真等人營運。顯見這些居士已成為香港佛教的代表人物。然而，長久以來僧人作為「三寶」之一，又接受信眾頂禮供養，地位超然。他們面對部分有領導地位的居士而感到僧人的地位受「威脅」及「矮化」，因而在1961年發起組織「僧伽聯合會」，在該會的創會會議記錄云：「佛教聯合會在十五年前由伊（優曇）及覺光法師和四眾弟子等發起成立，十餘年來，會務發展已差強人意，但至目前，大權旁落，出家人已失去領導權，對時代而言，已有落後之感。其次談到世界佛教友誼會，由香海蓮社馮公夏領導，但不能代表四眾弟子。前年佛聯會曾派代表出席世誼會，乃由會內議決由出家人作首席領導，但在曼谷出席時，則出席者不是出家人，結果出家首領變為點綴品之尾巴！因此我們認為該會亦有問題……想到上次開會時，出家比丘之尷尬情形，實有將會務重新整頓之必要，因此希望諸位法師齊心努力，來另組織一可以與世界各佛教單位能取得聯繫之友誼會，希望大家熱心支持、發言，使會務成立後，在任何時候，都使出家人站在領導地位上。」言語間反映僧侶及居士在弘法的道路上隱藏「正統代表」及「身份認同」的深層矛盾已極為嚴重與表面化。

67　如：佛教愍生講堂設址於北角，與東涌羅漢寺聯結；佛教護生會設址於太子，處理日常會務，假日則在荃灣芙蓉山「禪廬」活動；其他如：佛教青年協會、菩提學會等之情況亦相類似。

附：八十年代以來香港佛教大德群像

*趙樸初 （1907－2000）	• 安徽太湖人。中國佛教協會會長 • 1980年率團訪問香港 • 八十年代，大力推動中港佛教交流，又支持天壇大佛興建
葉文意 （1929－2014）	• 1981年起在香港電台主持《空中結緣》佛教節目，播放至今 • 組織團隊，以佛教名義參加每年之「公益金百萬行」 • 2010年榮獲特區政府頒授社會服務獎狀
霍韜晦 （1940－	• 廣東廣州人。大學教授 • 1982年創辦佛教法住學會 • 1990年增辦法住出版社，出版佛學書刊、影音產品 • 編輯多種佛學書籍，以《安慧「三十唯識釋」原典譯注》最為著名
*星雲 （1927－	• 江蘇江都人。台灣佛光山創辦人 • 1983年在港設立佛香精舍 • 1987年應邀來港主持公開佛學講座，聽者極眾 • 1989年率領百人弘法團訪問大陸，被受兩岸矚目 • 1990年，首度假香港體育館舉辦「星雲大師佛學講座」，先後達十五次 • 1991年擴充佛香精舍為佛香講堂。同年成立國際佛光協會香港分會。對香港佛教發展有重大影響
聖一 （1922－2010）	• 廣東新會人。禪宗為仰宗宗師 • 六十年代，住大嶼山寶蓮寺 • 七十年代協助悟明法師復修寶林禪寺，更任住持 • 1983年，寶蓮寺推舉為第五代住持，期間領導籌建天壇大佛 • 1990年退居，於寶林禪寺隱修
永惺 （1926－	• 1983年統籌舉辦第一屆此岸彼岸弘法大會 • 1996年第一屆特區政府推選委員會 • 1999年出版《香江梵宇》 • 2012年獲特區政府頒發銀紫荊星章
高永霄 （1924－2012）	• 1983年統籌舉辦第一屆此岸彼岸弘法大會 • 1992年，以「此岸彼岸」名義註冊為慈善團體，繼辦弘法活動
覺光 （1919－2014）	• 1985年代表香港佛教出任基本法起草委員 • 1992年受聘為香港事務顧問 • 1995年任香港特別行政區籌備委員會 • 1996年第一屆特區政府推選委員會 • 1997年主持香港佛教界慶祝回歸祈福大會 • 1999年成功爭取佛誕日實施法定公眾假期 • 1999年起三度向國務院申請佛骨舍利來港展覽 • 2002年創辦佛教僧伽學院 • 2007年獲金紫荊星章 • 2013年獲大紫荊勳章

（續上表）

智慧 （1933－	• 廣東南海人。筏可和尚侍者 • 七十年代起全力籌建天壇大佛 • 1990年獲港府頒發「社會服務獎章」 • 1996年獲頒MBE勳章 • 1999年當選「全國人大代表」 • 2005年晉任寶蓮寺第七任住持 • 2005年獲頒銅紫荊星章 • 2015年晉任佛聯會會長
王澤長 （1922－1988）	• 廣東潮安人。王學仁公子，資深律師 • 佛教聯合會秘書長兼法律顧問 • 佛教醫院管理委員會委員 • 天壇大佛籌建委員會主席
宏勳尼	• 志蓮淨苑監院 • 八十年代，協助籌建天壇大佛 • 九十年代，統籌志蓮淨苑重建，發起興建仿唐建築群
道平	• 1986年來港 • 1991年成立天童精舍及佛教文化中心，發起編修《佛梅電子大藏經》 • 1996年發起「電腦抄經」，同年出版首張佛經光碟 • 1997年於元朗凹頭石塘村增辦香港天童寺 • 1999年發行《佛梅大藏經》 • 2002年於元朗增辦香港普門寺 • 2008年於長沙灣青山道辦香港報國寺
談錫永 （1935－	• 廣東南海，以王亭之行世。密宗上師 • 1993年在加拿大成立密乘佛學會，三年後在港註冊 • 九十年代出版「佛教經論導讀叢書」及「寧瑪派叢書」
文康廉	• 1995年成立香港失明人佛教會，是本地唯一專門為傷殘人士提供服務的佛教社團，意義重大
淨因	• 江蘇人。中國保送海外進修之僧人 • 1986年保送斯里蘭卡進修。1995年轉往英國倫敦大學深造博士課程 • 2001年來港，出任香港大學佛學研究中心總監、佛聯會秘書長、寶蓮禪寺秘書長 • 2002年，任香港僧伽學院副院長
李潤生	• 廣東中山人。佛學教授 • 法相學會董事 • 香港大學佛教研中心教授 • 編輯多種佛學著作，多被選作教學用書
林志達	• 香港律師 • 2004年，成功申請官方認可之佛教婚禮

＊並未在港長駐弘法

第 六 章

回顧與前瞻

香港之有佛教，起源於魏晉南北朝，經歷一千五百年的歲月，發展亦不見得蓬勃。惟是進入二十世紀後，於短短百年之間，卻起了翻天覆地的變化，不特成為本地主要宗教，在國際佛教界亦佔重要地位。這固然得力於佛教全寅艱辛開拓，努力苦幹，配合社會情態發展的成果，不過，輝煌背後，亦浮現許多問題，尤以寺院普遍出現「青黃不接，後繼無人」的斷層狀況最為嚴峻，而原有社會服務設施也有被限制規模或結束營辦的困境，尤以教育事業為重災區。此外，部分道場的營運模式過於商業化，為人詬病，更陸續有靜室庵堂出現業權紛爭，以至經辦非法龕場等。這些事件均凸顯佛教內部積壓了重重問題，惹人關注。對於該等重大挑戰，佛教人士要如何應對和改善，仍是有待觀察。

回顧過去百多年的香港佛教歷史軌跡，總括而言，固然與當時的中港社會等外部情勢有密切關係，而在佛教內部，尤其僧侶與居士之間的互動，更關係到本地佛教如何前進發展。

甲 外部因素：中港社會情勢

一、國內外政局不穩，加速僧侶流動

清末民初以至二次大戰後，因內地政局不穩，帶動了僧人的流動。部分僧侶居士來港避居，有的以香港為家，亦有些作短期居留，待因緣成熟，或回國弘法，或投奔南亞及海外各地。因此國內政局的動盪，反而為本地佛教添入大量人力資源，推動發展。

二、國內佛教復興運動：佛教新生的助緣

明清時期，佛學不振，流弊甚深，加上晚清「廟產興學」的打擊，佛教已屆存亡之際。時有太虛大師積極推動改革佛教，除了以新穎的方法演

説佛法，更廣設學院，並出版書刊，佛教發展之氣象煥然一新。風氣所及，本地道場亦各隨能力，嘗試舉辦各式活動和服務，使弘法多元化，雖然效果不一，但都是受到復興運動的精神號召所推動。

三、香港自然地理與城郊並行的雙線發展模式

　　傳統寺院選址於郊外，因遠離市區，生活條件局限了發展模式，形成偏向隱修的山林佛教，後來的登高遊寺消閒文化，以至大嶼山佛教叢林的旅遊生態等等，實在與地區有直接關係。另有部分大德，以市區交通便捷，人口密集，弘法效益最為深廣，特於市區興辦道場，並提供各式服務，推動了本地都市佛教的起步，為日後的蓬勃發展奠下基礎。

四、香港社會與佛教的「共生共榮」

　　（一）**人口發展**：國內僧侶大德來港，初在郊區聚居，集結成團，漸漸聚合成佛教生活圈，成為本地山林佛教的開端。此外，本地人口持續增長，許多外省人士離鄉背井，艱苦過活，對心靈慰藉的需求也愈來愈大。換言之，充足的華人人口，實為佛教人士興辦的弘法事業，提供了人力和經濟的支持。

　　（二）**生活方式和情態**：清末民初時期，香港雖歸英國統治，但華人傳統生活未受影響，各省人士來港仍用華文語言交流，且對傳統佛教並不陌生抗拒。而本地華人精英的崛起，對佛教的財務支持和社會地位之提升，更起了關鍵作用。此外，香港社會穩定，人均教育水平持續提升，加上港人沒有強烈的政治立場或激進的民族主義情緒，造就易於變通和吸納性強的性格，也有利佛教的廣泛傳播。

　　（三）**法規政策**：至於港府在信仰、傳教、結社、言論各方面並無太多限制，法規手續相對簡明便捷，任何人士均可登記為社團或有限公司，

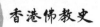

隨力經辦各種佛教事業。可以說，香港政府的社團法規和宗教方針，為佛教事業提供了基本的保障，間接推動佛教的穩定發展。

乙　內部情勢：本地佛教的實況

一、缺乏悠久寺院道場，僧伽教育與制度未得建立

　　長久以來，寺院是上承教法，橫向利生，培育僧材的基地，尤其是具有長久歷史的寺院，歷經百千年的更替興復的洗禮，無論在寺院管理、僧伽教育，以至法脈傳續，均已建立行之有效的運作模式。因此，考察一地叢林的歷史與規模，足可理解當地佛教的發展情勢。

　　考查香港的杯渡寺、靈渡寺相傳建於魏晉年間，然而傳續不定，僅為細小庵堂，無甚發展。嚴格來說，本地佛教肇始於清末，僧侶為逃避國內動亂來港隱修，是為現代山林佛教的開端。事實上，香港自古並無具規模之叢林道場，其時，僧侶隻身來港，既無叢林可以投靠，則必須闢建靜室道場，自給以活。由於他們集中同一時段來港，也形成僧多粥少、資源分散的問題，而寶蓮寺、東普陀等新興道場，其實亦是慘淡經營。

　　寺院的建立和發展受到客觀因素局限，單是僧尼人數疏少，就無法依照傳統設立完整完善的叢林制度（時至今天，寺院的部分職事仍需邀請其他道場的同修掛名充任，其例不鮮）。據筆者的考究，本港各大寺院的僧尼人數，扣除戰時臨時收容不算，高峰時期平均約三十人，至於靜室精舍，僧尼數目更只得三、兩人。道場人口稀少，制度相對鬆散，管理偏向人治，即使住持有遠大志向，當年高力弱之時，亦無以為繼。

　　由於資源缺乏，住持只能見步行步，寺院的禮儀規制只能維持最低的標準，遑論設立長期和有系統的僧伽教育系統，就算能勉力開辦僧校課程，亦勢難維持。過去，部分有抱負的僧侶，早已意識到興學育材的重

要，並嘗試做效北方叢林營辦佛學院。自二十年代起，本地道場先後開辦近二十所佛學院，卻因欠缺教育經驗，加上資源錯配，導致生員不足而停辦。其中聲譽較著的華南學佛院（1949－1955），培育出一定數量的僧材，成為六七十年代推動本地佛教發展的中堅，貢獻匪淺，側面反映了僧校系統的重要性。可惜華南學佛院只維持兩屆（六年）；2002年，佛教聯合會曾開辦「佛教僧伽學院」，專收內地僧侶來港修業，僅維持一屆便於2005年草草結束，而學僧畢業後留港弘法者，亦無幾個，極為可惜。可見，僧伽培訓系統無法穩定長久，是造成今天青黃不接局面的最直接原因。

這些例子，在在顯示寺院需要建立完善制度的重要性。傳統的叢林，經歷千百年的人事更替，於宗教傳承、管理制度、僧徒培訓各方面已設定完善制度，且累積了充足的運作經驗。反觀本地，基於特殊的歷史因緣，並無悠久而具規模的道場，而逃難來港的僧侶獨自建寮靜修，因人數零落且欠缺經驗，自然無法建構較完善的管理制度，局限了道場的健全發展。正因制度的缺陷，住持只能維繫少量的師徒關係，無法持續而有系統地培養僧材，造成僧侶疏少、水平參差、人事斷層的惡性循環，情況相當嚴峻。

筆者認為，佛教內部的教育設施和制度，是寺院持續發展的基石，儘管近十年本地大學陸續開辦佛學高級學位課程，但大學終究是學術研究的場所，僧俗信徒作為學理進修，固屬美事。然而宗教既講求學理，更重視實修實證，這是大學課程無法提供和取代的。僧伽傳承，事關佛教燈火的延續，既然本地佛教寺院和機構已出現僧伽青黃不接的問題，可知重整僧伽教育制度和設施已是刻不容緩，寄望佛教全寅盡速正視。

二、僧俗弘法的差異與矛盾

傳統以來，僧伽是佛教傳播的主體，居士僅處於信仰層面，或在財金上護持佛教事業。然而，在香港要舉辦任何事務，均要符合既定法規，在

處理這些俗務上，每要依賴居士的社會關係，從中疏通安排，乃至集合巨資以成事；而傳統流傳「白衣說法乃末法象徵」的見解，使部分僧侶對居士參與弘法事務已有所避忌和排斥。在當前的事業中，亦有護法自感貢獻超群，貢高我慢，喧賓奪主，使僧俗之間產生了「誰主導誰」的矛盾，驅使出家眾在任何時候均要爭取站於領導的位置。受制於香港的生活制度，道場固然由僧團主導，但佛法事業則很大程度是由居士來成就，形成了「信眾需要僧侶的慰藉」、「僧團事業依靠居士的護持」的微妙關係。平情而論，佛教主張眾生平等無別，所謂僧俗身份，僅為信徒對自身修行的取向，本無高低可言。但就實際而言，僧侶捨棄世俗生活，志切求道，傳承道統，理應受到尊重。不過，當今的公民意識提升，事事講求權益平等，出家僧尼在社會上亦無例外。但佛教內部行事，習慣以僧俗身份，排輩論資，這種無分情理、不別賢愚的方式，時欠公允，自然使在俗信徒感覺不佳。近年，本地居士團體的大量增長，居士掌任佛教團體要職，僧伽角色有被淡化的趨勢，彼此的潛在矛盾自會增加。

至於僧俗二眾在弘法的取向，亦頗有不同。宗教到底要處理生、死、證、悟等形而上問題，僧侶決志出家，偏重山林隱修，實在無可口非。事實上，寺院為了維持弘法事業，凝聚信眾，同時保障穩定收入，故多辦法會佛事和興建佛像殿堂，但在文化思想之傳播，則相對薄弱；而居士經辦的佛教團體，其負責人多有現職收入，部分更可全資支持道場運作，紓緩團體的財政壓力。加上居士們具有社會經驗，教育水平較高，自然偏重文教發展，故多舉辦佛學班和專題講座，並設各種興趣班和共修法會，延請居士學者主持。然而在涉及皈依、傳戒等宗教禮儀，則仍需由法師主持領導，僧伽的道統，居士始終無法取代。

明乎此，則知僧俗關係本是唇齒相依的，彼此「誰都不能缺誰」。因此，如何化解僧俗矛盾，善巧地吸納和運用居士的力量，令僧俗之間各擅其份，衷誠協作，實是當前的重大挑戰。

三、佛教團體之經營：「山頭主義」掛帥

　　過去，來港避難的僧侶，既無叢林可以投靠，唯在杳無人煙的山郊地區建寮房隱修，然而，舊有的農禪生活不足應付香港的生活壓力，僧侶轉以經懺法事，迎合善信寄望菩薩庇佑的心態，收取各種功德金，維持生活。其時，該等新興道場僅得兩、三僧人，已包攬住持、監院、維那各種職事。考查該等來港的僧侶，大部分在原居寺院未嘗擔任管理職事，即使有部分曾到江南參學，見識過大叢林的運作，仍是欠缺實際管理經驗。即如寶蓮禪寺的紀修和尚，雖曾赴江蘇江天寺參學，亦只擔任巡堂，未達管理層級。

　　在資源不足、監管乏力（小道場不太需監管），兼而自發運作的情勢下，新興道場的運作效益，完全仰賴負責人的德行、經驗和意願。現實的情況是，面對經濟壓力，道場只能隨緣應化，待經濟能力許可時，才試辦佛學院或各種服務，卻因欠缺經驗，均難長久維持，相當可惜。

　　在香港，營辦寺院首要應付就是經濟壓力，莫論負責人是僧是俗，往往要以各自的專長、魅力來吸納信眾，乃至標榜權威身份營造超然地位（近年更流行老長、上人、法王、導師等稱呼），道場之間自然出現無形的競爭，卒演成熾熱的山頭主義。這種方式深植於本地佛教寺院，成為最主要的營運模式，數十年來並無重大改變，因而隱埋許多危機。就筆者觀察，至少可歸納為三大主要問題：

　　（一）道場負責人以個人威望作號召，每能維繫信眾的參與度，保障道場的善款收入。須知負責人以畢生努力奠定聲望，門下徒眾在師父的庇蔭下，未嘗經歷創業的艱辛，胸襟識見、修為閱歷，鮮有能青出於藍。當他們要承辦道場活動，號召力自然較師父遜色。由於個人聲望與道場經濟緊密掛鈎，造成「師父不敢交棒，徒弟無力接棒」的尷尬情況。許多住持未有妥善安排人事交接，使問題更趨複雜，道場因而衰落。就筆者觀察，不少在六十至八十年代相當活躍的道場（如佛經流通處、普慧蓮社、福慧蓮

社、大光園……），在創始住持往生後，雖未至倒閉，但顯然沉寂。至於郊區道場，就更易被遺忘。類此情況，甚為普遍。

（二）道場住持因威望崇高、地位超然，與僧俗弟子之間無論如何親密，總有無形的距離感；就算弟子們發現有不妥善處或重大異議，亦礙於身份情面，鮮有出面勸諫論辯；即使有識之士提出有益弘法的意見，住持者也礙於對新事物不甚認識，每以過往治理佛堂的經驗與經濟收支等作出考量，未能平心辨清利害。於是，在選擇羅致「具遠見的顧問」與「具財力的護法」之間（兩者似乎無法並存），偏向默守於現實利益，對新穎意見甚少採納。觀乎本地道場使用電腦及網絡的程度和水準，普遍低於社會的應用水平，足資反映。面對當今日新月異的科技和千變萬化的社會情態，這種舊式思維與運作模式，一方面窒礙道場的前進空間，同時易令弟子產生疏離感覺。就筆者觀察，本港道場難以吸納挽留具遠見和熱誠的徒眾，尤其是年青的一代。筆者認為，當道場無法吸納年青人的熱誠、活力、創意，其生命力亦必將衰落。

鑒於許多道場瀰漫威權氣氛，難以容納創新思維，那些充滿熱誠的僧俗信徒，往往選擇另行成立佛教團體，嘗試以自信的方式，展拓弘法的抱負。在香港，因沒有宗教法規和相關資歷認證，任何人士均可以《公司法》成立宗教團體，再向稅局申請免稅牌照，便可收取公眾捐款。由於手續簡單便捷，正好為有志之士提供了自立門戶的機會。[1] 筆者認為，這正正是近十多年本地佛教團體數量大增的最主要原因。

（三）現今許多在荒郊偏僻地方或於都市大廈開設的道場佛堂，其實是僧侶來港定居的私人住處，因時順勢，亦兼作接眾弘法的場地。故其業權，多由個人名義持有，屬僧侶的私人產業。查該等佛堂，部分並未領有慈善團體資格，於是十方善信的捐款，其用途也就無從監察，並往往直接

1　此亦便利海外宗教團體來港弘法募款，對促進佛教交流，有一定貢獻。但亦使部分招搖撞騙之徒有可乘之機，既禍及社會大眾，更令教界形象受損。

變為僧侶的私人財產（當然也可理所當然地理解為供僧果儀）。既然道場業權屬私人擁有，負責人又礙於傳統忌諱，未有預立遺囑，一心以為離世之後，佛堂就會順理成章地交到心儀人選手中，繼續營辦下去。但實情是該等物業產權，或在業主的直系親屬之間，或在相熟徒眾之間，或在親友與弟子之間，你爭我奪，甚至對簿公堂，展開訟案。就爭訟雙方而言，他們本身未必有志弘法，更可能是純粹為繼承無本的產業，以圖日後轉售獲利。這類例子，近十年在報章報道中也是屢見不鮮。

另一方面，部分佛堂之開設，實由住持擅將住宅改造而成，以便號召善信前來禮佛，從中募捐。更有少數佛堂，「順理成章」地加建骨灰龕位，出售牟利。[2] 近年，有不少商人看準本港骨灰龕位短缺的商機，乘機收購上述業權不清的佛堂，違法開辦龕場；他們自設私人公司，卻以原有佛堂名義銷售龕位，企圖魚目混珠，唯利是圖。當中的法理是非，對於普羅善信而言，實在不易判識辨別，最終便釀成「非法龕場」的社會問題。此例有力地說明了以個人名義持有的「佛堂」，其業權和財務運作基本上欠缺監督，管理紊亂，並凸顯出道場公產與負責人私產混為一體的普遍弊病。

筆者於佛教單位服務逾十年，既從事寺院管理，亦作佛學研究和教學工作，深刻體會內部運作的艱困。目下的香港佛教看似遍地開花，一片好景，其實潛藏種種危機，因篇幅所限，無法一一述說。不過綜合前述事例，筆者認為當前問題的癥結，實源於寺院（團體）普遍處於家庭運作模式，管理制度尚未完善；至於僧校教育系統，經常曇花一現，無法持續穩定地培養僧材，斷層問題也無法徹底解決。此兩者互為因果，引成惡性循環。筆者以學者之身，冒大不諱，縷述愚見，旨在拋磚引玉，喚起注意。寄望教界人士，同心同德，轉危為機，推動今後之前進發展。

2　查該等佛堂所址，絕大部分屬於住宅土地，按照政府土地登記或大廈公契的標準，不能用作公開參拜等宗教用途。因此，這些佛堂道場實為違規建築，負責人亦已犯法。

詞彙對照表

一、人物

陳方安生	Mrs. Anson Chan
胡文虎	Aw Boon Haw
胡陳金枝	Mrs. Aw Boon Haw
胡仙	Dr. Sally Aw Sian
〔台〕白聖	Ven. Bai Sheung (Taiwan)
鄧家宙	Dr. Billy Tang
〔英〕金文泰總督	Sir. Cecil Clementi (British)
陳湛銓	Prof. Chan Cham Chuen
陳靜濤	Chan Ching To
陳春亭	Chan Chun Ting
張澄基	Prof. Chang Cheng Chi
章嘉活佛	H. E. Changkya Khutukutu
智梵	Rev. Che Fan
暢懷	Rev. Cheong Wai
張蓮覺	Cheung Lin Kok
張純白	Cheung Shun Pak
張圓明	Rev. Cheung Yuen Ming
慈祥	Rev. Chi Cheung
芝峰	Rev. Chi Fung
慈航	Rev. Chi Hong
智開	Rev. Chi Hoi
智慧	Rev. Chi Wai
〔台〕淨心	Ven. Ching Hsin (Taiwan)
趙國森	Chiu Kwok Sum
初慧	Ven. Chor Wai
〔英〕彭定康總督	Chris Patten (British)
秦孟瀟	Chun Meng Siu
松泉	Rev. Chung Cheun

竺摩	Rev. Chuk Mor
〔英〕戴麟趾總督	Sir. David Trench (British)
丁福保	Ding Fu Bao
定西	Rev. Ding Sai
諦閑	Ven. Dixian
敦珠法王	H. H. Dudjom Rinpoche
頓修	Rev. Dun Xiu
筏可	Ven. Fat Ho
佛瑩	Rev. Fat Ying
馮公夏	Fung Kung Ha
霍韜晦	Prof. Fok Tou Hui
寬濟	Rev. Foon Chai
貢噶上師	Ven. Gangkar Rinpoche
高鶴年	Gao Henian
格賴達吉活佛	H. E. Geleg Rinpoche
〔日〕權田雷斧	Ven. Gonda Raifu (Japan)
哈智・脱維善	Haji Kasim Tuet
顯慈	Rev. Hin Chi
衍空	Rev. Hin Hung
顯奇	Rev. Hin Ki
〔日〕平江貞	Hirae Misao (Japan)
曉雲	Rev. Hiu Wan/ Xiao Yun
何東	Sir. Robert Ho Tung
海山	Rev. Hoi Shan
海仁	Rev. Hoi Yen
許地山	Prof. Hsu Ti Shan
虛雲	Ven. Hsu Yun / Xuyun
葉文意	Ip Man Yee
紀修	Rev. Ji Xiu
金山	Rev. Jin San
教宗若望保祿二世	Pope John Paul II
巨贊	Rev. Ju Zan
甘珠爾瓦活佛	H.E. Kanjur Khutukutu
根造上師	Rev. Kan Tsao

十六世大寶法王	H. H. XVI Gyalwang Karmapa
高永霄	Ko Wing Siu
覺光	Ven. Kok Kwong
覺一	Rev. Kok Yat
果德	Rev. Ku Tay
甘雪雄	Kum Shuet Hung
鄺廣傑大主教	Most Rev. Kwong Kong Kit, Peter
鄺保羅大主教	Most Rev. Dr Paul Kwong
廣琳	Rev. Kwong Lam
觀本	Rev. Kwun Boon
李公達	Lee Kung Tat
李潤生	Prof. Lee Yun Sang
賴際熙	Lai Chai Hei
黎時煖	Lai Sze Nuen
黎乙真	Rev. Lai Yuet Chun
林楞真	Lam Lim Chun
劉銳之	Rev. Lau Yui Chi
李焯芬	Prof. Lee Chack Fan
梁隱盦	Liang Yin An
羅香林	Prof. Lo Hsiang Lin
羅文錦	Sir. Lo Man Kam
羅時憲	Prof. Lo Shi Hin
樂果	Rev. Lok Kwo
〔印〕維普拉拿莎拿	Ven. M. Wipulasara Thero (India)
愍生	Rev. Man Sang
〔英〕楊慕琦總督	Sir. Mark Young (British)
茂峰	Ven. Mau Fung
茂蕊	Ven. Mau Yue
密顯	Rev. Mi Shien
明觀	Rev. Ming Koon
敏智	Rev. Ming Chi
妙參	Rev. Miu Cham
妙蓮	Rev. Miu Lin
明常	Ven. Ming Sheung
明慧	Rev. Ming Wai

〔英〕麥理浩總督	Sir. Murray Maclehose (British)
〔日〕藤波大圓	Rev. Fujinami Daien (Japan)
〔日〕藤井日達	Rev. Fujii Nittatsu (Japan)
諾那呼圖克圖	H.E. Nona Khutukutu
靄亭	Rev. Oi Ting / Aiting
錢穆	Prof. Qian Mu
〔日〕大谷光瑞	Rev. Otani Kozui (Japan)
畢里多尼樞機	Sergio Cardinal Pignedoli
寶靜	Ven. Po Ching / Baojing
寶燈	Ven. Po Tan
保賢	Rev. Po Yin
潘宗光	Prof. Poon Chung Kwong
〔泰〕潘比絲美公主	H. S. M. Princes Poon Pismai Diskul (Thailand)
杯渡禪師	Master Pui To
潘達微	Pun Tat Mi
〔日〕磯谷廉介	Rensuke Isogai (Japan)
〔日〕高陌瓏仙	Rev. Rosen Takashina (Japan)
洗塵	Ven. Sai Chun
〔韓〕崇山禪師	Ven. Seung Sahn (Korea)
夏瑪巴寧波車	H. E. Shamarpa Rinpoche
〔台〕聖嚴法師	Ven. Sheng Yen (Taiwan)
商靜波	Sheung Ching Bor
〔日〕麻布照海	Rev. Shokai Azabu (Japan)
岑學呂	Shum Hok Lui
聖一	Ven. Sing Yat
紹根	Rev. Siu Kun
蕭國健	Prof. Siu Kwok Kin, Anthony
〔泰〕沙迦阿亞拿僧皇	Holess Somdej Phra Ariyawongsagatayana Supreme Patriarch (Thailand)
蘇以葆主教	Rt. Rev. Thomas Soo
〔韓〕秀峰禪師	Rev. Su Bong (Korea)
沈香林	Sum Heung Lam
談錫永	Tam Shek Wing
倓虛	Ven. Tan Xu / Danxu
〔日〕佐佐木教純	Rev. Sasaki Kyoujun (Japan)

大光	Rev. Tai Kwong
〔日〕佐佐木泰翁	Rev. Taio Sasaki (Japan)
太虛	Ven. Taixu
大悅	Rev. Tai Yuet/ Dayue
泰錫度寧波車	H. E. XII Taisitupa Rinpoche
吐登喇嘛	Ven. Thubten Lama
度輪（宣化）	Ven. To Lun
湯漢樞機	Cardinal John Tong Hon
湯國華	Rev. Tong Kwok Wah
湯偉奇	Dr. Tong Wai Ki
湯恩佳	Dr. Tong Yan Kai
曾璧山	Tsang Pik Shan
增秀	Rev. Tsang Sau
脱志賢	Tuet Che Yin
董建華	Tung Chee Hwa
〔日〕宇津木二秀	Rev. Utsuki Nishu (Japan)
慧命	Rev. Wai Ming
宏賢	Rev. Wang Yin
王學仁	Wong Hok Yan
葦庵	Rev. Wai Um
韋達	Wei Tat
永惺	Ven. Wing Sing
王澤長	Wong Chak Cheong, Peter
黃鳳翎	Wong Fung Ling
黃家樹	Wong Kar Shu
黃國芳	Wong Kwok Fong
黃罨曾	Wong Shing Tsang
黃筱煒	Wong Siu Wai
黃允畋	Wong Wan Tin
永明	Rev. Wing Ming
胡振中樞機	Cardinal Wu Cheng Chung John
〔台〕悟光	Rev. Wu Guang (Taiwan)
吳汝鈞	Prof. Wu Ru Jun
浣清	Rev. Wun Cing

〔台〕星雲大師	Ven. Xing Yun (Taiwan)
嚴寬祜	Yan Foon Kwu
楊文會	Yang Wen Hui
葉恭綽	Ye Gong Chuo
楊鐵夫	Yeung Tit Fu
楊日霖	Yeung Yat Lam
演慈	Rev. Yin Chi
〔台〕印順	Ven. Yinshun (Taiwan)
葉善開 / 葉東姑	Yip Sin Hoi / Yip Tung Ku
優曇	Rev. Yiu Tan
若舜	Ven. York Shun/ Ruoxun
融秋	Rev. Young Chau
融熙	Rev. Young Hei
悅明	Rev. Yue Ming
遠參	Ven. Yuen Cham
元果	Rev. Yuen Kor
月霞	Rev. Yuet Ha
月溪	Rev. Yuet Kai
融靈	Rev. Yung Ling
陳日君樞機	Cardinal Joseph Zen Ze Kiun
張曼濤	Zhang Mantao
趙樸初	Zhao Pu Chu
〔台〕證嚴法師	Ven. Zheng Yan (Taiwan)

二、地方

堡壘山 / 青山	Castle Peak
千石山	Chin Shek Shan
千佛山	Ching Fat Shan
芙蓉山	Fu Yung Shan
跑馬地 / 快活谷	Happy Valley
杏林街	Heng Lam Street

錦田	Kam Tin
薑山	Keung Shan
觀音山	Kwun Yam Shan
樓梯街	Ladder St
大嶼山	Lantau Island
利園	Lee Garden
靈渡山	Ling To Shan
靈會山	Ling Wui Shan
大坑光明台	Lllumination Terrace Tai Hang
鹿湖	Luk Wu
萬丈瀑	Man Cheung Po
名園	Ming Yuen
木魚峰	Mount Muk Yue / Muk Yue Shan
彌勒山	Nei Lak Shan
昂平	Ngong Ping
北角	North Point
排頭坑	Pai Tau Hang
杯渡山	Pui To Shan
三疊潭	Sam Dip Tam
沙田	Sha Tin
山光道	Shan Kwong Road
大澳	Tai O
太平山街	Tai Ping Shan St
大埔	Tai Po
地塘仔	Tei Tong Tsai
屯門	Tuen Mun
東涌	Tung Chung
煎魚灣	Tsin Yue Wan
荃灣	Tsuen Wan
元朗	Yuen Long

三、佛教道場／團體

天壇大佛	The Big Buddha / The Tian Tan Buddha
大茅蓬	Big Thatched Hut
香港佛光協會	Buddha's Light International Association of Hong Kong
佛學班同學會	The Buddhist Alumni Association
三輪世佛法相佛學班同學會	The Buddhist Alumni Association of Sam Lun D. and W.F.B.
中華佛教學校	Buddhist Chung Wah Feel School / Charitable Chinese Buddhist School
香港慈濟基金會	Buddhist Compassion Relief TZU-CHI Foundation Hong Kong
佛教文化藝術協會	Buddhist Culture & Arts Association
法喜精舍	Buddhist Kharmananada Lotus Monastery
中華佛教圖書館	Buddhist Library of China
佛哲書舍	Buddhist Philosophy Bookshop
明珠佛學社	The Bright Pearl Buddhist Institute
佛教護生會	The Buddhist Society for Protecttion of Living Things
大光中學	Buddhist Tai Kwong Middle School
佛教青年協會	Buddhist Youth Association
佛教青年中心	The Buddhist Youth Centre
青山佛教學校	Castle Peak Buddhist School
香港中文大學人間佛教研究中心	Centre for the Study of Humanistic Buddhism, The Chinese University of Hong Kong
湛山寺	Cham Shan Monastery
慈興寺	Che Hing Monastery / Tsz Hing Monastery
慈航淨院	Che Hong Ching Yuen
長山古寺	Cheung Shan Monaster
志蓮圖書館	Chi Lin Buddhist Library
志蓮義學	Chi Lin Free School
志蓮淨苑	Chi Lin Nunnery
千華蓮社	Chin Wan Lin She / Alias Hung Chi Monastery
靜廬	Ching House
清涼法苑	Ching Leung Fat Yuen
正心佛學院	Ching Sam Monastic College

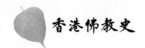

珠海書院佛教同學會	Chu Hai College Buddhist Student Association
竹林禪院	Chuk Lam Sim Yuen
香港六大宗教領袖座談會	The Colloquium of Six Religious Leaders of Hong Kong
法鼓山文教基金會香港分會	Dharma Drum Mountain Hong Kong
法住學會	The Dharmasthiti Buddhist Institute
敦珠精舍	Dudjom Ashram
法藏寺	Fat Jong Temple
佛光寺	Fat Lwong Buddhist Monastery
法雨精舍	Fat Yu Ching She
晦思園	Fui See Yuen
極樂寺	Gig Lok Temple
香海慈航	Heung Hoi Che Hong Chung Lam
香海正覺蓮社	The Heung Hoi Ching Kok Lin She Association
東本願寺	Higashi Honganji / East Honganji Monastery
菩提學會	The Hong Kong Bodhi Siksa Society
香港佛教聯合會	The Hong Kong Buddhist Association
香港佛經流通處	Hong Kong Buddhist Book Distributor
佛教墳場	Hong Kong Buddhist Cemetery
能仁書院	Hong Kong Buddhist College
香港佛教學院	Hong Kong Buddhist College
香港佛陀教育協會	Hong Kong Buddhist Education Foundation
佛教英文書院	Hong Kong Buddhist English College
佛教醫院	The Hong Kong Buddhist Hostital
佛教講堂	Hong Kong Buddhist Lecture Hall
佛教僧伽聯合會	The Hong Kong Buddhist Sangha Association
香港佛教僧伽學院	The Hong Kong Buddhist Sangha College
黃焯菴小學	Hong Kong Buddhist Wong Cheuk Um Primary School
黃鳳翎中學	Hong Kong Buddhist Wong Fung Ling College
佛教青年康樂營	Hong Kong Buddhist Youth Camp
香海蓮社	Hong Kong Lotus Association
真言宗居士林	Hong Kong Mantra School For Lay Buddhists
香港佛學院	Hong Kong Monastic College
金剛乘學會	The Hong Kong Vajrayyana Esoteric Society
佛香講堂	IBPS Hong Kong / Fo Hsiang Jin Sha
噶瑪迦珠法輪中心	Karma Kagyu (H.K) Buddhist Society

經緯書院	Kingsway College
古巖淨苑	Ku Ngam Ching Yuen
觀宗寺	Kun Chung Tse
佛教光明講堂	Kwong Ming Buddhism Tribune
觀音寺	Kwun Yum Tsz
蘭若園	Lan Yeuk Yuen
嶼山佛學院	Lantau Buddhist College
蓮池精舍	Lin Chi Monastery
靈渡寺	Ling To Monastery
凌雲寺	Ling Wan Monestery
楞嚴精舍	Ling Yan Ching She
羅漢寺	Lo Hon Monastery
內明佛學院	Loi Ming Monastic College
鹿野苑	Look Year Yuen
鹿湖精舍	Luk Wu Ching She
大乘佛學會	Mahayana Buddhist Association
萬佛寺	Man Fat Tsz / Ten Thousand Buddha Temple
大圓滿心髓研究中心	Maha Sandhi Yoga Center
印順導師基金會	Master YS Foundation
太虛大師紀念會	Memorial Association of Master Taixu
虛雲和尚紀念堂	Memonal Hall of Master Hsu Yun
閩南居士林	Minnan Lodge of Laity
妙法寺	Miu Fat Buddhist Monastery
南天竺	Nam Tin Chuk Temple
妙境佛學會	New Horizon Buddhist Association
日本山妙法寺	Nipponzan Myohoji
西本願寺	Nishi Honganji / West Honganji Monastery
諾那精舍	Nona Ashram
普濟禪院	Po Chai Monastery
佛教寶靜安老院	Po Ching Home For Aged
寶公紀念堂	Po Ching Memonal Hall
寶覺佛學研究社	Po Kok Centre of Buddhist Studies
寶覺第一義學	Po Kok First Free School
寶林禪寺	Po Lam Monastery
寶蓮禪寺	Po Lin Monastery

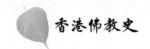

般若精舍	Poh Yea Ching She
普明佛學會	Por Ming Buddhist Institute
普明禪院	Po Ming Monastery
半春園	Pun Chun Yuen
蓬瀛古洞	Pung Yin Kwu Tung
觀音巖	Quan Yin Groto
香港大學佛學研究中心	The University of Hong Kong Centre of Buddhist Studies
香港大學學生會佛學會	Hong Kong University Students' Union Buddhist Studies Society
西林寺	Sai Lam Monestary
西鄉園	Sam Hong Yuen Vegetarina Restaurant
三輪佛學社	Sam Lun Buddhist Association
純陽仙院	Shun Yeung Sin Yuen
小衹園	Siu Kee Yuen Vegetarina Restaurant
華南學佛院	South China Monastic College
秀峰禪院	Su Bong Zen Monastery
尸羅精舍	Sze Lo Temple
大光義學	Tai Kwong Free School
大光園	Tai Kwong Yuen
創古密宗佛教中心	Thrangu Vajrayana Buddhist Centre
天台精舍	Tin Toi Ching She
定慧寺	Ting Wai Monastery
道慈佛社	To Chi Fat She
哆哆佛學社	To To Buddhist Institute
道榮園	To Wing Yuen
青山禪院/ 青山寺	Tsing Shan Monastery
青雲觀	Tsing Wan Kun
東方小衹園	Tung Fung Siu Kee Yuen Vegetarina Restaurant
東蓮覺苑	Tung Lin Kok Yuen
東林念佛堂	Tung Lum Nien Fah Tong
東普陀講寺	Tung Po Tor Tse
密乘佛學會	Vajrayana Buddhism Association
愍生法師紀念基金會	Venerable Man Sang Memorial Foundation
香港內觀禪中心	Vipassana Meditation Center Hong Kong
華嚴閣	Wah Yim Kok / Huayin Court

弘化蓮社	Wang Fa Lotus Association
弘法精舍	Wang Fat Ching She
弘法精舍佛學院	Wang Fat Ching She Monastic College
西方寺	Western Monastery
永善庵	Wing Sin Om
世界佛教僧伽會	World Buddhist Sangha Council
世界佛教華僧會	The World Chinese Buddhist Sangha Congress
世界佛教友誼會港澳區分會	The World Fellowship of Buddhists Hong Kong & Macau Regional Centre
世佛會觀自在幼兒園	WFB Avalokitesvara Nursery
世佛會慈氏幼兒園	WFB Maitreyai Nursery
世佛會文殊幼兒園	WFB Manjusri Nursery
世佛會真言宗幼兒園	WFB Mantra Institute Nursery
世佛會普賢幼兒園	WFB Samantabhadra Nursery
世佛會黃電曾幼兒園	WFB Wong Shing Tsang Nursery
棲霞山寺（南京）	Xixia Monastery (in Nanjing)
棲霞佛學院	Xixia Monastic College / Chai Ha Monastic College
延慶寺	Yin Hing Tse

四、專用名詞

一零八週六念佛會	108 Saturday Buddha-name Chanting Session
方丈／住持	Abbot
秋期傳戒	Autumn Ordination Ceremony
祖先堂	Ancestral Hall
基本法起草委員會	The Basic Law Drafting Committee
《菩提》	*The Bodhi Monthly*
菩薩	Bodhisattva
港英政府	The British Hong Kong
銅紫荊星章	Bronze Bauhinia Star (BBS)
佛指舍利	Buddha's Finger Bone Relic
佛牙舍利	Buddha's Tooth Relic

佛教	Buddhism
人生佛教	Buddhism for Human Life
日本佛教	Buddhism in Japan
佛教徒	Buddhist
中國佛教協會	Buddhist Association of China
佛誕公眾假期	Buddha's Birthday as a public holiday
佛誕嘉年華	Buddha's Birthday Carnival
《溫暖人間》	*Buddhist Compassion*
佛門網	Buddhist Door
《佛友》	*Buddhist Friendship*
慶祝回歸祈福大會	Buddhist Gathering for Celebration of Reunification of Hong Kong With China
《香港佛教》	*Buddhist In Hong Kong / Buddhism in Hong Kong*
《香港佛教與佛寺》	*Buddhism and Monasteries in Hong Kong*
佛學會考	Buddhist Studies of HKCEE
佛教坊	Buddhist Square
空中結緣	Budyuen
豐山派（日本）	Buzan-ha (in Japan)
天主教香港教區	Catholic Diocese of Hong Kong
曹洞宗	Caodong
叢林	Ch'an School
《英譯－成唯識論》	*Ch'eng Wei-Shih Lun Doctrine of mere-consciousness*
特區行政長官	Chief Executive
漢傳佛教	Chinese Buddhsim
大藏經	Chinese Buddhist Canon
《華字日報》	*Chinese Mail*
中華回教博愛社	The Chinese Muslim Cultural & Fraternal Association
華人廟宇委員會	Chinese Temples Committee
清明法會	Ching Ming Dharma Service
中台禪寺（台灣）	Chung Tai Chan Monastery (in Taiwan)
骨灰龕	Columbarium
殖民地	Colony
英帝國司令勳章	Commander of the Order of the British Empire (C.B.E.)
浴佛會	Conducting the Buddha-batheing ceremony
香港孔教學院	The Confucian Academy

法鼓山（台灣）	Dharma Drum Mountain (in Taiwan)
放生法會	Dharma Function to Release Life
法住學會	The The Dharmasthiti Buddhist Institute
法相學會	The Dharmalakshana Buddhist Institute
《法相學會集刊》	*The Dharmalakshana Buddhist Institute Buddhist Journal*
傳燈法會	Dharma Lamp Transmission Ceremony
星雲大師佛學講座	Dharma Talk by Master Xing Yun
董事	Director
大圓滿	Dzogchen
《乾隆大藏經》	*The earlier Lung Tripitaka / QianLong Tripitaka*
東密	Eastern Secret Buddhism/ Tomitsu
廟產興學	Education Development with Monastic Property
灌頂	Empowerment
《無盡燈》	*Everlasting lamp*
《梵音》	*Fan Yin*
山頭主義	Factionalism
法眼宗	Fayan
佛光山（台灣）	Fo Guang Shan Monastery (in Taiwan)
《佛苗》	*Fo Miao*
薈供	Ganachakra
格魯派	Gelugpa
格西	Geshe
金紫荊星章	Gold Bauhinia Star (GBS)
香港特別行政區政府	The Government of The Hong Kong Special Administrative Region
香港總督	The Governor of Hong Kong
大紫荊勳章	Grand Bauhinia Medal (G.B.M.)
大東亞共榮圈	Greater East Asia Co-Prosperity Sphere
寧波觀宗寺	Guanzong Monastery (in Ningbo)
溈仰宗	Guiyang
上師	Guru
蓮華生大士	Guru Rinpoche
《海潮音》	*The Hai Ch'ao Ying Monthly*
小乘	Hinayana

僧皇〔泰國〕	His Holines Somdet Phra (in Thailand)
基督教協進會	Hong Kong Christian Council
《能仁學報》	*Hong Kong Buddhist College Journal*
基本法	Hong Kong Basic Law
香港佛教	Hong Kong Buddhism
《佛教在香港》	*The Hong Kong Buddhist Journal*
香港政府	Hong Kong Government
香港道教聯合會	The Hong Kong Taoist Association
居士	Householder
人間佛教	Humanistic Buddhism
十萬人簽名	Hundred Thousand Signature Appeal
短期出家剃度大會	Initation Ceremony organized
世界佛教弘法大會	The International Seminar on Buddhism
日治時期	Japanese Occupation of Hong Kong
金陵刻經處〔南京〕	Jinling Sutra Publishing House (in Nanjing)
太平紳士	Justice of the Peace (J.P.)
噶當派	Kadampa
噶舉派	Kagyu
大寶法王	Karmapa
堪布	Khenpo
呼圖克圖	Khutukutu
英帝國爵級司令勳章	Knight Commander of the Order of the British Empire (K.B.E.)
《蓮花海》	*Lake of Lotus*
喇嘛	Lama
占領地總督	Lieutenant General
《法燈》	*The Light of Dharma*
《蓮花光》	*Light of Lotus*
《蓮覺》	*Lin Kok Quarterly Journal*
傳承	Lineage
臨濟宗	Linji
延生堂	Longevity Hall
澳門佛學社	Macau Buddhist Institute
阿闍黎	Maha-acharya / acariya/ Archarya
大乘	Mahayana

供僧法會	Making offerings
司理	manager
金胎兩部	The Mandalas of the Two Realms - the Womb Realm and Diamond Realm
密宗	Mantra vehicle
榮譽勳章	Medal of Honour
港區人大代表	Member of National People's Congress
英帝國員佐勳章	Member of the Order of the British Empire (M.B.E.)
香港占領地總督部	The military government of Hong Kong Occupation Territory
《明覺》	*Ming Kok Edition*
佛化話劇	Modern drama of Buddhist
和尚	Monk / Sangha
《內明》	*Nei Ming*
新亞書院	The New Asia College
新亞研究所	The New Asia Institute of Advanced Chinese Studies
日蓮法華宗（日本）	Nichiren Hokke Shu (in Japan)
寧瑪派	Nyingma
英帝國官佐勳章	Officer of the Order of the British Empire (O.B.E.)
一國兩制	One Country, Two Systems
傳戒	Ordination Ceremony
大谷派（日本）	Otani School (in Japan)
班智達	Pandita
塔	Pagoda
山西佛教彩塑攝影展	A Photographic Exhibition of Buddhist Stucco Sculpture from Shanxi, China
非牟利慈善團體	Public Charitable Institute and Trust in Hong Kong
淨土宗	Pureland Buddhism
無上密續	Uttaratantra
《佛家經論導讀》	*The Reading Guides to Buddhist Sutras*
佛舍利	Relics of the Buddha
《人海燈》	*Ren Hai Deng / Light of Humanity*
寧波車	Rinpoche
法本	Sadhana
薩迦派	Sakya

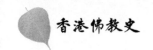

三昧耶	Samaya
《佛經選要》	*The selected Buddhist scriptures*
真言宗	Shingon Buddhism
《中英聯合聲明》	*Sino-British Joint Declaration*
銀紫荊星章	Silver Bauhinia Star (SBS)
大僧正	Daisoujo
《原泉》	*The Source*
《香港佛教源流》	*The Sources of Buddhist History in Hong Kong*
國家宗教局	The State Administration for Religious Affairs
佛教青少年夏令營	Summer Vacation Activities
經	Sutra
《大正藏》	*Taisho Tripitaka*
唐密	Tang Dynasty
三寶	Three Jewels
天台宗	Tiantai Buddhism / Tendai Buddhism
藏傳佛教	Tibetan Buddhism
《雷音》	*The Thundering*
淨土真宗（日本）	Ture Pure Land School (in Japan)
東華三院	Tung Wah Group of Hospitals
慈濟功德會（台灣）	Tzu Chi Foundation (in Taiwan)
金剛乘	Vajrayana
《金剛乘季刊》	*Vajrayana Quarterly*
素食店	Vegetarian Restaurant / Vegetarian kitchen
法師	Venerable
《新釋八識規矩頌註解》	*The Verses on the Structure of the Eight Consciousnesses*
佛學星期班	The weekly class on Buddhist teaching
《法言》	*Word of Dharma*
世界佛教僧伽會	World Buddhist Sangha Council
大雄寶殿	Worship Hall
唯識	Yogacara / Consciousness-only
雲門宗	Yunmen
禪宗	Zen School
祇洹精舍（南京）	Zhiheng Monastery (in Nanjing)